上海对外经贸大学优秀学术专著出版资助

U0717424

经管文库·管理类

前沿·学术·经典

创业团队韧性的构念、形成及机制研究

THE CONSTRCUT, FORMATION, AND MECHANISM OF ENTREPRENEURIAL TEAM RESILIENCE

李晓琳 著

经济管理出版社

ECONOMY & MANAGEMENT PUBLISHING HOUSE

图书在版编目（CIP）数据

创业团队韧性的构念、形成及机制研究 / 李晓琳著.

北京：经济管理出版社，2025. -- ISBN 978-7-5243
-0213-1

Ⅰ．F272.9

中国国家版本馆 CIP 数据核字第 202550LD32 号

组稿编辑：白　毅
责任编辑：白　毅
责任印制：许　艳
责任校对：王纪慧

出版发行：经济管理出版社
　　　　　（北京市海淀区北蜂窝 8 号中雅大厦 A 座 11 层　100038）
网　　　址：www. E-mp. com. cn
电　　　话：(010) 51915602
印　　　刷：唐山玺诚印务有限公司
经　　　销：新华书店
开　　　本：720mm×1000mm/16
印　　　张：13.75
字　　　数：255 千字
版　　　次：2025 年 5 月第 1 版　　2025 年 5 月第 1 次印刷
书　　　号：ISBN 978-7-5243-0213-1
定　　　价：98.00 元

目　录

表目录

图目录

第1章　绪论

1.1　研究背景

1.1.1　现实背景

1.1.1.1　创业活动的蓬勃发展与创业逆境的时有发生

创业活动是激发市场活力、释放创新潜能的重要力量，是推动经济发展的关键驱动力。大众创业、万众创新作为实施国家创新驱动发展战略的重要举措，在激发社会创业热情的同时，也成为深入推进供给侧结构性改革的重要渠道。《中国青年创业发展报告（2022）》显示[①]，中国 2021 年新成立市场主体达 900 万家，展现了中国创业活动的蓬勃发展形势，当下中国的创业环境发展良好，其中，内部市场活力、基础设施建设和社会文化规范是中国创业环境的三大优势，由此带动了我国的创业浪潮。

然而，面对这样的创业繁荣景象，创业逆境却时有发生。因为创业活动自身的新生弱性（Singh et al.，1986），其会面临相对较高的逆境率（McGrath，1999；Shepherd et al.，2011）。IT 桔子数据服务商公布的死亡公司数据库显示，2014~2022 年，中国新兴经济领域创新创业企业的关闭数量呈现显著上升趋势，由 358 家急剧增加至 4196 家[②]。由此可见，相较于创业活动的蓬勃发

---

① 数据来源．https：//mp. weixin. qq. com/s/GQpKhV_a3yaYRY1IWRHeYw。
② 数据来源：IT 桔子官网（itjuzi. com）。

展，繁荣背后创业逆境的发生进一步凸显了逆境情境研究的紧迫性和重要性。逆境情境下的创业主体可能会产生焦虑、痛苦、悲伤等负面情绪（Shepherd et al.，2011；郝喜玲等，2020），然而对于逆境经历的经验吸取反过来又能帮助创业主体从逆境中重获新生。因此，面对创业活动这种繁荣与忧患共存的现实背景，研究逆境情境下创业主体如何越挫越勇具有重要的现实意义。

1.1.1.2　以创业团队为主导的创业活动在逆境情境下日益增加

创业团队作为创业活动的重要载体，在创业发展中会发挥其独特的作用（Klotz et al.，2014）。创业团队指的是一群具有共同目标的创业者，共同参与创建和管理新企业，通过适当组合的创业行动来推动创业活动的实现（Forbes et al.，2006；Harper，2008）。许多创业活动也是由多名创业者共同组成的创业团队管理的，而并非由单个创业者管理（Boone et al.，2020；许楠等，2021；Honoré & Ganco，2023；贾建锋等，2023）。在目前经济发展的不确定性日益凸显的背景下，加之创业活动与生俱来的高风险性（Angus et al.，2023），创业成功绝非易事，创业过程中的逆境也是频频产生，创业团队成为有效应对逆境情境的重要主体。

值得关注的是，创业本身是一个充满风险和挫折的过程（McGrath，1999；郑馨等，2019；杨学儒等，2019；王朋举和熊壮，2023）。面对逆境，创业者的情绪波动（Uy et al.，2017）和逆境恐惧（Kollmann et al.，2017；Cacciotti et al.，2020；Engel et al.，2021）会贯穿创业的全过程。逆境情境下，创业团队内部成员之间的互动与沟通，成为支撑彼此坚持创业并互相鼓励的重要力量。创业团队的这种互动性和紧密联系性也成为逆境情境下推动创业进程的重要力量。此外，创业作为包含知识资源运用、转化和输出的管理行为，创业团队内部成员对逆境事件的集体性认知与理解，以及创业成员对逆境经验的交互学习，能够有效促进创业能力的提高和实现创业团队的成长。因此，探索逆境情境下创业团队持续性的创业活动发展，对大众创业、万众创新的持续推进，以及整个社会的经济发展都具有重要的现实意义。

1.1.1.3　创业团队韧性的重要性在逆境情境下越发凸显

2019/2020 年 Global Entrepreneurship Monitor（GEM）的报告显示，中国的成熟企业所有者（Established Business Ownership，EBO）指标指数不足 10%。该指标衡量的是在一个经济体中创业活动保持持续健康良好发展的程度，能够在一定程度上体现创业活动的成长性。10%这一指标指数说明中国创业活动的成长性还有待继续提升，创业主体在逆境情境下如何克服新生弱性并实现良性成长成为一个待解决的关键问题。韧性作为创业主体应对逆境并帮助创业主体从逆境中恢复的能力，在逆境情境下的重要性越发显著。

创业团队中创业成员的紧密联系性和面对创业这项共同事业的任务互依性，使创业团队在创业过程中会经历更多的情感交流和互动（Cardon et al.，2012）。尤其是在逆境情境下，面对逆境事件所引发的认知反应，创业团队成员间会产生更多独特的互动过程（Shepherd et al.，2009；Hartmann et al.，2022）。其中，创业团队韧性的形成与其影响机制的发挥是创业团队合作的重要体现，同时也是推动创业团队成长的重要力量。因此，探索逆境情境下创业团队韧性的形成因素并深入探讨其对创业团队成长的影响机制，能够为中国的创业实践提供有益的思路。

1.1.2 理论背景

近年来，学术界对于韧性的关注越来越多（Preller et al.，2023；Stephan et al.，2023）。过往只有心理学、材料学等领域研究韧性，后来多学科领域都开始展开对韧性的研究（Manfield & Newey，2018）。由于创业活动的不确定性、风险性和独特性，韧性在创业领域的研究也逐渐成为新的热点（Hartmann et al.，2022；Li et al.，2023）。同时，随着创业团队作为创业主体在创业活动中的广泛存在和创业团队本身呈现出的一系列特有属性，创业团队逐渐成为韧性研究的独特且重要层面。进一步而言，由于韧性涉及从逆境中的恢复，因此对创业领域中具体逆境的探索，尤其是逆境情境下创业团队韧性的研究具有重要意义（郝喜玲等，2020）。有别于创业者个体的独立性和创业组织的正式性，创业团队成员之间的密切交流和更多的非正式沟通及其本身的紧密耦合性（Stoverink et al.，2020），以及创业活动中的逆境可能性，均为逆境情境下创业团队韧性的探索提供了更多空间。

首先，相较于创业者个体和创业组织韧性相关研究的丰富性，创业团队韧性的相关研究尚显欠缺（Blatt，2009），特别是缺少系统性的研究梳理（Hartmann et al.，2022）。创业团队韧性的内涵有待进一步明确。这需要通过对创业者个体韧性、创业组织韧性和创业团队韧性三个研究层面的对比来进一步明晰创业团队韧性的独特性，从而实现对创业团队韧性的概念界定。同时，为了进一步凸显逆境情境下创业团队韧性的内涵，需要对具体逆境情境进行说明，从而明确本书所关注的核心问题。

其次，创业团队韧性的内涵和量表探索都处于起步阶段。现有量表多借鉴心理学研究，通过对语境和被试情境的转变将其应用到创业领域中。这种转变虽然能在一定程度上获得测量的便利性，但是量表的信效度有待进一步检验。因此，有必要对创业团队韧性的测量维度进行更深入的探索，通过文献梳理和对经历过逆境的创业团队的访谈，明确创业团队韧性的内涵与本质，拓展韧性量表在创业团队研究层面的应用。

再次，逆境情境下创业团队韧性的形成因素有待继续挖掘。由于创业团队成员的高度互依性和紧密耦合性，使创业团队韧性的形成因素有别于创业者个体和创业组织。面对逆境情境，创业团队的互动性和成员的交互性使创业团队韧性的形成具备很强的独特性，需要进行更细致的对比、分辨和分析，并通过探索性研究和实证分析进一步寻找和丰富创业团队韧性的形成因素。

最后，创业团队的成长是创业研究中的焦点问题，其体现了创业活动发展的动态性，逆境情境下创业团队韧性对创业团队成长的影响机制需要得到更深入的探索。现有研究关注到韧性对创业成功（Hayward et al.，2010）、创业绩效（Anwar et al.，2023）的影响，却忽视了韧性对创业团队成长的重要性。成长是创业活动的中心任务，创业团队韧性展现的是创业团队积极应对创业逆境并实现恢复和持续发展的能力，且其中的影响机制值得进行更深入的探索。同时，创业时常面临诸多压力和逆境，在逆境情境下创业团队如何利用创业团队韧性帮助创业主体克服这些困难并推动其成长是值得关注的重要问题。

1.2 研究问题

基于以上现实和理论背景，本书聚焦于解决逆境情境下"创业团队韧性的形成及其对创业团队成长的影响机制"这一整体性研究问题。具体而言，本书更为细致地围绕逆境情境关注以下几个问题：创业团队韧性的内涵是什么？创业团队韧性的形成因素有哪些？创业团队韧性对创业团队成长的具体影响机制是什么？

据此，本书设计以下四个子研究：

子研究一，首先，基于对已有文献的回顾及文献中已经开发量表的梳理，提取出适用于创业团队韧性量表可能的维度。同时，通过深度访谈和采访对象提供的相关资料获取一手数据和二手数据，利用扎根理论探索创业团队韧性的维度内容。其次，探索创业团队韧性量表并根据数据进行修订和验证，从而拓展韧性量表在创业团队相关研究中的应用，为未来的实证研究奠定基础。

子研究二，利用多案例研究探索逆境情境下创业团队韧性的动态发展，具体而言，探索创业团队韧性的形成及其对创业团队成长的影响机制，更深入地揭示创业团队韧性的内涵本质，从而建构创业团队韧性的动态发展模型。

子研究三，承接子研究二多案例研究的发现，选取逆境情境下相对核心的创业团队韧性的形成因素，运用问卷调查法探索创业团队韧性的形成因素。具体而言，探索创业逆境学习因素对创业团队韧性的作用理论模型，同时检验团队情感氛围对上述关系的调节作用。

子研究四，承接子研究二多案例研究的发现和子研究三对创业团队韧性形成因素的分析，进一步运用问卷调查法探索逆境情境下团队认知重评和团队任务重塑在创业团队韧性和创业团队成长间发挥的中介作用及链式中介作用。此外，进一步探索挑战性压力源和阻碍性压力源在上述关系中所发挥的差异性调节作用。

基于四个子研究，以期对本书所关注的研究问题进行深入的探索和讨论，实现对逆境情境下创业团队韧性领域研究的拓展。

1.3　研究意义

1.3.1　理论意义

1.3.1.1　拓展逆境情境下的创业团队韧性研究

目前，针对创业研究领域韧性的研究正处于发展阶段。韧性强调情境触发性特征，其中，逆境指不利的处境和遇到的困难、挫折等具体情况（Shepherd & Williams，2020），现有针对韧性的研究大多基于战争、地震等极端逆境情境展开（Bullough et al.，2014；刘凤等，2020），相对忽视了创业中的逆境这种会产生重要作用的独特情境（Yao et al.，2021；Li et al.，2023）。同时，现有研究也呼吁要重视将逆境情境作为创业领域研究的关键切入点（郝喜玲等，2020）。针对逆境话题的讨论是创业研究领域的一个重要分支，创业实践中居高不下的逆境率使逆境情境也成为创业领域研究学者重点关注的话题（于晓宇，2011；Shepherd et al.，2013）。逆境情境将会拓宽创业领域韧性的研究视角。

因此，结合创业领域的研究，本书将重点关注逆境情境下的创业团队韧性。逆境情境会对创业活动现状产生冲击和挑战，导致后续创业活动发生变化（Bechky & Okhuysen，2011），并且这是创业研究领域尤为关注的现象，这种具体的逆境情境为创业领域的韧性研究提供了丰富的研究场景。因此，聚焦逆境情境能够与本书所关注的韧性问题相契合，并拓宽了研究视角，由此实现了对韧性相关研究的拓展。

1.3.1.2 探索韧性在创业团队层面的内涵及其量表

伴随经济的发展和创业活动的兴起，创业领域的韧性已经引发了广泛的关注。然而现有研究多侧重于探索创业者个体韧性和创业组织韧性，忽视了创业团队韧性的重要性。其实在现实创业活动中，很多创业活动都是由创业团队进行的，而非个体创业者（Klotz et al.，2014）。同时，创业团队中多个创业主体之间的互动与合作及其独特的紧密耦合性（Stoverink et al.，2020；Angus et al.，2023），也使创业团队韧性有别于其他创业层面的韧性（Hartmann et al.，2022）。

通过对现有文献的梳理，本书详细论述了创业领域韧性研究的现状，并对不同层面的研究进行了对比，进而深入说明创业团队韧性的重要性和独特性，明确创业团队韧性的概念，并基于能力视角、触发情境和恢复特性等对创业团队韧性的内涵进行详细阐述，从而丰富了创业领域韧性的相关研究，为创业团队韧性研究奠定了基础，并为探索创业团队韧性的内涵及量表提供了理论支撑。

同时，鉴于现有创业领域的韧性测量量表多参考心理学领域的研究，测量主体多集中在创业者个体层面。当涉及创业组织和创业团队层面时，多利用情境转变和语境转换对量表进行适度修改，从而直接将个体层面的量表应用到其他层面。但由于创业团队情境包含紧密耦合、团队互动、高不确定性等独特性（Stoverink et al.，2020），现有量表并不能真正适用于此类创业情境。因此，对量表的简单情境修正并不能适用于创业团队韧性的测量，这一现状也凸显了对创业团队韧性量表进行拓展性探索和验证的迫切性。

本书将通过对现有文献和文献中提及的测量方式进行梳理，结合针对曾经历逆境的创业团队的深度访谈资料和数据的收集整理，利用扎根理论探索创业团队韧性的量表内容，并结合严谨的量表开发验证步骤，包含内容效度分析、信度分析、探索性因子分析和验证性因子分析等，最终形成具备良好信度和效度的创业团队韧性量表。这一量表的探索能够实现对创业团队韧性测量工具的补充与完善，并为创业团队韧性的实证研究提供有力的工具支撑，进一步实现韧性量表在创业团队层面研究中的拓展与应用。

1.3.1.3 发掘逆境情境下创业团队韧性的形成及其对创业团队成长影响的动态过程性理论模型

相较于创业者个体韧性，创业团队韧性涉及更多的创业主体间的互动，并且存在更多的横向沟通和非正式交流。相较于组织的正式沟通机制所体现的松散耦合性，创业团队成员之间存在紧密的耦合关系（Stoverink et al.，2020）。这种多维的互动和紧密的依存关系，使创业团队在面对创业逆境和困境时，其韧性的形成包含了更多的独特性，有待相关研究的继续挖掘（Hartmann et al.，2022）。有别于个体特质、组织战略等影响因素，创业团队韧性的形成及其发展会涉及团队互动发展动态过程中的各个方面。因此，逆境情境下创业团队韧性的形成因素和影响机制是值得深入探讨的关键话题。

本书将围绕逆境情境下"创业团队韧性的形成及其对创业团队成长的影响机制"这一核心问题，结合创业认知理论框架所强调的团队互动与成员自我认知间的紧密联系（Mitchell et al.，2002；De Mol et al.，2015；Shepherd & Patzelt，2018），选取该理论框架中细分领域涉及的团队互动视角，深入分析 4 个创业团队的韧性发展过程。基于符合研究目的的特定情境下的案例分析来梳理多个因素之间的关系（Welch et al.，2011）。通过多案例分析探索逆境情境下创业团队韧性发展的规律，明晰创业团队韧性从形成到韧性效用的转化，再到对创业团队成长的影响机制，建构围绕创业团队韧性发展的动态过程性理论模型，为创业团队的实践活动提供理论参考。

1.3.1.4 探索逆境情境下创业团队韧性的形成因素

既有文献多从创业者个体特质视角研究创业韧性的形成因素，如自我效能感（Bullough et al.，2014）、乐观（Duchek，2018）等。这种对来自个体层面形成因素的分析揭示了创业者区别于普通管理者的特点，实现对创业者个体韧性形成因素的补充。然而，既有研究缺乏对创业团队层面形成因素的探索。创业团队内部面对逆境情境时的互动和共享活动，使创业团队韧性形成因素的探索更具有重要性和独特性。依据创业认知理论框架所强调的事件作为创业发展过程中的关键要素，会对创业主体的认知产生深远的影响（Mitchell et al.，2002；Shepherd et al.，2011；Shepherd & Patzelt，2018），并且创业认知结构的变化在很大程度上取决于特定事件（Rauch & Hulsink，2023），本书将在该理论框架的指引下选取框架中细分领域涉及的事件基础观（Event-Based View），来进一步探索逆境情境下创业团队韧性的具体形成因素（Rauch & Hulsink，2023）。此外，基于文献回顾已明确提及创业团队韧性的内涵强调其触发情境是创业逆境，包含创业活动中的逆境、创业项目的逆境等众多阻碍创业进程的因素（Stoverink et al.，2020；Yao et al.，2021），本书在文献综述部分也明确阐述了本书所依托的具体逆境情境类型。因此，从内涵角度的讨论，就已经在一定程度上揭示了逆境情境下逆境事件所引发的创业团队的一系列响应是推动创业团队韧性形成的重要因素。值得关注的是，Manfield 和 Newey（2018）、Stoverink 等（2020）也指出，针对逆境事件的学习可能是影响创业团队韧性形成的重要因素，这有待未来实证研究的进一步探索。

因此，本书将依据逆境情境，探索逆境事件引发的创业逆境学习对创业团队韧性的形成所产生的差异性作用。同时，进一步发掘团队情感整合氛围在上述关系间发挥的差异性调节作用。由此，本书丰富了创业团队韧性的前因研究，且这种基于逆境情境对创业团队层面韧性形成因素的探索，能够丰富和深化创业领域韧性的相关研究，进一步完善韧性研究体系。

1.3.1.5 探索逆境情境下创业团队韧性对创业团队成长的具体影响机制

目前，创业韧性研究大多集中在创业绩效等具体结果上，忽视了对创业团队成长的影响机制的探索。创业认知理论框架强调，注意力、记忆等都是有限的认知资源，创业主体在运用创业能力调动这些资源时要遵循增益和损耗的原则（Mitchell et al.，2002；Shepherd & Patzelt，2018），因此本书将在该理论框架的指引下，选取框架中细分领域涉及的资源保存理论，探索逆境情境下创业团队韧性对创业团队成长的具体影响机制，发掘创业团队韧性在促进团队成员对团队工作内容和特征的重新理解中所发挥的积极作用，帮助团队成员做出更多的主动性行为，促进创业主体在创业活动中专注度和积极性的提高，从而有效推动创业团队成长。

同时，进一步探索团队挑战性压力源和阻碍性压力源在上述关系中发挥的差异性调节作用，帮助创业主体明确不同压力源所发挥的独特性作用。本书以期通过对创业团队韧性对创业团队成长影响机制的探索，拓展创业团队韧性的结果变量研究，也通过认知—行为链条的构建，突出创业团队韧性对创业团队成长的具体影响机制，深化韧性在创业团队研究中的理论重要性。

1.3.2　现实意义

伴随"大众创业、万众创新"浪潮的迭起，创业活动在国民经济中占据越来越重要的地位，成为激发经济发展活力和驱动创新要素的重要力量。但是，由于创业活动本身的不确定性、资源的相对稀缺性和外部环境的动荡性，创业会面临来自内外部的多重冲击，在多个阶段都可能经历逆境和困境，随之而来的是更为严苛的创业生存环境和居高不下的创业逆境率。面对这样的现实状况，创业团队韧性对于创业活动而言具有重要意义，是创业者在创业活动中实现自我恢复、跨越创业逆境的重要力量之一，也是推动创业团队成长的重要因素。本书可以为创业主体、创业发展、创业教育和创业政策制定者提供借鉴和参考。

第一，本书聚焦创业团队层面，为逆境情境下创业团队理解和锻造创业团队韧性提供了理论和实践参考。首先，创业团队要积极运用来自集体的智慧，深刻领悟创业团队韧性的内涵和重要性，意识到创业团队韧性对团队发展和创业团队成长的重要性，共同形成对创业团队韧性的正确认知。其次，创业主体要保持持续学习的态度，尤其是注重团队的集体学习以及学习过程中的互动与反馈，及时交流对团队任务内容的理解和任务完成的心得，进行及时、有效的总结和回顾，做好团队的知识管理和知识储备，建立起创业团队韧性以应对创业过程中的逆境。同时，由于创业活动的风险性和不确定性，创业主体要保持忧患意识，正面看待逆境等诸多创业逆境。创业团队需要通过资源的积累和投入为团队应对危机做好准备。由于创业团队本身是多位创业主体的集合，因而可以通过创业思维和行动的互动与反馈，共同推动创业决策和创业进程。这种任务互依性和紧密耦合性使创业团队自身的内部建设显得尤为重要。创业团队通过对集体心理情感的重视和认知协调的统一，以及对信息沟通系统的合理建构，形成创业团队应对危机的重要方式，这些措施也是创业团队形成并增强创业团队韧性的重要渠道。创业团队内部基于认知层面的统一，对创业团队韧性的形成产生重要影响。对认知层面信息的合理收集和处理，能够帮助创业团队了解团队成员的状况，使团队形成统一的行为方式并提高应对危机的能力，由此推动创业团队韧性的有效形成。

　　第二，本书聚焦创业团队韧性对创业团队成长的影响机制研究，为创业发展提供了一定的实践参考。创业团队要重视韧性对创业团队成长的作用，通过培养韧性这一积极的创业能力，将更多有效的积极的韧性资源投入创业活动中，实现对创业任务边界的重新构思和整理，平衡创业活动中的不同需求，正确看待逆境和风险，激发积极情绪的推动力，形成正面的创业认知，并将韧性资源投入积极认知中，从而带动团队主动性行为的产生。同时，创业主体会意识到积极发挥创业团队韧性的重要性，通过成员对韧性的共同理解去促进团队成员对不确定性和困境的积极理解及意义解释，帮助团队成员以更好的状态投入创业活动，促使成员选择迎难而上而不是畏惧与退缩。这种积极作用能够促进应对策略的提出与实施，进而帮助成员在经历逆境后实现集体恢复和集体发展。此外，创业团队韧性所带来的成员的积极行动能够为企业的发展注入更多的活力，团队成员投入度的增强也为企业的发展带来提升的可能性，进而推动创业团队成长的全面实现。

　　第三，本书能为创业教育提供一定的启示。鉴于创业团队韧性这一能力形成的重要性，创业主体应根据创业活动的发展，注重团队能力方面的重点培养和教育投入，帮助创业活动积蓄更多的发展能量和发展空间。同时，本书也可以启示参与创业教育的高等院校等教育部门，要注重对团队意识、创业团队韧性等概念的宣传和培养，帮助创业者尽早树立对创业活动的正确心理认知，做好心理准备。此外，本书也能启发全社会为创业者和创业活动营造支持的氛围，鼓励创业活动的开展，提高对创业逆境的容忍度，防止创业逆境污名化等的发生，为创业者提供健康、充足的成长空间，帮助创业者应对创业压力和创业逆境，切实为创业者从事创业活动提供全面、充足和积极的创业教育支持。

　　第四，本书通过对创业团队韧性形成、影响机制的研究，能为创业政策制定者提供一定的启示。政策制定者可以根据本书的发现，做到在充分考虑创业活动风险性的基础上，给予创业主体最大力度和最合理的政策支持，允许创业者在有限范围内进行试错和反思，并在全社会营造鼓励创业创新的氛围。同时，本书对团队压力源的关注，也能够启发创业政策制定者基于创业主体积极压力源鼓励创业主体勇于创新，通过出台一些适度兜底政策鼓励创业主体进行"敢为人先"的创业尝试。此外，对于不同的创业主体类型，政策制定者可对新手创业者和连续创业者进行分类管理，为其提供差异化的政策支持，进而在考虑创业主体创业经验的基础上给予不同的支持力度，帮助创业主体走过不同的创业阶段，形成推动社会持续发展的有效活力。

1.4 研究方法

1.4.1 文献研究法

文献研究法指的是研究者对文献进行科学、合理的整理归纳与分析的研究方法（陈晓萍等，2012）。文献研究法通过对文献的广泛收集，形成系统的文献库。研究者通过对文献库资料的阅读，深入理解文献中的信息，进而形成对该领域研究的系统性认识，形成系统性的研究框架，并在研究框架的基础上进一步发现既有研究的不足，明确未来可能的研究方向，从而明晰自身研究的切入点和可能产生的理论价值。

韧性相关研究在多学科领域存在丰富的文献，涉及多个研究视角，不同学科和不同视角的研究为本书基于创业团队的研究奠定了坚实的基础。通过对既有文献的详细梳理，可以确定创业团队韧性研究的理论基础和发展方向。可见，文献研究法是支撑本书理论基础的重要方法，帮助笔者在考虑众多研究视角的基础上厘清相关核心构念，明晰研究思路。同时，文献研究法也为本书后续研究假设的提出、研究模型的形成提供了支撑，有效推动了后续研究的顺利开展。

1.4.2 扎根理论

扎根理论主要分为经典扎根理论、程序化扎根理论和建构型扎根理论三种类型。扎根理论是运用系统化的程序，针对某一具体现象来发展并归纳式地引导出某一理论的研究方法（Glaser & Strauss，1967）。扎根理论的适用情境主要分为两种：横向理论构造和纵向理论构造（王璐和高鹏，2010）。横向理论构造遵循从实践出发到概念提炼，再到理论明晰的过程。纵向理论构造是基于事件发生的不同阶段探讨事件的因果关系。扎根理论涉及理论演绎和理论归纳，包括研究界定、文献述评、数据收集、数据编码、理论模型建立（Pandit，1996），其中，对资料的逐级编码是扎根理论的核心所在。扎根理论包含开放编码、主轴编码和选择编码三级编码过程。扎根理论遵循连续比较、理论抽样等原则，需要研究者在研究过程中持续补充数据资料以增强研究结果的理论性和可信度。数据的持续补充过程也是一个资料连续比较的过程，通过比较发现更多新的概念与范畴，用于与既有范畴的对比，从而完成对理论的修正。扎根理论通过对比较过程的不断循环，最终在没有产生新范畴的情况下进行理论饱和度检验。这种比较的动态性使扎根理论具备更强的方法严谨性。因此，通过使用扎根理论，可以实现对数据资料的深度挖掘和分析，形成对现象本质成因的探索与归纳。扎根理论的研究过程如图 1-1 所示。

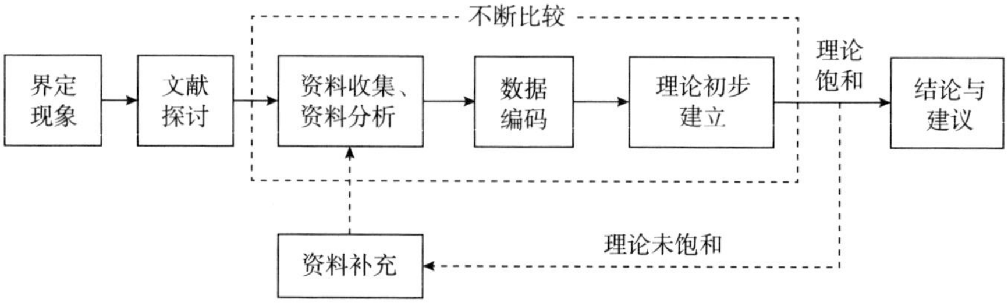

图 1-1　扎根理论的研究过程

由于对创业领域韧性的研究尚处于起步阶段，对创业团队韧性的内涵及测量也处于探讨阶段，目前还没有形成统一的界定和标准。同时，扎根理论在具有中国情境化管理学研究中的应用也逐渐增加，利用扎根理论挖掘事物背后的现象也成为管理学研究中的一种趋势（毛基业，2020）。因此，本书将在文献梳理的基础上，通过深度访谈和档案查询的方式获取资料，用扎根理论对数据资料进行分析，以期形成创业团队韧性的内容维度和测量量表工具。具体而言，本书遵循普遍使用的程序化扎根理论研究方法（见图 1-2）。首先，对收集到的一手资料和二手资料进行整理和逐条分析，提取关键词后将其概念化，并进行开放编码。其次，不断将概念与原始资料进行比较，通过编码典范模型、资料重新整合，归纳生成主要范畴并进行主轴编码。最后，通过选择编码的生成，即从主要范畴中提炼核心范畴并进行理论建构与整合，形成创业团队韧性的测量量表。

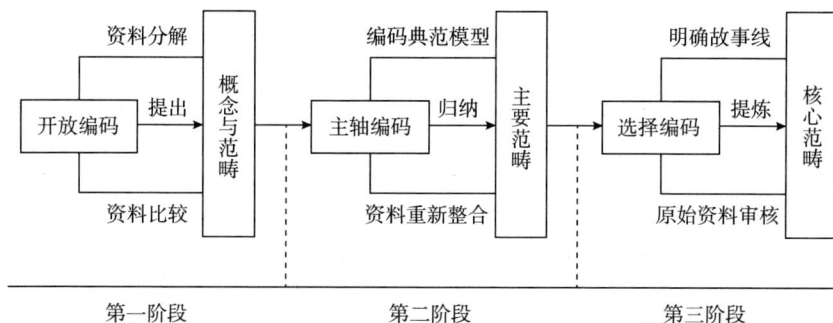

图 1-2 扎根理论的三阶段编码

资料来源：笔者根据文献与研究过程整理。

1.4.3 案例研究

案例研究是研究者选取一个或多个研究对象进行系统性的数据收集，通过对数据的整理和分析探讨某一现象或某一问题在实际背景下的状况。案例研究能够充分实现对现象的细致描述，丰富且饱满地呈现研究对象的各项细节，对现象背后的机理进行充分分析（Yin，1981）。案例研究在尊重原始资料的基础上，通过对实践现象的洞察，能够实现对文献层面理论推导和实践层面逻辑推理的结合，提升整体研究理论框架的信度和效度，尤其是进一步凸显理论框架在实践中的解释力度。案例研究也可以通过对多来源数据的整合实现三角验证，其关注对研究对象和事件本身的审视，但不介入对现象的操纵，以全方位展现研究对象的真实性和完整性。

本书将采用多案例研究的方法对逆境情境下创业团队韧性的动态发展，即创业团队韧性的形成及其影响机制进行深入且详细的探索。首先，相较于单案例研究，多案例研究能够通过拓展、复制等方法，构造更坚实的理论基础和理论模型（吕一博等，2015）。多个不同案例之间的数据补充和验证也能更好地符合本书的研究目的，并解释本书重点关注的研究现象。其次，本书主要利用案例研究对创业团队韧性的形成及其对创业团队成长的影响机制进行深入分析，涉及回答"Why""How"的问题，因此，本书比较适宜采用案例研究法，能够通过对研究问题的回答与解释，实现对理论的建构。此外，多案例研究能够实现研究情境的深度嵌入，从而有效降低研究者的主观经验偏差，研究过程中所遵循的复制比较逻辑也能使最终的研究结果更具普适性和有效性（Yin，1994）。

1.4.4　问卷调查法

问卷调查法作为管理学定量研究中最普遍使用的方法（陈晓萍等，2012），其实用性体现在以下四个方面：第一，在合理实施该方法的前提下，问卷调查法能够在较短的时间内有效收集到所需要的数据。这种数据收集的可靠性和便利性推动了问卷调查方法在管理学定量研究中的广泛应用。第二，问卷调查方法对被试实施的干扰相对较小，容易得到被试的支持和理解，因此，其可操作性相对较强，得到研究者的广泛认可与使用。第三，当使用具有代表性和典型性的量表时，通过问卷调查法得到的反馈质量会比较高，能够为后续的数据分析奠定更好的基础。第四，问卷调查方法是较为经济的数据收集方法之一，能在控制成本的前提下获得更为广泛的数据（陈晓萍等，2012）。因此，本书采用问卷调查法来检验研究假设的有效性。

1.5　研究内容

本书预期通过四个子研究的开展来探索上述讨论中所关注的研究问题。以下是对四个子研究的内容和所使用研究方法的概览性说明。本书将创业认知理论框架作为整体性理论指导框架来串联所有的子研究。创业认知理论框架主要关注创业主体运用其心智模式对创业能力、创业活动成长等核心创业问题的探索，涉及创业主体在推动创业发展过程中所具备的先前经历、注意力等诸多要素（周小虎等，2014；Shepherd & Patzelt，2018）。创业认知理论框架与本书所关注的逆境情境下创业团队韧性的形成及其对创业团队成长的影响机制是密切相关的。具体而言，首先，创业认知理论框架尤为关注创业的过程和创业主体的行为情境，强调创业主体在创业活动中的主观能动性和身处的具体情境（杨俊，2013），这与本书所关注的创业团队韧性的内涵高度契合。其次，创业认知理论框架强调创业主体在身处的具体事件中所展现的主观信念、情境交互、认知转换和主动行动，这为本书所关注的逆境情境下创业团队韧性从形成到效用转化的动态整体性发展过程提供了充分的理论支撑。

　　进一步地，从创业认知理论框架与各个子研究间的关联性方面来说，在完成子研究一对创业团队韧性内涵与量表探索后，将运用该理论框架将所有子研究进行逻辑串联。第一，创业认知理论框架重视创业团队互动与成员自我认知间的紧密联系与相互影响（Mitchell et al.，2002；De Mol et al.，2015；Shepherd & Patzelt，2018；Shepherd et al.，2021）。结合创业团队情境中显著的团队互动特征，本书将为子研究二选取创业认知理论框架中细分领域涉及的团队互动视角，提炼出逆境情境下创业团队韧性的动态过程性整合模型，展现创业团队韧性从形成到效用转化再到影响机制结果凸显的具体路径。第二，依据创业认知理论框架所强调的事件作为创业发展过程中的关键要素，会对创业主体的认知产生深远的影响（Mitchell et al.，2002；Shepherd et al.，2011；Shepherd & Patzelt，2018），并且创业认知结构的变化在很大程度上依赖于特定事件（Rauch & Hulsink，2023），本书将在该理论框架的指引下，为子研究三选取框架中细分领域涉及的事件基础观（Rauch & Hulsink，2023），进一步选取创业逆境学习来探索其对创业团队韧性形成的作用，并选取团队情感整合氛围作为调节变量，分析其在上述关系中的边界条件作用。第三，创业认知理论框架强调注意力、记忆等都是有限的认知资源，创业主体在运用创业能力调动这些资源时要遵循增益和损耗的原则（Mitchell et al.，2002；Shepherd & Patzelt，2018），因此本书将在该理论框架的指引下，为子研究四选取框架中细分领域涉及的资源保存理论，探索逆境情境下创业团队韧性对创业团队成长的具体影响机制。

1.5.1　创业团队韧性内涵与量表探索

　　依据创业团队层面的独特性，本书旨在通过充分挖掘创业团队韧性的相关理论概念，依托逆境情境，进一步明晰创业团队韧性的内涵。该子研究的具体内容主要体现在依据文献回顾、理论指导和访谈资料探索创业团队韧性的相关理论内涵，依据相关理论和访谈资料探索挖掘创业团队韧性的概念、特征，以及明晰创业团队韧性的内容维度。

　　为了有针对性地探讨以上研究内容，首先，基于对文献的回顾与梳理，运用归纳法来初步总结并探索创业团队韧性的条目。其次，采用半结构化问卷，对经历过创业项目逆境且目前处于正常发展阶段的创业团队进行访谈来收集数据，运用扎根理论对获取的访谈资料进行逐步编码分析，以实现对量表条目的进一步完善和补充。最后，结合文献梳理、访谈数据分析与问卷数据分析，完成创业团队韧性的量表开发与验证，进一步实现韧性量表在创业团队研究层面的拓展应用。

1.5.2 逆境情境下创业团队韧性动态发展的多案例研究

承接子研究一的量表发现，本书还需在逆境情境下进一步探索创业团队韧性整体发展的过程性模型，由此才能继续挖掘更多的有效因素，为后续量表在实证研究中的应用奠定基础。因此，子研究二计划通过采用多案例分析方法，围绕"创业团队韧性如何形成及其对创业团队成长如何产生影响"的研究问题展开探索，建构一个动态过程性模型。

依据创业团队情境中显著的团队互动特征，结合创业认知理论框架强调的团队互动与成员自我认知间的紧密联系与相互影响（Mitchell et al.，2002；De Mol et al.，2015；Shepherd & Patzelt，2018；Shepherd et al.，2021），本书将在该理论框架的指引下，拟选取框架中细分领域涉及的团队互动视角，提炼创业团队韧性发展的不同阶段。研究拟从创业团队韧性的形成、效用转化和影响机制等方面展开，提炼出创业团队韧性的动态过程性整合模型，展现创业团队韧性从形成到效用转化再到影响机制结果凸显的具体路径，为理解逆境情境下创业团队韧性的整体性动态发展过程提供综合性的视角。

1.5.3 逆境情境下创业团队韧性的形成因素研究

完成以上两个子研究后，本书预期能够获得对创业团队韧性较为全面的认识。依据前两个子研究的发现，子研究三计划从创业团队韧性的形成因素中，依据特定视角，选取逆境情境中所体现的核心因素来展开以定量分析为主的研究，探索逆境情境下具备典型团队互动特征的因素对创业团队韧性的形成所发挥的作用。

具体而言，依据创业认知理论框架所强调的事件作为创业发展过程中的关键要素，会对创业主体的认知产生深远的影响（Mitchell et al.，2002；Shepherd et al.，2011；Shepherd & Patzelt，2018），并且创业认知结构的变化在很大程度上依赖于特定事件（Rauch & Hulsink，2023），本书将在该理论框架的指引下，选取框架中细分领域涉及的事件基础观（Rauch & Hulsink，2023），重点关注逆境事件所引发的创业团队对创业项目逆境事件的学习，即选取创业逆境学习来探索其对创业团队韧性形成的作用，并进一步结合创业团队的互动本质，选取团队情感整合氛围作为调节变量，分析其在上述关系中的边界调节作用。通过问卷调研的研究方法，运用线性回归分析挖掘变量间的关联。由此，通过子研究三的实施，以期实现对创业团队韧性形成因素的具体性分析。

1.5.4　逆境情境下创业团队韧性对创业团队成长的影响机制研究

承接前三个子研究，在完成创业团队韧性的形成因素的实证研究后，子研究四计划展开对创业团队韧性对创业团队成长影响机制的研究。依据前两个子研究的发现，本书计划从创业团队韧性效用转化路径中选取最为核心的因素作为中介变量，运用问卷调查法，探索逆境情境下创业团队韧性对创业团队成长的具体影响机制。

由于创业认知理论框架强调注意力、记忆等都是有限的认知资源，创业主体在运用创业能力调动这些资源时要遵循增益和损耗的原则（Mitchell et al.，2002；Shepherd & Patzelt，2018），因此本书将在该理论框架的指引下，选取框架中细分领域涉及的资源保存理论，探索创业团队韧性对创业团队成长的具体影响机制。具体而言，依据多案例研究发现与文献梳理，利用问卷调研法，选取团队认知重评和团队任务重塑作为中介变量，研究其在创业团队韧性和创业团队成长之间发挥的中介作用及链式中介作用。同时，选取不同类型的团队压力源作为调节变量，探讨两者发挥的差异性边界调节作用。此外，子研究四依据现有文献，计划选取创业目标进展作为创业团队成长的替代变量进行稳健性分析（Uy et al.，2017），以进一步检验研究结果的可靠性。由此，通过子研究四的实施，以期实现对逆境情境下创业团队韧性对创业团队成长的影响机制的具体分析。

1.5.5　研究框架

综上所述，本书的研究框架如图 1-3 所示。其中，围绕逆境情境，子研究一是对创业团队韧性内涵与量表的探索；子研究二是创业团队韧性动态发展的多案例研究；子研究三是创业团队韧性的形成因素的实证研究；子研究四是创业团队韧性对创业团队成长的影响机制的实证研究。四个子研究层层递进，互为补充。

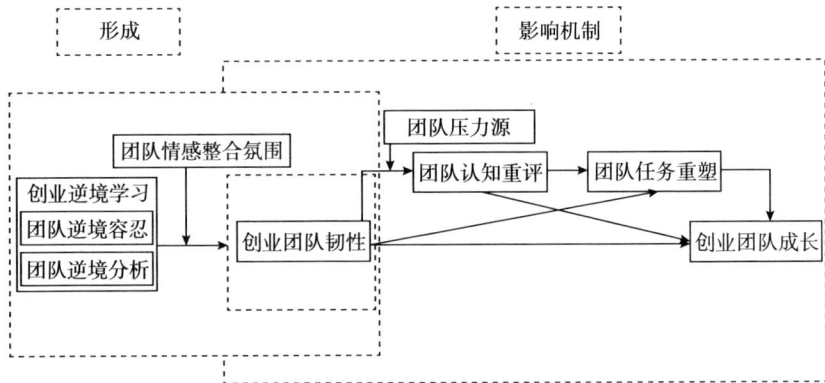

图1-3 本书的研究框架

资料来源：笔者根据研究内容整理。

1.6 技术路线

本书的技术路线如图1-4所示。总体而言，首先，基于文献分析和理论分析来梳理本书的研究背景，提出相应的研究问题，并开展文献回顾与述评，以形成对本书核心内容相关文献的整理与归纳。其次，依托文献分析、理论探索和半结构访谈等多重方法来探索创业团队韧性的内涵与量表内容。再次，使用案例分析探索逆境情境下创业团队韧性的形成及其对创业团队成长的影响机制。基于案例分析所建构的理论模型和研究重点，本书利用问卷调查，分别展开对逆境情境下创业团队韧性的形成、创业团队韧性对创业团队成长的影响机制的研究。最后，对本书的主要研究工作和研究结论进行归纳，并提炼出本书的实际贡献。

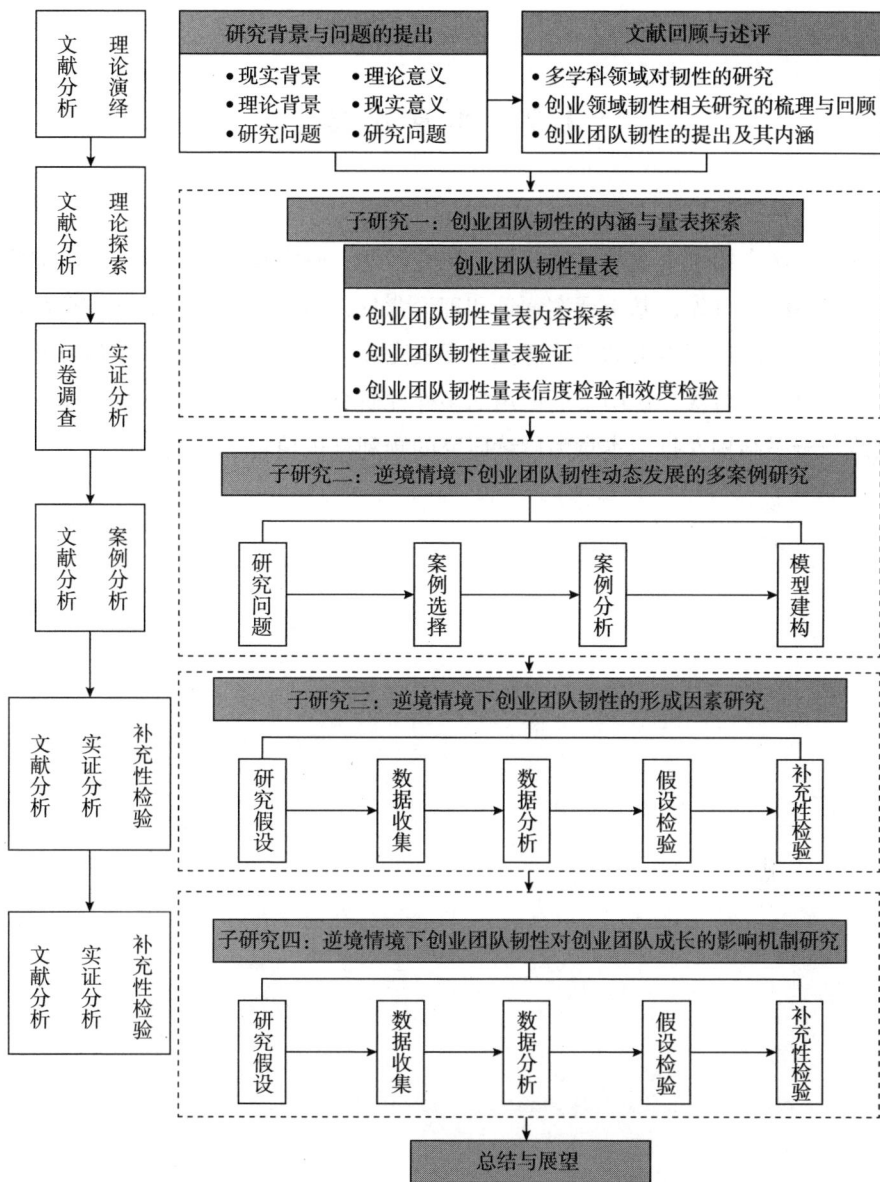

图 1-4 本书的技术路线

资料来源：笔者根据研究内容与研究过程整理。

1.7　本章小结

　　本章依次介绍了本书的研究背景、研究问题、研究意义、研究方法、研究内容、技术路线。首先，基于现实背景和理论背景，提出了本书所关注和要解决的问题。其次，阐述了本书的理论意义与现实意义，揭示了本书对理论研究和创业实践的重要性。再次，说明了所使用的多样性研究方法。最后，展现了本书的技术路线与全书结构安排。本章为后续研究的顺利推进奠定了基础。

第 2 章　文献梳理与理论基础

在越发不确定性的环境下，韧性成为创业团队发展和创业团队成长的重要支撑之一，也逐渐在创业研究领域受到更多的重视（Stephan et al.，2023）。然而，总体而言，目前创业领域韧性的研究仍处于发展阶段，可以视为一个具备前沿性和挑战性的研究议题，且创业韧性研究的结果具有分散化和碎片化（Hartmann et al.，2022）特点。因此，有必要对该领域的研究进行系统性的回顾和梳理。

2.1　理论基础

2.1.1　团队互动视角

由于本书将围绕逆境情境下"创业团队韧性的形成及其对创业团队成长的影响机制"这一核心问题展开探索，结合创业认知理论框架强调团队互动与成员自我认知间的紧密联系（Mitchell et al.，2002；De Mol et al.，2015；Shepherd & Patzelt，2018），因此本书将在该理论框架的指引下，选取框架中细分领域涉及的团队互动视角展开文献综述。

团队互动视角适用于解释创业团队成员如何通过交互与协作共同打造创业团队韧性并推动创业团队成长。团队互动视角的研究凸显了团队互动的鲜明特点，体现了团队互动在促进成员协作和推动团队发展中的重要性（Marks et al.，2001；葛宝山等，2012）。创业团队韧性是依托于创业团队成员之间的充分互动而存在的，是创业团队成员交互过程中所展现的团队能力（Marks et al.，2001；Stoverink et al.，2020）。创业团队成员之间的群体交互行为在塑造创业能力的同时，也在推动创业后续的发展走向。创业团队成员之间以团队任务的开展为核心，基于对彼此合作的信任和互相间的支持来推动一系列沟通和协作的演进（孙秀霞等，2021）。这种协同演进过程蕴含着任务冲突的经历与解决，推动着创业共同认知的逐渐形成（McGrath，1964；陈彦亮和高闯，2012）。成员间共同经验的获得体现了团队互动的重要性。基于团队互动，成员主观能动性的发挥和具体行动力的落实，能够有效推进创业团队韧性的形成及其效用的发挥。同时，成长作为创业团队追求的核心导向（Penrose，1959），是创业研究关注的重点问题。据此，本书基于团队互动理论视角，既能探索逆境情境下创业团队如何在成员交互中形成韧性，也能探索创业团队韧性在互动协同过程中如何影响创业团队成长。

2.1.2 事件基础观

创业团队成员共同经历的所有事件，都会成为创业团队发展不可缺少的组成部分（Rauch & Hulsink，2023）。Rauch 和 Hulsink（2023）指出，通过对事件的系统性分析能够使创业研究受益，尤其是在目前环境不确定性日益增加的背景下，负面事件的频发为探索创业能力提供了丰富的场景。

具体而言，事件基础观指出具体事件的发生能够触发创业主体的反应。事件基础观认为，创业主体不仅可以通过事件来掌握创业进程，也可以从事件中探索如何恢复常态（Williams & Shepherd，2016）。值得关注的是，逆境中包含的负面事件在创业研究中更为突出，因为此类事件扰乱了常规的创业进程和既定的创业计划，并有可能促进变革（Rauch & Hulsink，2023）。同时，创业团队韧性的内涵基础强调，创业团队韧性的触发情境来自创业逆境，包含创业活动中的挫折、创业项目的逆境等众多阻碍创业进程的负面情境（Stoverink et al.，2020；Yao et al.，2021）。据此，本书将在事件观理论框架的指引下选取框架中细分领域涉及的事件基础观，为对逆境情境下创业团队韧性的探索提供具体的理论视角。

2.1.3 资源保存理论

资源保存理论指出，人们会努力获得、保留、培养和保护有价值的资源（Hobfoll et al.，2018；段锦云等，2020；廖化化等，2022）。资源指的是本身具有价值的目标资源（如房屋等）、条件资源（如个人工作经验等）、个人资源（如个体的乐观主义特质）或能量储备（如金钱等），或因其作为产生或保护有价值资源的渠道而具有价值的相关事物（Hobfoll，2001；Hobfoll et al.，2018）。资源保存理论认为，人的认知具备一种内在的和强大的进化属性，即高估资源损失和低估资源收益。在此基础上，资源保存理论指出，压力情境和压力事件会发展在核心或关键资源受到损失威胁时、核心或关键资源丢失时、经过多重努力未能获得核心或关键资源时。

　　资源保存理论提出三个推论（Hobfoll et al.，2018）：第一个推论是拥有资源的人能够获得更多资源，且不会轻易被资源损失所影响；反之，缺乏资源的人更难获得资源，并容易遭受资源损失的困扰。第二个推论是资源损失具有螺旋性质。由于资源损失会比资源收益产生更强的影响，并且资源损失会导致压力的产生，进而在压力螺旋的迭代中，人们拥有的能够抵消资源损失的资源更少，导致资源损失的螺旋式上升，加重了损失的产生。第三个推论同样遵循资源的螺旋性质，但是凸显了资源收益的螺旋增长性质。尤为值得关注的是，由于资源收益的数量和增速都弱于资源损失，因此资源收益的螺旋增长需要更多的时间（Hobfoll et al.，2018）。综合而言，资源保存理论被认为是理解韧性前因后果的适用理论（Stoverink et al.，2020；Hartmann et al.，2020；Brykman & King，2021）。

2.2　逆境情境下创业团队韧性的提出及其内涵

2.2.1　创业团队韧性与韧性在创业领域不同层面研究的比较

　　创业团队层面的理论发展需要在更低（如个体层面）和更高（如组织层面）的层面上检查结构（Kozlowski & Klein，2000）。第一，因为创业团队并不是多个个体的简单加总，即使每个员工具备韧性，也并不意味着创业团队会具备韧性。第二，当创业活动面临逆境时，个体在逆境中会产生规避风险的意识，从而可能将个体利益转移并配置到集体利益之上（Driskell et al.，1999）。此时，具备韧性的创业个体会更加关注自己本身的生存问题，为了达到持续生存的目标，他们可能会选择放弃组织（Coutu，2002）。第三，与创业者的个体独立性和创业组织的松散耦合性不同，创业团队由于成员和任务的互依性而体现出紧密耦合性。第四，创业个体、创业团队和创业组织在创业主体数量和组成结构上的区别，也使创业者韧性、创业团队韧性和创业组织韧性是显著不同的。因此，创业者韧性、创业团队韧性和创业组织韧性都具备主题和研究上的独立性及必要性。通过对创业领域个体、组织和团队等不同层面韧性的比较，能够为创业团队韧性的研究奠定理论基础和开拓思路。下文将对三个研究层面韧性的区别进行详细论述。

首先，从创业者个体韧性与创业团队韧性的对比来说，鲜明地体现在创业者结构和创业互动方面。创业者个体韧性是基于独立个体的能力而言的，而创业团队韧性是基于团队中多位创业者互动所形成的能力而言的。有韧性的个体创业者在面对逆境时，具备相对完整和独立的决策权，既不需要通过妥协、让步等方式换取企业内部其他人的合作与支持，也不需要在协调意见、维持关系和保持沟通等多个方面投入太多的时间与精力（Stoverink et al.，2020）。因此，个体韧性的强度和集中度在三个层面中相对较高，在信息处理和信息反馈上会更加迅速和有效。但也正是因为个体的相对独立性，导致个体的信息接收范围和与他人的交互交流相对有限，由此，个体的韧性也有可能在很大程度上导致个体由于认知偏见做出错误决策或者陷入过往的路径依赖中（Hartmann et al.，2023）。综合而言，具备韧性的创业者的整体决策相对独立且果断，并且创业者不需要分享决策的细节与过程。面对逆境，有韧性的个体可以在很大程度上依靠自身的能力和决断来推动问题的解决和处理（Kerr & Tindale，2004），具备较强的独立性。

然而，创业团队是为特定结果分担责任的相互依赖的创业个体的集合（Sundstrom et al.，1990），因此在复杂环境中，创业团队成员之间的交互功能可以对个体能力形成重要的补充。创业团队韧性来源于创业团队内部多个成员之间的组合交互和互动，成员之间存在紧密的依赖关系（Chen & Zhang，2021）。面对环境变化和逆境冲击，有韧性的创业团队需要协调和整合多方观点。这种协调的过程既有可能是倾听、综合各方意见，也有可能产生更大的冲突，进而使逆境情境下的创业局面变得更为复杂。但是，这种多重的决策互动程度使创业团队韧性在平衡管理持久性和危机紧张性时发挥更为重要的作用。相较而言，创业团队韧性比创业者个体韧性更强调团队成员之间的平等、协作与沟通。通过对多个创业主体的创业知识、创业经验的利用与整合，实现团队内部成员能力的互补，这有助于拓展个体的决策视野，避免个体的主观偏见，促进多元化观点的融合和交流，由此更好地发挥创业团队韧性所具有集体优势（Li et al.，2023），体现韧性在创业团队层面的独特性。

其次,从创业团队韧性与创业组织韧性的对比来说,创业团队韧性与创业组织韧性的区别同互依性紧密相关(Stoverink et al.,2020)。创业团队韧性表现为不同创业成员间的强互依性;而在创业组织层面,个体间的互依性要弱化很多(Stoverink et al.,2020),即创业团队韧性体现的是紧密耦合性,而创业组织韧性体现的是松散耦合性。这是由于创业团队韧性的形成贯穿于创业团队成员之间的平等交往之中。通过较多的非正式沟通拉近成员之间的距离和加强互动的频繁度,团队可以更快、更灵活地应对可能面临的危机情境(Chen & Zhang,2021)。在这一过程中,创业团队成员之间的认知方式和思维模式会在一定程度上趋同,形成相对一致并获得内部群体认可的行事规范,从而使创业团队韧性与影响力的发挥在经历动态发展后达到相对稳定的状态(Hartwig et al.,2020)。同时由于创业团队是直面创业任务和危机的主体,必须通过团队共事来直接处理成员所遭遇的风险问题(Forbes et al.,2006;Harper,2008;Stoverink et al.,2020),因此成员依靠相互依赖的工作来理解创业形势,共同制定并执行策略。在此过程中,基于成员高强度的相互依赖互动所形成的创业团队韧性与其他层面的韧性存在显著的区别,其本质和内涵都具备独特性。

最后,相较于创业团队的紧密耦合,组织呈现的是较为松散的耦合状态(Stoverink et al.,2020)。面对创业所遇到的生存和发展困境,组织中的每个个体虽然都有应对和处理的责任,但创业组织领导可以通过指定特定部门处理的方式来迅速缓和紧张局面。由此也可以看出,相较于团队,组织中成员之间的互动并非是完全自发和主动的,其多为基于权威领导的命令和安排通过正式的程序和流程所进行的工作沟通和交接(Zohar & Luria,2005),进行合作和交流的个体可能也来自组织中的不同部门。其中,决策和战略是由高层领导制定,通过自上而下的方式传达至团队和员工个体,而后这些主体按照命令指挥,相对独立地实现特定任务目标。即使创业组织的成立年限相较于战略研究领域中的成熟组织而言是相对较短的,在运营特征上具备相对较强的不确定性和渐趋步入正轨的发展性,但成熟组织所具有的特性也会逐渐成为创业组织的重要特征。因此,创业团队与创业组织的韧性是有显著差异的。

综合以上对比分析可知,创业领域三个层面的韧性研究虽然都是置身于不确定性的创业情境中,但高度互依性之下的创业团队韧性显著区别于创业者韧性和创业组织韧性(Stoverink et al.,2020),即创业者个体韧性体现了独立性,创业组织韧性体现了松散耦合性,创业团队韧性体现了紧密耦合性。具体而言,韧性在创业者个体层面没有表现出互依性，在创业组织层面虽具有一定互依性，但相比创业团队要弱很多。面对创业风险和危机，创业团队韧性会使团队拥有独特的选择和决策应对方式，包括成员之间的分工协作、信息交换以及对于环境的多维扫描等不同方面。创业领域不同层面韧性的比较如表2-1所示。

表2-1　创业领域不同层面韧性的比较

层面	主体特征	资源来源结构	作用特征
创业者韧性	置身于不确定性创业情境，没有互依性，独立个体拥有决策权	个体心理资本和内外部社会支持	创业者的个体韧性会使其在信息处理和信息反馈上更加迅速和有效。但也正是因为个体的独立性，导致信息接收范围和与他人的交流相对有限，个体的韧性也有可能在很大程度上导致个体做出错误决策或者陷入过往的路径依赖中
创业团队韧性	置身于不确定性创业情境，紧密耦合、高度互依性	创业成员之间围绕创业任务所展开的相互支持、平等互动、学习和交流	面对环境变化和逆境冲击，有韧性的创业团队会协调和整合多方观点，此过程既有可能综合各方意见，也有可能产生更大的冲突使局面更为复杂。然而，这种多重的决策互动程度使创业团队韧性在平衡管理持久性和危机紧张性间发挥更为重要的作用
创业组织韧性	置身于不确定性创业情境，松散耦合、适度互依性	高层领导的正式命令和自上而下的沟通	面对创业生存和发展困境，创业组织中的每个个体虽然都有应对和处理的责任，但创业组织领导可以通过指定特定部门处理的方式迅速缓和紧张局面。相较于团队，创业组织成员之间的互动并非是完全自发和主动的，其多为基于权威领导的命令和安排通过正式的程序和流程所进行的工作沟通和交接，因此对创业活动的发展影响需要经过多层级的过程演化

2.2.2　逆境情境下创业团队层面韧性研究的独特性

创业团队指的是一群具有共同目标的创业者，共同参与创建和管理新企业，通过适当组合的创业行动来推动创业活动的实现（Forbes et al.，2006；Harper，2008）。逆境情境下创业团队层面研究的独特性使创业团队韧性的研究显得尤为重要和迫切（Hartmann et al.，2022）。

首先，与常规工作团队相比，创业团队所开展的创业活动具备更为显著的创新性、不确定性和模糊性（Blatt，2009）。面对所经历的逆境，创业团队会置身于一种全新且未知的情境中，创业团队成员原本所拥有的共同行事准则和心智模式都会发生暂时性的失效，他们可能会无法明确界定所处的情境并难以在不同事件间建立有意义的联系（Weick，1979）。面对创业活动中出现的逆境，创业团队需要通力合作来寻找解决方法，从而才有可能推动创业进程。在此过程中，创业团队中的成员需要在互动合作中寻找新的契合的合作模式和共事准则，降低面对逆境情境的不适感和无助感。同时，经历逆境后，为了推动创业的持续发展，创业团队会通过互动来加强成员间的合作，伴随而来的也会有互动过程中成员之间相处产生的摩擦和冲突。由此，创业团队需要在逆境情境下探索韧性的形成方式，通过韧性的作用来帮助协调创业活动，实现创业团队的成长。

其次，逆境情境下，创业活动的不确定性和风险性急剧增加，此时创业团队是缺乏既定的角色、管理和行为模式来指导创业行为的（Stoverink et al.，2020）。恰当管理结构和行动方案的缺失，会导致团队需要更为及时地对逆境中蕴含的危机和风险做出响应，并快速适应动荡环境带来的变化。在这种情况下，缺乏韧性的创业团队可能会寻求替代或者冲突的方案去应对逆境，这反而会使逆境升级或者固化（Blatt，2009）。同时，Markman 等（2005）指出，当企业的硬性财务指标不可用或不合适时，韧性被认为是创业活动发展情况的适当衡量标准。因此，创业团队所置身的逆境情境的独特性使创业团队韧性的重要性越发凸显。

最后，创业是一场情绪之旅（Cardon et al.，2012），面对逆境情境，创业主体会伴随创业活动的起伏，经历许多极端情绪的变化过程。相较于创业者个体情绪的单一性、独立性和创业组织的相对正式性，创业团队内部成员的情绪变化会产生更为直接和强烈的情绪传染过程（Zhu et al.，2023）。其中，积极的情绪能够调动创业团队的整体士气，但是消极情绪却可以使创业团队成员焦虑、恐惧等，这使创业团队在应对逆境时，韧性的作用更加凸显（Rindova & Petkova，2007）。并且，相较于普通员工，创业者会对创业事业投入更多的心血，因此创业者的情绪较普通人更为强烈（翁清雄和王姝倩，2023），他们在创业过程中需要处理各种难以预料和令人惊讶的事情（Cardon et al.，2012）。只有具备高昂的情绪，创业者才能保持持续的动力推进创业进程。由于创业团队的联系紧密性和互动多维性，创业团队内部情绪的多变性和扩散性大大提升（Cardon et al.，

2012）。因此，如何在逆境情境所引发的这种相对强烈的情绪氛围中，利用创业团队韧性保持创业活动的持续良性发展，成为相关研究的重要方向（郝喜玲等，2020；Boone et al.，2020）。

2.2.3 创业团队韧性的提出与内涵基础

2.2.3.1 创业团队韧性的概念界定

相较于创业者个体和创业组织层面韧性的研究，有关创业团队韧性的研究比较稀少（Stoverink et al.，2020；Hartmann et al.，2022）。Hartmann 等（2022）更是直接呼吁学术界需要加强对创业团队韧性的关注。Luthans 等（2015）也指出，大多数关于韧性的研究要么侧重于个人层面（如发展心理学和心理资本韧性），要么侧重于组织韧性，主张将团队韧性作为未来的研究目标。鉴于前文的分析可以发现，韧性虽然在结果、过程、能力等方面存在定义上的差异，但是韧性作为一种创业能力已经得到了广泛认可（Bullough et al.，2014；Andria et al.，2018）。同时，谈及韧性，研究者也明确其功能性结果——从逆境中恢复（Chadwick & Raver，2020）。逆境指的是不利的处境和遇到的困难、挫折等具体情况（Shepherd & Williams，2020）。这种逆境下创业主体暴露在重大威胁中（Meneghel et al.，2016a），这也成为创业团队韧性产生的必要条件（Chadwick & Raver，2020；郝喜玲等，2020）。因此，韧性在所有研究层面都反映了创业主体从逆境中恢复的能力，并且这种能力在对应不同层面的目标主体时会有所区别。基于此，本书将创业团队韧性定义为：创业团队韧性是以创业团队内部成员之间的互动为基础，在创业团队成员共同经历创业逆境时，创业团队整体所具备的对逆境的积极应对、有效恢复与持续发展的能力（Stoverink et al.，2020；Chadwick & Raver，2020；Hartmann et al.，2022）。

2.2.3.2 创业团队韧性的内涵基础

结合前文对创业团队韧性内涵的界定和创业团队韧性与其他创业层面韧性研究的对比，本书将进一步对创业团队韧性的内涵基础进行剖析。

首先，创业团队韧性是创业团队成员在交互过程中所展现的一种能力（Bullough et al.，2014；Andria et al.，2018；Preller et al.，2023）。这种能力在创业团队共同经历的逆境中被激发并真正发挥作用，从而对创业活动的发展产生影响。因为创业团队只有共同经历逆境，韧性能力的发挥才具备前提条件。没有经历逆境的团队所实现的创业目标只能是证明团队的有效性，而非创业能力的展示

（Stoverink et al.，2020）。因此，从创业团队韧性的内涵出发，韧性能力是能够在创业动态发展过程中形成和增强的（Yao et al.，2021）。

其次，创业团队韧性的触发情境是创业逆境，包含创业活动中的挫折、创业过程中的逆境等众多阻碍创业进程的因素（Stoverink et al.，2020；Yao et al.，2021）。具体而言，这种逆境在创业团队中的可能表现形式是团队内部相互依赖的目标导向活动的停滞，这其中伴随创业过程性的损失以及对创业成员产生的负面影响（包括情绪和认知等多个方面）。因此，在逆境中，创业团队的协调与合作活动被破坏时，创业团队韧性的重要性就越发凸显。本书会基于创业团队韧性的这种情境触发性，针对后续子研究中实证样本的选择制定对应的筛选标准（如要求参与调研的创业团队经历过至少一次的创业逆境等）。

此外，从逆境中恢复的能力更是创业团队韧性内涵基础的重要组成部分（Chadwick & Raver，2020）。创业团队成员之间通过信息交互，促进彼此对环境的适应性，通过对关键事件进行资源投入来实现创业团队从逆境中的恢复，以具有紧密互依性的创业任务去推动创业活动的发展。

2.2.4 逆境情境的界定及逆境情境下的创业团队韧性

基于前文对创业团队韧性的内涵及其内涵基础的研究可以发现，创业团队韧性强调逆境的情境触发作用。创业团队只有共同经历逆境，韧性能力的发挥才具备前提基础条件。创业团队韧性在逆境中也会涌现得更加具体。因此，结合创业领域的研究及逆境情境对创业团队韧性研究的重要性，本书会尤为关注逆境情境下的创业团队韧性。

首先，针对逆境话题的讨论是创业研究领域的一个重要分支，创业实践中居高不下的逆境率使逆境情境成为创业研究学者重点关注的话题（于晓宇，2011；Shepherd et al.，2013）。目前已有文献更多地将韧性研究情境聚焦在战争（Bullough et al.，2014）、地震（刘凤等，2020；Shepherd et al.，2020）等方面，这为研究韧性的触发情境提供了丰富的资料。然而，创业逆境中韧性其实也是值得探索的重要方面，现有研究也呼吁研究者关注此问题（郝喜玲等，2020）。因此，本书根据现有文献将着重关注逆境情境，探索逆境情境下创业团队韧性的发展。

其次，之所以选择逆境情境，原因如下：第一，创业中的逆境有特定的发生时间和发生地点（Rauch & Hulsink，2023），这能够确保逆境情境下针对韧性的研究具备具体性和针对性。第二，逆境是能够为具体活动的发展带来影响的，创业中的逆境情境会对创业主体和创业活动产生一定程度的影响，并可以导致后续创业活动的变化（Morgeson et al.，2015），这些影响和变化体现了逆境情境对创业活动的冲击。第三，逆境是可以被感知的，创业中的逆境情境对于经历者而言是来自外部的，是可以被观察和感知到的（Pettigrew，1990；Morgeson et al.，2015），因此能够形成对逆境事件强度等一系列特征的具体感知。第四，韧性研究中对逆境的选择要求其会对现状产生一定的负面作用，创业中的逆境情境恰恰能够对创业现状形成挑战，如引发创业主体的不安、失落等负面情绪，甚至引发创业活动的巨大变动，同时这种逆境能够吸引创业团队内外部的关注（Bechky & Okhuysen，2011）。

进一步而言，创业领域的逆境主要分为创业逆境（Entrepreneurial Failure）和创业项目逆境（Entrepreneurial Project Failure）两种类型。其中，创业逆境一般指的是创业活动的完全终止和公司倒闭（Yamakawa et al.，2015）；创业项目逆境一般指的是一项创造创业价值的项目因未能达到目标而终止（Shepherd et al.，2011），但是该类型逆境通常不涉及创业活动的完全终止。本书将会重点研究创业项目逆境情境，即本书将逆境情境界定为创业项目逆境情境，在该逆境情境下，由于创业活动并未完全终止，因此，经历此类逆境的创业团队还会处于相对稳定的结构中（Shepherd et al.，2009），这能够在一定程度上降低成员在回顾逆境经历时的回顾性偏差和研究过程中的样本流失风险，在一定程度上确保创业团队成员对所经历的逆境相对准确的描述和回忆。同时，创业团队为了适应不确定性环境并快速融入市场竞争，会积极通过创业项目的推进来推动创业活动的持续发展，但是由于创业项目本质上是带有未知性的实验（McGrath，1999），因此，创业团队在此过程中难免会经历偶尔甚至频繁的创业项目逆境（Burgelman & Valikangas，2006；Shepherd et al.，2009）。面对这样的项目逆境，创业团队一般需要在较短的时间内实现从逆境中的恢复，并进行新项目的迭代发展，以推动创业活动的持续进行。因此，创业项目逆境能够契合本书研究，即强调对逆境的响应、从逆境中的恢复和对创业活动的适应等诸多关键要素，其为本书所关注的核心问题提供了较为适合的研究场景。

2.3　创业团队成长相关研究

创业团队的成长是创业研究所关注的焦点问题，体现了创业活动发展的动态性（Gilbert et al.，2006）。创业团队韧性对于创业团队成长的影响机制需要得到更深入的探索。现有研究关注韧性对创业成功（Hayward et al.，2010）、创业绩效（Anwar et al.，2023）的影响，却忽视了韧性对创业团队成长的重要性。成长是创业团队的中心任务，创业团队韧性展现的是创业团队作为创业活动的核心，应对创业逆境并实现恢复和持续发展的能力，因此能够对创业团队的成长产生关键影响，且其中的影响机制值得进行深入探索。同时，创业时常面临压力、挫折等逆境，创业团队如何利用团队韧性帮助企业克服这些困难，并推动其成长是值得关注的重要问题。因此，在梳理完创业团队韧性相关文献后，下文将重点梳理创业团队成长的相关文献。

创业团队成长体现了创业活动发展从不稳定到相对成熟的动态过程，这其中涉及创业主体内部结构的完善、创业功能的优化和创业规模的扩大（Delmar et al.，2003）。本书尤为关注的成长是以创业团队为主体所推进的创业活动的持续发展（Iacobucci & Rosa，2010）。创业团队成长是一个具有丰富内涵的概念，通过对创业团队成长内涵、测量方式和研究现状的梳理能够为本书奠定理论基础。

2.3.1　创业团队成长的内涵

创业团队经历从无到有的成长过程，其成长也是创业研究中的重点领域（李新春等，2010；梁强等，2017）。创业团队成长的内涵既包括创业团队通过资源的调配和使用所获得的创业活动规模的扩大，也包括创业团队在不同创业环境之下的生存表现（Penrose，1959）。这其中体现了创业活动发展过程中知识的积累、资源的获得和制度的形成，通过多维度创业活动变化的表现，实现创业团队从初步建立到渐趋发展完善。成长作为一种动态性的变化，是从创业团队创建之初就伴随创业主体的发展而存在的，也是创业团队追逐的重要目标。基于成长导向的创业团队能够更好地实现其创建之初的发展愿景和发展规划。

综合而言，创业团队成长的内涵包含以下三个方面的具体内容：第一，创业团队成长是一个相对动态的概念，其包含了创业团队生存和发展等多个维度，体现出创业团队所主导的创业活动的持续发展状态，是创业团队持续追逐的核心目标（Anderson & Eshima，2013）。第二，创业团队成长是内外部因素的综合统一，既包含创业活动产出的增长和相关绩效指标的提高，也包含内部资源结构的改善和成员组成的变化（Forbes et al.，2006）。第三，创业团队成长展现了创业团队在过去历史中的演进以及未来可能的发展趋势，关系到创业团队的存续状态，是可以通过多个相关指标进行对比衡量的（Gilbert et al.，2006）。

2.3.2 创业团队成长的测量

目前针对创业团队成长等的测量方式主要分为两方面：一是选择特定的指标进行客观测量，这些指标既包括现金流等财务数据，也包括雇员增长等非财务数据；二是选择涉及创业团队成长的具体变量进行主观量表测量，如创业团队成员与竞争对手的具体成长情况对比等。

首先，就客观测量指标而言，现有研究多利用销售收入、总资产、净利润、创业规模变化率等指标衡量创业活动的成长状况（Baum & Lock，2004；陈金亮等，2019）。通过这些指标的同比或环比来确定创业活动的表现是否更优，从而确定其成长情况。值得关注的是，若创业团队的发展处于起步阶段，可能会因为持续的创新投入和市场开发投入，导致创业团队在长时间内没有稳定的现金流，甚至长期处于负债状态，因此，依据此类指标所进行的研究分析，其研究结果的稳定性存在问题。同时，创业团队本身各项财务指标不够完善，且不会像成熟企业一样实行年报公布制度，其客观二手数据更加难以获取，即使获取，这些数据也难以反映创业活动发展的真实情况（Anderson & Eshima，2013）。因此，在创业研究中，针对创业团队成长的指标衡量多是基于一手数据的量表进行衡量的（Gilbert et al.，2006；Anderson & Eshima，2013）。此外，主观测量方法在促进受访者提供保密信息方面的效果更好（Dess & Robinson，1984；Anderson & Eshima，2013）。

其次，就主观测量量表而言，现有研究指出，成员增长、销售额增长和市场份额增长是衡量创业团队成长的三个重要指标，可以通过这三个指标与竞争对手的对比情况来获得一手数据信息（Anderson & Eshima，2013；Gilbert et al.，2006；于晓宇等，2020）。因为成员体现了创业团队规模的变化，销售额体现了创业团队收入随时间的推移，市场份额体现了创业团队所创造的产品被市场接受的程度（Gilbert et al.，2006）。同时，由于创业团队的成长包含产品开发、商业模式创新、创业目标进展状况等多个方面，通过对具体成长内容的量表选取，可以揭示成长的真实情况。这其中，最为普遍的是利用创业团队的成长绩效（Chen et al.，2009；刘井建和史金艳，2013），这一变量与前文提到的财务指标较为相似，即通过创业团队不同方面的绩效表现来衡量其成长的实质。此外，也有研究利用创业团队生存能力和目标进展作为衡量成长性的具体变量（Greene & Hopp，2017；Uy et al.，2017；Hopp & Greene，2018）。成长中创业发展可行性及其展现的生存能力、生存目标的完成度在一定程度上反映了创业团队根本的立足点。基于对创业目标进展的衡量体现了创业团队对可持续发展的追求，由此使创业目标进展也成为衡量创业团队成长的重要变量（Uy et al.，2017）。同时，从商业模式角度衡量成长，将产品、用户等因素进行综合考虑所生成的创业团队成长量表也在现有研究中得到运用（郭海和韩佳平，2019）。这些具体变量在创业团队成长测量中的运用也丰富了该领域的研究，并弥补了财务指标测量的不足，为本书对创业团队成长的测量提供了理论支撑。

2.3.3　创业团队成长的研究现状

创业团队成长是多个因素综合作用的结果，创业主体通过对不同因素和资源的合理利用，帮助其突破新生困境（Stinchcombe，2000）。考虑到创业活动所面临的内部创业资源实际情况和外部创业环境，本书将从内部因素和外部因素两个角度对创业团队成长的影响因素进行梳理。

从内部因素而言，初始资源是应对创业逆境的首要条件（田莉，2010）。如果新创团队具备一定的资源积累，那么其能够在创业过程中获得更多的支持（田莉，2009），然而总体而言，创业团队的初始资源积累都是相对有限的，因此，运用创业战略和创业能力来获取和利用资源成为影响创业团队成长的重要因素。现有研究指出，创业拼凑（Baker & Nelson，2005）、创业即兴（叶竹馨和买忆媛，2018）、资源整合（Alvarez & Busenitz，2001）、战略决策风格（Cohen & Wirtz，2022）等具体战略和能力都是推动创业团队成长的有效选择。除此之外，创业主体自身的内部社会网络也能帮助企业从外界获得更多资源支持（Gliga & Evers，2023）。利用自身网络从外部获取的资源也能逐渐内化为创业主体的能力，从而推动其成长（谢雅萍和黄美娇，2014）。创业过程中的产品创新、研发创新、商业模式创新等一系列创新行为也是创业团队成长的重要推动力（罗兴武等，2019）。此外，一些隐性内部因素，如组织文化与氛围（李晶和陈忠卫，2006）和具体的目标导向（郝喜玲等，2015）都会以不同的方式影响创业团队成长。

从外部因素而言，主要包含市场、行业和制度三大要素。第一，市场环境的动荡性一直是创业研究关注的焦点，这一特征既可能给创业团队发展带来更为激烈的竞争，也可能为创业团队带来更多新的信息。研究市场这一要素在创业团队成长中发挥的具体作用需要与更为具体的创业情境相结合（Alqahtani & Uslay，2020）。第二，行业的竞争态势、行业所处的发展阶段、行业进入壁垒的高低等相关行业因素都会影响创业团队成长情况（田莉，2010；陈文婷，2013）。第三，中国创业情境下制度因素的影响是不容忽视的，是产生经济发展差异的重要原因之一（郑丹辉等，2014；杜运周等，2020）。制度折射的是社会的运营规则和法律的约束内涵，由此形成创业活动的基本准则。同时，鉴于中国目前各地经济发展的非均衡性使各地的创业制度存在差异。因此，制度对于创业团队成长的影响也逐渐成为研究的热点。

2.3.4 创业团队成长的研究述评

首先，由于创业团队处于发展的初期阶段，其财务制度相比成熟组织而言还不够完善，财务报表的披露和公布都不够及时和公开，因此现有研究基本还是以主观测量量表的形式对创业团队的成长进行测量（Anderson & Eshima，2013）。这虽然在一定程度上会导致研究中不可避免地产生自我汇报的主观性，但其也是创业情境下能选择的较佳测量方式（Dess & Robinson，1984；Gilbert et al.，2006）。此外，创业团队由于自身的小而弱性和所面临的资源受限局面（Stinchcombe，2000），其成长的内涵侧重于成功生存和获得持续发展的活力（Penrose，1959；Mckelvie & Wiklund，2010）。

其次，马歇尔在研究中指出，创业团队的成长可以类比树木成长，其所经历的是"适者生存，优胜劣汰"的发展过程。这表明，成长包含生存和发展等存续状态，并且生存和发展的多重体现也是促进创业团队不断实现由弱到强、由小到大的发展历程，创业主体的韧性会发挥一定的影响作用，然而目前却鲜有研究对此进行探索。

因此，为了更好地体现创业团队成长的本质内涵与提升量表测量的准确性，本书主要以由成员增长、销售额增长和市场份额增长情况等条目所组成的量表来衡量创业团队成长的情况（Gilbert et al.，2006；Anderson & Eshima，2013；于晓宇等，2020）。同时选取创业目标进展，即创业团队在推动创业过程中的动态性成功尝试程度（Gielnik et al.，2015；Uy et al.，2015；Uy et al.，2017）等具体变量来进行稳健性检验。

2.4　创业逆境学习相关研究

依据前文的研究，由于创业团队韧性强调创业逆境这一触发情境（Stoverink et al.，2020；Yao et al.，2021），这种情境会给创业团队带来一系列的创业经历，包括负面的创业逆境经历，创业团队对于这些经历的学习值得得到更多的关注（Yao et al.，2021）。同时，现有少数针对创业团队韧性形成因素的研究从创业团队领导者韧性（梁林等，2022）、团队行为整合（Chen & Zhang，2021）等视角展开，忽视了逆境事件所引发的创业逆境学习这一重要因素对创业团队韧性形成的影响。因此，本书在后续研究中会关注从逆境中进行学习这一因素，如创业逆境学习。基于此，本书将进一步对创业逆境学习相关研究进行文献梳理。

2.4.1　创业逆境学习的内涵

在创业团队中，创业逆境学习是创业团队将逆境经验转化、吸收为自身知识的重要过程（Danneels & Vestal，2020；Yao et al.，2021），体现了团队成员对学习内容的解释和对逆境经验的总结（Kolb，1984；Amankwah-Amoah et al.，2022）。创业主体要善于从创业过程中进行学习，尤其是从创业过程中的关键事件中学习，关键事件包含逆境（Cope，2011）。创业主体包括创业团队在创业过程中所经历的逆境既可能包含企业停止经营的逆境（Singh et al.，1997；郑馨等，2019），也包含创业旅途中创业项目的逆境（Shepherd et al.，2011）。这些逆境经验的转换和传递是创业主体重启创业历程、坚持创业旅途的重要支持。创业者通过具体的学习模式来回顾逆境原因（Shepherd et al.，2009），进而在创业逆境经历中获得创业知识并更新创业行为（Politis，2005；张玉利等，2015；谢雅萍等，2017；孙金云等，2022），从而实现创业认知和创业能力的提升。从实质上而言，创业逆境学习包含认识、联系、思考、总结和应用等多个差异性环节。如果单纯对逆境学习内涵进行概况性研究，将难以获得对学习内容和学习方式的细致性区分（Danneels & Vestal，2020）。

鉴于此，根据本书的研究问题和 Danneels 和 Vestal（2020）的研究，本书将创业逆境学习划分为逆境容忍和逆境反思两种模式（Shepherd et al.，2011；Danneels & Vestal，2020）。逆境容忍是指创业者接受逆境并将逆境作为发展过程中不可或缺的重要组成部分，通过试错学习来实现战略目标。逆境分析是指创业者有目的地对逆境进行分析和反思，以加深对逆境的理解，从而帮助实现战略目标（Danneels & Vestal，2020）。本书以期通过对创业逆境学习的分类，进一步探索创业团队如何利用创业逆境学习促进创业团队韧性的形成。

2.4.2 创业逆境学习的研究现状

既有关于创业逆境学习的研究主要是基于学习主体（Shepherd et al.，2009）、双元理论（March，1991）和行动学习理论（Argyris，1976）三个方面展开。从学习主体的层面而言，现有研究将其分为个体层面和组织层面。个体逆境学习的重点落在创业者身上，企业领导者的逆境学习可以促进整个创业团队目标的达成。创业者还可以发挥领导者的号召力，这种类型的逆境学习方式在一定程度上体现了个人主义色彩。组织逆境学习揭示了创业逆境中多个组织成员对逆境的集体感知和意义赋予（Cardon et al.，2011），包含成员之间更多的互动（Shepherd et al.，2009）。现有研究虽然具体划分了个体和组织两种学习主体，但忽视了与具体学习内容的结合。

双元理论和行动学习理论进一步对逆境学习进行了探究。双元理论将逆境学习分为利用式学习和探索式学习。利用式学习是在现有资源的基础上，逐步完善和扩展逆境学习的内容（Schildt et al.，2010）。探索式学习更强调从逆境中探索新的知识，具有更大的不确定性特点（Lavie & Tushman，2010）。这两种逆境学习方式在组织中既可以实现平衡，也可以实现互补。

此外，根据行动学习理论，逆境学习包含单环学习和双环学习（Argyris，1976）。单环学习是指在不改变现有目标的前提下，修改自己的行为策略以达到学习目标。双环学习是一种修改战略目标的学习方法（Argyris，1976）。以上理论解释了具体的逆境学习方式，并将其与学习内容紧密联系起来，但在一定程度上忽略了经验本身并不能产生学习，即混淆了经验的积累和对经验的反思之间的区别（Dewey，1993）。因此，通过将逆境学习划分为逆境容忍和逆境反思（Danneels & Vestal，2020），能够有效区分逆境学习本身蕴含的不同意义。基于此，本书旨在探讨逆境容忍和逆境反思两种创业逆境学习对创业团队韧性所产生的影响。

从创业逆境学习的结果变量研究而言，目前研究主要集中在创业成长（Yamakawa et al.，2015）、创业协作（Amankwah-Amoah et al.，2022）、再创业意图（丁桂凤等，2016）、新产品开发（Hu et al.，2016）、新创企业绩效（潘宏亮和管煜，2020）和创业能力（谢雅萍等，2017）等众多方面。具体而言，Yamakawa 等（2013）基于内在动机视角探索逆境学习对创业成长的影响，解释了认知视角下逆境经历的作用。谢雅萍等（2017）指出基于批判反思、互动支持和执行应用的创业行动学习能够推动包含运营、融资、机会等众多创业能力的提升，并且悲痛恢复取向在这一关系中会发挥调节作用。Williams 等（2020）基于定性研究的基础，揭示了逆境归因和情绪的相互作用下，经历逆境后再创业的路径。Amankwah-Amoah 等（2022）综合定性和定量研究发现，逆境经历中的学习能够促进创业协作，宗教和家庭取向对这一关系起到调节作用。这些研究揭示了创业逆境学习对于创业主体的多重影响，从不同方面展现了创业逆境学习的重要性。

2.4.3　创业逆境学习的研究述评

尽管已有研究从多方面为本书提供了坚实的基础，但是目前创业逆境学习研究还存在以下有待探索的空间：首先，现有研究多关注个体和组织层面的创业主体，对于团队层面中创业成员之间的互动给逆境学习所带来的新的影响效果的研究还相对有限。其次，既有研究关注到了创业逆境学习的影响，但并没有对创业逆境学习进行更为具体的类型划分。创业逆境学习可以划分为对逆境的容忍和对逆境的反思，其会产生不同的效果（Danneels & Vestal，2020）。因此，不同逆境学习方式对于创业团队韧性影响的研究将能够为创业团队韧性的来源提供新的研究思路。此外，考虑到目前研究多从个体特质（Bullough et al.，2014；Duchek，2018）、组织支持（Ozbay et al.，2007；芮正云和方聪，2017）等方面分析创业团队韧性的来源，相对忽视了在特定情境下学习方式对韧性形成所发挥的作用，因此，基于创业逆境学习视角的研究也能为韧性领域研究提供新的见解。

2.5　本章小结

　　本章首先对创业领域韧性的相关研究进行回顾，通过对多学科领域研究的系统性梳理，阐明创业领域韧性的具体内涵与现有的测量方式，并对其研究现状进行全面回顾和述评。其次，基于对创业领域韧性研究的梳理，本章进一步聚焦创业团队韧性，并针对创业团队韧性进行文献梳理。本章通过对创业领域不同层面韧性研究的比较以及对创业团队情境独特性的说明，对创业团队韧性的概念进行更加清晰的界定并详细解释其内涵基础，同时阐明本章对逆境情境中所涉及的具体创业项目逆境情境的关注。随后，结合本书的研究问题，进一步对结果变量创业团队成长的相关研究进行系统性的梳理。同时，本章对书中涉及的其他变量的相关研究也进行了梳理和回顾。

　　本章对现有研究进行了系统性整理和述评，进而为本书后续研究的展开奠定了基础。首先，在创业团队韧性方面，目前创业团队韧性已经得到学术界的重视，但是对于其具体的维度和内涵尚不明晰，研究基本处于起步阶段。因此，本章将进一步探析创业团队韧性的内涵，并剖析其可能的具体维度，完成量表的拓展与检验工作。其次，创业团队韧性的形成及其影响机制目前都有待进一步研究。同时，关于创业团队韧性、创业逆境学习、团队认知重评、团队工作重塑和创业团队成长等具体变量间的关系还有待继续挖掘。基于此，本书认为，有必要通过量表探索、案例研究、问卷调研等方式对以上变量间的关系展开更为深入和细致的研究。

第3章　创业团队韧性的
内涵与量表探索

3.1　量表探索的研究设计

3.1.1　研究目的与研究方法

3.1.1.1　研究目的与内容

本书旨在探索创业团队韧性的理论内涵，在充分挖掘创业团队韧性的理论特征后，通过文献梳理和对经历过创业项目逆境的创业团队进行访谈获取数据，进一步明晰创业团队韧性量表的内容维度，以期为创业团队韧性量表的探索与验证提供坚实的基础，拓展韧性量表在创业团队情境中的应用。据此，本章的研究目的如下：

（1）通过文献回顾、理论指导和访谈资料探索创业团队韧性的理论内涵。

（2）依据理论和访谈资料探索挖掘创业团队韧性的相关特征。

（3）明晰创业团队韧性量表的内容维度。

3.1.1.2　研究方法

为了有针对性地对以上三个关键问题进行深入而细致的探讨，本书在文献梳理和分析的基础上，采用半结构化问卷访谈收集数据，并运用扎根理论的三级编码对所获取的访谈数据资料进行逐步分析，进而探索创业团队韧性的量表内容。

半结构化访谈。半结构化访谈是定性研究中常见的数据收集方法（Bingham & Eisenhardt，2011）。这种方法具备多功能性和灵活性特征，适合在个体和团队层面开展研究（DiCicco-Bloom & Crabtree，2006）。通过半结构化访谈能够实现对创业团队韧性的内涵和量表的探索。半结构化访谈会涵盖研究的主题，为采访期间采访者与被采访者提供了一个相对集中又具备开放性的讨论结构，但是不会严格局限至某类具体问题。本书将访谈对象确定为经历过创业项目逆境的创业团队。

半结构化访谈通过从每个参与者那里收集到与主题和研究问题有关的信息，具备一定的开放性。这种采访者与被采访者之间的对话将能够产生更多对问题的见解（Rowley et al.，2012），被采访者能够根据自己的真实想法对问题进行充分回答，进而全面且真实地体现被采访者的经历与想法，帮助研究者获取对研究问题的深度理解，掌握更多的事实细节。半结构化访谈中问题的提出既是研究开启的起点，也是研究者获取宏观主题和细节问题的来源。

半结构化访谈的开放性与方向性能够为本书获取有效数据提供有力的支撑（陈向明，2000）。同时，当理论与文献对某一具体现象仅有概括性表象认知，且过往研究没有形成相应的成熟测量量表时，半结构化访谈这种定性研究方法能够帮助研究者在实际调研中获取一手资料并实现对此类现象及其相关信息的充分挖掘（陈晓萍等，2012）。据此，本书采用半结构化访谈，基于对访谈提纲和问题的前期准备完善和访谈过程中被采访者的信息反馈，不断对研究问题进行挖掘。

在半结构访谈的过程中，调研团队会严格遵循各项访谈规则并做好所有的细节记录，以确保对访谈内容进行详尽的还原，从而为数据分析工作奠定坚实的基础。在正式访谈前，调研团队会在以下几个方面做好准备：第一，调研团队会提前对每个创业团队进行编号，以方便多次回访。第二，调研团队会向参与者发放正式邀请函与调研说明，详细说明本次调研的目的和流程，力图从认知层面最大可能提升参与者对本次调研的重视程度。第三，调研组通过面对面的形式，向参与者详细解释本次调研的内容与过程，强调本次调研的学术性和保密性，请求参与者根据自身真实情况参与访谈并回答相关问题，消除参与者存在的相关疑虑。第四，正式调研前调研团队会对所有参与者开放联络方式，欢迎他们针对本次调研提出问题，并同时要求调研组成员及时作出相应的修正和解答。

为了保证访谈的顺利进行，首先，调研组成员会在访谈的初始阶段向每一位参与者赠送价值50元左右的校园纪念品，以真诚感谢他们对调研活动的支持与帮助。其次，调研组成员在访谈过程中会尽量创造一个轻松的访谈氛围，减轻被采访者的紧张、防备、焦虑等心理状态。此外，在征得被采访者同意的前提下，调研组成员会对访谈全过程进行录音记录。在访谈前的培训环节，研究组即对成员提出要在访谈过程中保持中立态度的要求。在访谈过程中，调研组成员会做到严格遵循中立原则，不做任何具有倾向性、假设性和引导性的提问与反馈，保证被采访者全程按照自己的真实想法进行回答和沟通，尽可能在最大限度上保证所获取访谈资料的真实性与客观性。调研组成员在访谈中也会保持高度集中，对被采访者的反馈信息做出及时的回应，对反馈信息不明确的地方及时追踪提问，提高数据收集的准确性和有效性。由于采访对象是创业团队，涉及多名创业者，因此调研组成员会在从不同被采访者处获取相同问题的答案后，进行更细致的对比，提升获取信息的真实性。

归纳法和演绎法：量表开发主要有演绎法和归纳法两种方式（Hinkin，1998）。演绎法倡导依据构念的界定和构成列出多种指标以用于后续选择，是自上而下的量表探索方法。归纳法通过对个人、团队、组织的访谈以及关键事件的详细了解，补充二手资料，尽最大可能对构念进行描述，并依据收集到的各类信息进行量表开发，是自下而上的量表开发方法（Hinkin，1998）。

在运用归纳法的过程中，研究者需要利用通过访谈调研获取的数据信息来完善构念的内容和结构，而不是直接发展量表条目。在使用归纳法的过程中，研究者也大多会采用演绎法来进行辅助，从而实现在一个相对成熟和清晰的理论框架指导下进行量表开发（梁建等，2017）。引入归纳法有助于帮助研究者在充分认识实践的基础上更深入地探索理论构念（梁建等，2017）。

值得关注的是，归纳法更适用于特定情形下量表的开发（陈晓萍等，2012）。由于创业团队韧性量表是在创业团队这一特定情形下的探索和应用，因此适合用归纳法进行验证。本书将在回顾理论文献的基础上，通过半结构化访谈收集数据，结合归纳法并以演绎法和扎根理论为辅助对创业团队韧性的量表进行探索和验证。

扎根理论。扎根理论是针对某一具体现象发展进行归纳式引导的一种质化研究方法（Glaser & Strauss，1967）。扎根理论是在研究者与研究对象针对某一具体研究现象进行互动而获取充足定性数据的前提下，基于系统性的思考过程对数据进行反复比对的分析，以实现从原始数据中抽象出理论化范畴与概念并形成新理论的研究范式（陈向明，2000）。扎根理论涉及理论演绎和理论归纳（Pandit，1996），其中，对资料的逐级编码是扎根理论的核心所在。扎根理论包含开放编码、主轴编码和选择编码三级编码过程（Strauss & Corbin，1990）。扎根理论遵循连续比较、理论抽样等原则，需要研究者在研究过程中持续补充数据资料以增强研究结果的理论性和可信度。数据的持续补充过程也是一个持续进行资料比较的过程，通过比较发现更多新的概念与范畴，用于与既有范畴作对比，从而完成对理论的修正。扎根理论通过对比较过程的不断循环，最终在没有产生新范畴的情况下界定理论饱和度要求的完成。这种比较的动态性使扎根理论具备更强的方法严谨性。因此，本书通过使用扎根理论，可以实现对数据资料的深度挖掘和分析，形成对现象本质成因的探索与归纳。

由于创业领域韧性的研究尚处于起步发展阶段，对于创业团队韧性的概念及维度测量也处于探讨阶段，目前没有形成统一的界定和标准。同时，扎根理论在具有中国情境化管理学研究中的应用也逐渐增加，利用扎根理论挖掘事物背后的现象也成为管理学研究中的一种趋势（毛基业，2020）。因此，本书将通过半结构化访谈和档案查询等多种方式获取一手数据资料和二手数据资料，用扎根理论对数据资料进行分析，以期形成创业团队韧性的内容维度和测量量表工具。具体而言，本书遵循普遍使用的程序化扎根理论研究方法。遵循扎根理论的编码原则，首先，本书在完成数据整理后对数据进行开放式编码，编码过程中实施逐句编码，提取获得初始概念，即完整整理反映创业团队韧性的所有词汇与语句。其次，不断将概念与原始资料进行比较，提炼生成主要范畴并进行主轴编码，力求准确挖掘出各范畴之间的内在联系，提升理论编码的典型性、指向性和代表性（Glaser，1978）。随后，通过选择编码的生成，即从主要范畴中提炼核心范畴，凸显范畴之间关联的重要性和出现频率的多次性，并据此进行理论发展与整合，最终形成创业团队韧性的内容维度和测量量表，进一步实现韧性量表在创业团队层面研究中的拓展应用。

3.1.2　半结构化访谈设计

本书在充分回顾、整理文献和理论的基础上，通过请教领域内专家和同行的方式，进行了多次团队讨论和头脑风暴，由此针对创业团队韧性这一核心构念进行问题开发与汇总收集。在初步讨论中形成了 28 个问题，本书针对这 28 个问题进行逐一讨论，剔除重复的、不相关的和表达存在歧义的问题，进而将 28 个问题目删减至 12 个。随后，将 12 个问题提交给本专业领域的 5 位学者与来自业界的 3 位专家，请他们对整体问卷设计和内容提出意见。本书根据专家反馈对半结构化访谈设计进行修改，并通过预调研结果对访谈设计进行了再次修改，最终形成包含 6 个条目的半结构化访谈问卷。通过这样的半结构访谈设计，以期在帮助参与调研的创业团队了解具体访谈内容的基础上给予创业团队成员充分的自由回答空间。

3.1.2.1　半结构化访谈指导语设计

访谈指导语能够为参与者提供一个快速了解调研目的和调研内容的认知框架，建立参与者与访谈之间的信息联系，让参与者快速了解访谈的整体指向性，从而帮助参与者更快更好地融入调研情境。鉴于这一目标，本书的半结构化访谈指导语设计如下：

您好！非常感谢您接受本次访谈。本次调研着重关注创业团队发展与成长过程中的相关问题，希望为创业研究和创业实践做出贡献。我们想要了解您的创业经历与所遇到的挑战与机遇，以及您所在的团队在创业项目推进和迭代过程中的相关经历与信息，您的意见与独一无二的经历将会对我们的研究产生重要影响。

如果可以，本项目希望能在后续对您进行回访，从而了解您近期面临的工作挑战、团队的项目发展、战略变化等。本访谈项目会持续一年到一年半的时间。如果您有什么需要，也欢迎随时与我们研究团队进行联系。

我们承诺包括访谈在内的所有资料只用作学术研究，确保研究全程的匿名性与保密性，请您不用担心任何隐私泄露问题，请自由表达您的观点。

3.1.2.2　半结构化访谈问卷题目设计

问题一：您加入这个创业团队的契机是什么？这个团队最吸引您的是什么方面？

问题二：您所在的创业团队已经共同经历了几个重要项目的实施，您能否对其中印象深刻的内容进行介绍？

问题三：您所在的创业团队在项目开发过程中是否经历过挑战，能否具体描述一下这些挑战产生的具体情境？您的团队是否有磨合过程？期间都经历了哪些状态呢？

问题四：您所在的创业团队过去三年内是否经历过创业项目的逆境？这一项目的推进是面向外部市场的吗？

问题五：您是如何与团队成员共同面对过往挑战的？能否谈一谈您在这个过程中的一些心路历程以及您所感知到的整体团队氛围的情况？

问题六：您认为是什么力量支持贵团队在逆境中坚持下去的？

问题七：您觉得是哪些因素组合在一起构成了贵团队积极面对困难的能力？如果您针对今天讨论的内容有其他想要补充的，也欢迎您畅所欲言。

3.2　量表探索的分析过程

3.2.1　条目的产生与修订

在正式探索创业团队韧性量表的条目前，先通过文献回顾和半结构化访谈的方式确定量表开发内容的基本范围，为量表的初步形成奠定基础。

3.2.1.1　条目产生方式一：文献回顾

通过对已有文献的回顾及文献中已经开发的韧性相关量表的梳理，提取适合创业团队韧性量表可能的维度。

Hind 等（1996）从改变能力、组织承诺、社会关系、团队诚信和情境感知五个维度对韧性的结构进行探索，提出韧性是通向健康心理契约的途径，基于五个维度组成的韧性能够实现在个体心理层面的有效应用。Mallak（1998）基于卫生医疗工作情境，开发了包含目标导向的解决方案寻求、回避、批判性理解、角色依赖、来源依赖、资源获取六个维度的韧性量表，由此指导卫生保健机构的人力资源管理人员利用这一量表，培养更具韧性的劳动力。Richtner 和 Löfsten（2014）从结构能力、认知能力、关系能力和情感能力四个维度研究了韧性能力，并采用了 14 个项目来衡量这种能力。该研究指出，这四个维度共同铸就了韧性，它们的组合构成了组织中韧性的整体结构。Kantur 和 Iseri-Say（2015）针对韧性在组织中的特征与规律，采用深度访谈和焦点小组研究方法，开发出由三个维度九个条目构成的量表，三个维度分别为稳健性、敏捷性和协同性。其中，稳健性维度反映了企业抵抗风险的能力，敏捷性维度反映了企业应对环境变化的能力，协同性维度反映了企业员工团结的程度。Burnard 等（2018）开发了涵盖准备度和适应度两个维度的韧性量表。其中，准备度体现了组织对于风险的多种前提筹备的程度，适应度体现了组织应对变化的资源调度程度。陆蓉等（2021）基于温州民营企业的数据对组织中韧性的量表进行开发，获取了包含稳定性、灵敏性和协同性三个维度的九个条目的量表，为打造更能适应动荡环境的民营企业提供了理论参考。张秀娥和滕欣宇（2021）运用半结构化访谈开发了包含适应能力、预期能力和情景能力3个维度15个条目的韧性量表，以期实现对新兴经济情境中中国企业组织韧性的解释。

　　综合对现有文献的回顾与梳理，本书总结并列示了基于风险应对能力、协同性、适应度、敏捷性、稳健性和情境感知能力六大维度的韧性量表及其典型条目，并逐一标注具体文献来源（见表3-1），以清晰列示现有文献中对韧性量表的探索。然而，以上这些内容及其具体条目是否适合于创业团队还有待于进一步研究。据此，本书立足现有文献，在采用归纳法提取初始维度的基础上，结合半结构化访谈和后续的问卷数据，利用探索性因子分析、验证性因子分析等一系列分析方法，进一步探索创业团队韧性量表的构成。

表 3-1　基于文献回顾与梳理的初始维度总结

基于文献梳理提出的可能维度	典型条目	文献来源
风险应对能力	组织面对风险能够屹立不倒	Kantur 和 Iseri-Say，2015；Burnard 等，2018；张秀娥和滕欣宇，2021；陆蓉等，2021
协同性	员工们团结一心	Kantur 和 Iseri-Say，2015；陆蓉等，2021
适应度	组织能够适应逆境环境	Mallak，1998；Burnard 等，2018；张秀娥和滕欣宇，2021
敏捷性	组织会采取措施快速应对逆境	Hind 等，1996；Kantur 和 Iseri-Say，2015；陆蓉等，2021
稳健性	组织面对逆境也不会放弃	Kantur 和 Iseri-Say，2015
情境感知力	经验的使用程度	Hind 等，1996；Richtner 和 Löfsten，2014

资料来源：笔者根据文献梳理结果整理。

3.2.1.2　条目产生方式二：半结构化访谈

　　由于本书是探索创业团队韧性这一核心构念，因此选择创业年限在8年以下的创业团队进行访谈（Shrader & Simon，1997；蔡莉等，2014），以此探究创业团队韧性的量表内容。

　　本书关注经历过创业项目逆境且目前处于正常发展阶段的创业团队。因为创业团队需要开发新项目以满足市场需求和推进创业活动，在此过程中可能会经历一定的项目逆境（Shepherd et al.，2009；Shepherd et al.，2011），这能够满足本书的研究要求。研究团队在问卷的开端，会询问参与调研的创业团队是否经历过创业项目逆境。如果它们没有经历逆境，则不会成为我们的研究对象。如果它们经历了逆境，还需要满足以下三个标准（Podsakoff & Morgan，1986；Sarin & McDermott，2003）：第一，项目开发由创业团队自己在内部主导完成，以减少外部因素的影响；第二，项目开发最终是面向外部市场，而不是创业团队内部使用；第三，项目逆境的时间限制为三年，以减少回顾性偏差。通过一系列流程，最终真正确定研究对象（见表 3-2）。

表 3-2 调研样本基本信息汇总

编号	团队所处行业	团队受访人数（人）	团队成立年限（年）	团队成员平均年龄（岁）	访谈次数（次）
1	金融行业	3	4	36.67	2
2	技术信息咨询行业	3	6	38.67	3
3	新能源行业	4	8	39.25	3
4	金融行业	3	3	31.00	2
5	技术信息咨询行业	4	5	38.50	3
6	医药行业	3	7	41.00	2
7	新能源行业	3	7	38.33	2
8	新能源行业	4	6	44.75	2
9	技术信息咨询行业	3	2	35.33	2
10	信息安全行业	4	3	30.75	3
11	金融行业	3	4	45.67	2
12	医药行业	4	8	40.50	2
13	信息安全行业	4	3	34.50	2
14	技术信息咨询行业	3	3	37.00	3
15	信息安全行业	4	2	36.75	2

资料来源：笔者根据访谈资料整理。

本次半结构化访谈选取了 15 个创业团队的 52 名创业成员展开调研，对每个创业团队分时段进行了 2~3 次的访谈。本书根据半结构化访谈的提纲，询问创业团队成员对于创业经历的感受和见解。其中，每个团队的第一次访谈均面对面进行，这样可以更加细致地观察到访谈对象的微表情、手势等众多细节。通过第一次实地访谈建立联系后，后续的访谈会通过实地回访、在线会议等形式完成。在数据整理和分析过程中，会应用实时在线沟通软件对访谈中的相关细节进行讨论和验证。研究团队会记录每次的访谈，并对访谈进行文字记录和相关语音转文字处理。同时，研究团队在征得访谈对象同意的前提下也会主动搜寻关于该访谈对象的其他资料，如例会记录、公开访谈报道等二手数据，以形成对半结构化访谈资料的重要补充。通过对半结构化访谈资料和二手资料的整理、汇总和归纳，最终形成 41 份文本资料，共计 7 万字左右。

参与半结构化访谈的 15 个创业团队中，3 个创业团队来自新能源行业，3 个创业团队来自信息安全行业，3 个创业团队来自金融行业，4 个创业团队来自技术信息咨询行业，2 个创业团队来自医药行业。由于样本均为创业团队，团队规模相对都比较小，因此受访的创业团队成员人数集中在 3~4 人，创业团队成立平均年限为 4.73 年，创业团队成员的平均年龄为 37.91 岁。

3.2.2　半结构化访谈的数据整理

在正式进行扎根理论的三级编码前，对半结构化访谈中收到的 41 份文本资料进行全方位的系统性整理。依据团队编号对所有文件进行整合与汇总，在邀请专业转录团队将语音文件转录成文字后，统一将数据资料导入表格中进行逐步分析。研究团队尊重原始资料的真实性，在逐句回顾的基础上有序开展各级编码工作。

具体而言，遵循三级编码的研究步骤，依据开放性编码、主轴编码和选择性编码三个程序对所获得数据进行深入分析（Strasuss & Corbin, 1994）。在开放性编码阶段，笔者会对原始数据中与研究主题相关的语句进行针对性的编码，从中提取具体的概念并对编码进行初步归纳。在主轴编码阶段，笔者会对已有概念和范畴进行进一步的归纳，寻找范畴之间的关系。在选择性编码阶段，就范畴之间的关联属性进行辨析，识别多重范畴关联间的核心关系，进行故事线的串联和核心属性的建构。由此，完成量表的逐步开发工作，最终实现对创业团队韧性内涵与维度的确定。

3.2.3　信度和效度

数据本身的信度和效度是后续数据分析信度和效度的保证。虽然数据本身的信度和效度无法如数据分析一样被体现出来，但是现有研究也针对数据信度和效度的提升提出了诸多指导。从信度而言，笔者首先关注差异性时点上数据的测量和解释是否具备稳定性，其次关注研究团队不同研究者对数据的编码是否具备统一性，从信息收集的统一性方面来关注复本信度（Kleven，2008）。在整体数据的收集过程中，研究者对于数据的主动性反思也能够减少由于主观性带来的偏差。从效度而言，第一是要关注理论内涵与数据呈现的统一性；第二是要关注使用的测量工具的有效性；第三是要关注数据呈现结果与实践的统一性。据此，本书采取诸多措施以提高研究的信度和效度：

（1）研究团队在通过半结构化访谈获取主要信息的同时，在征得访谈对象同意的前提下也会主动搜寻关于该访谈对象的其他资料。多重数据收集渠道和方式能够降低单一数据收集来源产生的偏差，并提升数据收集的广度和深度。

（2）由于本书探索的核心构念是创业团队韧性，因此在半结构访谈问卷的题目设置中均会强调创业团队的重要性，提醒访谈对象从团队的角度考虑问题，例如，"您所在的创业团队在项目开发过程中是否经历过挑战"。同时，由于本书所关注的是逆境情境，因此会提醒访谈对象对逆境事件进行尽可能具体且详尽的回忆，从而保证访谈对象对问题的回答出发点与本书的研究目标相一致，增强数据收集的一致性。

（3）本书所依托的研究团队由四名来自复旦大学和华中科技大学的专注于创业领域研究的博士生和博士后组成。四名成员在调研阶段被分为两组进行访谈，在编码阶段互为独立对数据进行独立编码。在开始正式编码前，研究团队强调编码过程中要保持中立的认知，避免带入研究者的主观理解和认知，尽最大可能降低研究者对数据分析的主观影响偏差。在正式编码过程中，四名研究人员互相独立进行分析工作。在完成各自编码任务后，研究团队通过讨论会的形式对编码数据进行对比和讨论。基于对文献与理论的回顾和编码出现频次的综合分析，最终形成一致的编码结果。

（4）将获得内部一致性通过的编码结果发送给专业领域的学者以及投身于创业活动的实践专家，邀请他们对编码结果提出意见，研究团队根据外部专家的反馈对编码结果进行进一步的讨论和对应的修正。随后，研究团队拟对最终的编码结果按照定量分析的流程进行深入分析，并对定性和定量的研究结果进行讨论以拓展研究发现的普适性，进一步提升研究的信度和效度。

3.2.4　开放编码

开放编码是扎根理论三级编码的第一步，开放编码通过对具体现象的定义、特定概念的抽取和抽象范畴的界定来实现对原始数据和研究主题的提炼（Pandit，1996）。首先，开放编码要求研究者通过对原始数据的逐段、逐行和逐句分析，对能够反映研究主题的语句进行概念化编码。其次，研究者要基于一定的类属化原则去形成对应的范畴化。研究者要摒弃个人的经验和主观偏见，在开放编码过程中力争做到既紧密贴近原始数据，又保持数据所呈现出的现象和结果的开放性（Glaser，1978；陈向明，2000）。

依据理论抽样原则，研究团队的成员分别进行独立编码，实现对原始数据的概念化编码。研究者尽最大可能还原受访对象的原始数据，力求让原始数据中蕴含的初始概念以最自然的状态涌现，从而最真实地呈现创业团队韧性的特征。在四名成员完成概念化工作后，研究团队全体对现有的编码结果进行多次的反复讨论以达成最终的共识。

此处的讨论分为两层机制：首先是按照调研分组形式，两组成员内部对编码进行充分讨论，直至组内两名成员达成一致意见。其次是两个小组的组间对比与研讨。针对组内已经形成的结果，组间继续进行反复讨论，查找不一致的编码并进行商榷（肖静华等，2018）。当编码结果的一致率达到95%时，说明研究结果具有良好的信度（Rust & Cooil，1994）。最终，本书从最初的原始数据中提取了632个初始概念。

例如，编号为C1-2-11的有关创业团队韧性的描述为："创业的过程就是未知的，没有什么事情是可怕的，遇到了问题就去努力解决好了。我们的行动永远比害怕有用。"从这段数据中提取的概念内涵为"不害怕未知""无所畏惧"等内容。

编号为C4-8-15的有关创业团队韧性的描述为："大家都知道现在环境越发动荡了，我们必须要和不确定性共存，不能自乱阵脚。"从这段数据中提取的概念内涵为"与不确定性共存""不能自乱阵脚"等内容。

编号为C6-11-6的有关创业团队韧性的描述为："我们有完善的集体协调机制，这能确保我们在各种情境中都有充足的集体应对策略。"从这段数据中提取的概念内涵为"集体应对策略""集体协调机制"等内容。

由于概念化的内容还较为分散，需要进一步根据它们的内在关联性进行更深入的梳理，通过将内在逻辑联系较强的概念进行相互对比与组合，从中提炼并归纳出具有更强概括性的类属。例如，将"不害怕未知""无所畏惧"等概念化抽象提炼为"不惧困难"；将"与不确定性共存""不能自乱阵脚"等概念化抽象提炼为"临危不乱"；将"对逆境宽容""允许逆境""鼓励尝试"等概念化抽象提炼为"不断试错"。接着，在紧密结合研究背景和研究问题的基础上，通过对初始概念化编码的类比分析，最终获得了 13 个范畴，分别为"面对困难不气馁""从逆境中恢复""尝试各种解决方案""压力之下保持冷静""倡导认知调整""共同的目标与追求""团队间信任""合作应对挑战""相互支持与帮助""感知环境""监测环境""分析环境""理解环境"。开放编码示例如表 3-3 所示。

表 3-3　开放编码示例

原始数据引用语示例	概念化	范畴化
创业的过程就是未知的，没有什么事情是可怕的，遇到问题就去努力解决。我们的行动永远比害怕有用（C1-2-11）	不惧困难 c299	面对困难不气馁 C1
我们提倡员工做个乐天派，努力工作、开心生活就好（C1-1-4）	即使逆境也保持乐观 304	
挑战自我本身就是创业的过程，我们创业团队乐意迎接这些未知的挑战（C1-6-3）	将困难视作挑战 59	
我们坚信只有顽强克服困难的人才能更好地驾驭我们的创业事业（C2-3-17）	顽强克服困难 c587	从逆境中恢复 C2
我们创业团队整体还是能比较快地从逆境中振作起来的，主要是经历得多了，团队也抗打了（C2-5-8）	从逆境中振作 c612	
困难时常把我们逼到绝境，但是我们还是要从不同角度寻找出路，没准逆境中能更好重生呢（C3-10-1）	从多角度思考出路 c44	尝试各种解决方案 C3
我们的文化氛围就是允许试错，这也是创业小团队的优势呀（C3-1-2）	不断试错 c286	
我们经常鼓励成员提出自己的想法，大家各抒己见，会碰撞出不一样的思维火花（C3-5-6）	鼓励成员提出不同想法 c67	

原始数据引用语示例	概念化	范畴化
大家都知道现在环境越发动荡了，我们要和不确定性共存，不能自乱阵脚（C4-8-15）	临危不乱 c15	压力之下保持冷静 C4
压力无时无刻都会有的，团队就是要和压力共存并保持思考来应对压力，这在我们创业之初就做好了这样的心理建设（C4-1-5）	在压力中冷静思考 c236	
战略就是帮我们在迷雾中做出正确的抉择，不管环境多么恶劣，保持一个清醒的战略头脑是我们必须要修炼的基本功（C4-3-5）	保持清醒的战略思维 c62	
拥有一个积极向上的企业氛围是很重要的，这能够给我们一个正面的引导（C5-1-2）	积极氛围引导 c55	倡导认知调整 C5
我们在做培训时有专门学认知重评这个概念，就是说我们学会从积极的方面来评价已经发生的负面的事情，这样从内心里接受并去解决它（C5-6-10）	重新评价事物 c106	
共同的目标是我们创业的起点（C6-2-5）	目标一致 c189	共同的目标与追求 C6
我们做企业绝对不能短视，眼光要放长远，我们在自己内部还是达成了未来要实现可持续发展的共识的（C6-1-12）	共同追求可持续发展 c66	
我们既要分工明确也要保持步伐一致，这样才能应对意外事件（C6-7-4）	团队步伐一致 c5	
大家保持密切沟通，有问题及时交流，不要把问题一直攒着，攒到最后都不知道从何而谈起，这肯定会导致出现互相推诿的现象（C7-1-3）	密切沟通 c2	团队间信任 C7
我们创业团队鼓励大家发现问题就提出来，大家要保持对彼此的信任，任何讨论都是对事不对人（C7-4-3）	鼓励公开发表意见 c282	

续表

原始数据引用语示例	概念化	范畴化
现在回想，我还是怀念当时与伙伴并肩作战的时光，那也是我们一直提倡的发展模式（C8-2-1）	提倡协作 c102	合作应对挑战 C8
大家都是人人自危，但是唯有共同面对才是应对之策（C8-6-1）	共同面对危机 c90	
我们有完善的集体协调机制，这能确保我们在各种情境中都有充足的集体应对策略（C8-11-6）	建构集体协调机制 c93	
我们经常互相打气，告诉对方再坚持一下，我们一定行（C9-3-1）	困难面前相互打气 c79	相互支持与帮助 C9
团队每个人都有自己擅长的技能，也会在必要时为队友提供帮助，坚守好自己岗位的同时也要成为多面手，这也是我们一直身体力行的价值观（C9-16-7）	互相提供帮助 c125	
市场是瞬息万变的……我们也得保持自己的商业和职业敏感度，快速察觉将要发生和已经发生的变化……（C10-9-5）	察觉内外部变化 c165	感知环境 C10
我们创业团队会定期组织会议，大家共同探讨未来市场的发展趋势，确定下一步的行动目标（C10-2-5）	提前预期市场发展趋势 c3	
我觉得做企业还是要把目光放得更长远一些，做一些具有战略前瞻性的规划很重要（C10-1-18）	培养战略前瞻性 c87	
我们有专门的情报团队来负责对内外部环境的持续性关注，必要时会制做日报（C11-1-3）	持续关注内外部环境 c35	监测环境 C11
我们所处的市场和行业的所有消息，我们都要做到及时获取，否则一不小心就会落后别人（C11-9-9）	获取市场和行业消息 c386	
商业竞争无处不在，还是要多关注行业中其他人都在做什么，这样也是对自己的一个审视（C11-12-3）	了解竞争对手动态 c521	
政策就是风向标，有时候一个政策的出台可能就是一个行业的颠覆。我是实时跟着政策走的，我也在团队内部多次强调这个（C11-1-2）	追踪最新政策 c57	

原始数据引用语示例	概念化	范畴化
我们小组就是负责这个定期召集战略研讨会的，每周一会在组内先确定本周讨论议题，为周三的固定会议做准备（C12-4-7）	定期开会讨论战略 c14	分析环境 C12
所有实施的政策里每个字都有其存在的意义，不花费时间去思考，很容易就漏掉信息（C12-2-3）	剖析政策内涵 c432	
我们创业团队很重视反馈这个环节，不能光有信息的输入，一定要做出反馈与判断，这样才是一个完整的战略分析过程（C12-6-14）	及时对市场变化做出反馈 c462	
周边发生的变化都是有原因的，我们要尝试理解这些变化发生的原因（C13-1-2）	理解发生的变化 c32	理解环境 C13
我们创业团队强调从源头去发现事物变化的原因（C13-2-12）	追溯变化的原因 c7	

资料来源：笔者根据编码内容整理。

3.2.5　主轴编码

开放编码实现了对原始数据的初步提取与整合，但是缺乏对其中逻辑联系的梳理。主轴编码是在开放编码结果的基础上，对所提取的范畴进行更深入的提炼。通过对逻辑关联较强的范畴进行整合归纳，展现编码过程的指向性和选择项，从而更有效和精练地展现范畴之间的内在联系（Pandit，1996）。

本书通过对已提取的与创业团队韧性相关度高的 13 个范畴进行进一步的萃取以及与相关文献的比较，归纳提炼出 3 个主范畴，分别是"创业抗压性""创业团队协同度""创业情境感知力"。其中，创业抗压性主范畴是由面对困难不气馁、从逆境中恢复、尝试各种解决方案、压力之下保持冷静、倡导认知调整 5 个对应范畴构成；创业团队协同度是由共同的目标与追求、团队间信任、合作应对挑战和相互支持与帮助 4 个对应范畴构成；创业情境感知力是由感知环境、监测环境、分析环境和理解环境 4 个对应范畴构成。主轴编码形成的主范畴、对应范畴及其范畴内涵如表 3-4 所示。

表 3-4　主轴编码形成的主范畴、对应范畴及其范畴内涵

主范畴	对应范畴	范畴内涵
创业抗压性	面对困难不气馁 C1	创业团队在逆境中不惧艰难，保持积极乐观的处事态度（由不惧困难、即使逆境也保持乐观、将困难视作挑战等主要概念提炼得到）
	从逆境中恢复 C2	创业团队能够在短时间内有效地从逆境中走出来并回归正常工作状态，甚至实现一定的成长（由顽强克服困难、从逆境中振作等主要概念提炼获得）
	尝试各种解决方案 C3	创业团队集思广益，为解决问题而去主动尝试各种方法（由从多角度思考出路、不断试错、鼓励成员提出不同想法等主要概念提炼获得）
	压力之下保持冷静 C4	创业团队面临压力时也会保持镇定清醒的状态，着力解决问题而不是激化危机（由临危不乱、在压力中冷静思考、保持清醒的战略思维等主要概念提炼获得）
	倡导认知调整 C5	创业团队通过倡导积极的认知评价来改变团队对逆境的消极认知（由积极氛围引导、重新评价事物等主要概念提炼获得）
创业团队协同度	共同的目标与追求 C6	创业团队有共同的目标设置和努力方向（由团队目标一致、共同追求可持续发展、团队步伐一致等主要概念提炼获得）
	合作应对挑战 C7	创业团队中所有成员精诚合作，共同致力于解决所面临的挑战（由提倡协作、共同面对危机、建构集体协调机制等主要概念提炼获得）
	团队间信任 C8	创业团队成员间彼此依赖并充分相信对方（由密切沟通、鼓励公开发表意见等主要概念提炼获得）
	相互支持与帮助 C9	创业团队中所有成员会在队友有需求时及时提供必要的支持和帮助，以推动团队的共同发展（由困难面前相互打气、互相提供帮助等主要概念提炼获得）

主范畴	对应范畴	范畴内涵
创业情境感知力	感知环境 C10	创业团队能够及时感应并理解内外部环境的变化（由觉察内外部变化、提前预期市场发展趋势、培养战略前瞻性等主要概念提炼获得）
	监测环境 C11	创业团队实时对市场流动信息进行监控以获取最新动态（由持续关注内外部环境、获取市场和行业消息、了解竞争对手动态、追踪最新政策等主要概念提炼获得）
	分析环境 C12	创业团队通过采取多种手段对企业所处的内外部环境进行全面认知和剖析，以发现存在的威胁和机会（由定期开会讨论战略、剖析政策内涵、及时对市场变化做出反馈等主要概念提炼获得）
	理解环境 C13	创业团队对内外部环境发生的变化有自己深刻且独到的理解（由理解发生的变化、追溯变化的原因等主要概念提炼获得）

资料来源：笔者整理所得。

3.2.6　选择编码

基于对所得编码之间关系的对比、对范畴之间概念的分析、对相关文献的回顾以及与创业团队韧性概念的比照，本书建构了以"创业抗压性""创业团队协同度""创业情境感知力"为中心范畴的创业团队韧性的构思模型（见图 3-1）。通过在各范畴之间建立联系，将这三个主范畴纳入到一个完整的理论系统中（Pandit，1996）。主范畴的典型关系结构如表 3-5 所示。

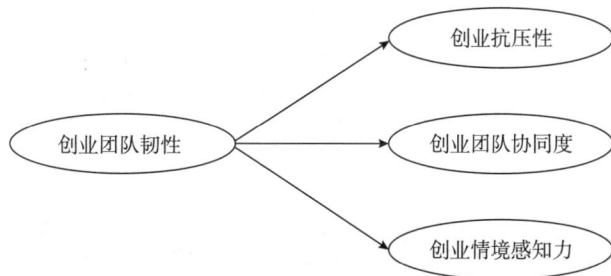

图 3-1　创业团队韧性的构思模型

创业团队韧性构思模型的基本理论关系准则为：创业抗压性、创业团队协同度和创业情境感知力三个维度构成了创业团队韧性。具体而言，其中，创业抗压性强调创业团队对于压力的承受力，全体创业团队成员会在相互扶持和鼓励中共同面对逆境并实现良好的身心恢复与压力反弹，这个维度从创业团队属性的角度反映了创业团队韧性的良好性能。创业团队协同度强调创业团队内部在逆境中保持一致并共同面对问题的程度，这个维度从集体问题应对倾向性的角度反映了创业团队韧性的团队互动本质。创业情境感知力强调创业团队对于自己身处的内外部环境的即时感应能力，体现了创业团队对创业发展环境的实时察觉，这个维度从预知创业发展的前端视角反映了创业团队韧性内涵中对环境的感知和把控能力。

表 3-5　主范畴的典型关系结构

关系结构	关系结构的内涵	原始数据引用示例
创业抗压性	创业抗压性是创业团队韧性的构成维度之一	既然走上了这条路，说什么都别轻易放弃吧，咬咬牙坚持下去（面对困难不气馁——创业团队韧性）
		谁创业不会遇到问题呀，很正常，就是普通的一份工作也会遇到各种问题，还是尽快调整自己的心态，这样才能尽快投入到工作中（从逆境中恢复——创业团队韧性）
		大家创业都是在"摸着石头过河"，什么方法有可能有用就拿来先用着，解决眼前问题为重（尝试各种解决方案——创业团队韧性）
		我们的团队遇事都表现得非常沉着冷静，大家面对压力都比较淡定了（压力之下保持冷静——创业团队韧性）
		积极调整对问题的看法吧，不要抱怨，积极一点（倡导认知调整——创业团队韧性）

关系结构	关系结构的内涵	原始数据引用示例
创业团队协同度	创业团队协同度是创业团队韧性的构成维度之一	我们要奔着一个方向去努力，大家凝聚在一起，发挥更大的能量（共同的目标与追求——创业团队韧性）
		保持对彼此的信任，是面对危机最基本的团队准则。信任一旦瓦解，团队岌岌可危（团队间信任——创业团队韧性）
		各个成员都有自己负责的部分，但是并不妨碍我们一起合作共同去解决问题，成功的果实是大家共享的呀（合作应对挑战——创业团队韧性）
		互相搭把手，困难毕竟是暂时，一起努力吧（相互支持与帮助——创业团队韧性）
创业情境感知力	创业情境感知力是创业团队韧性的构成维度之一	我在 MBA 战略课上学过动态能力理论，我知道保持对环境的感知对我们来说是个非常重要的技能（感知环境——创业团队韧性）
		创业当然要随时关注环境的变化，了解最新信息，跟上时代步伐（监测环境——创业团队韧性）
		我还是倡导多思考一下身边的变化，理解这些变化出现的原因以及可能造成的影响，这些都可能成为企业未来成长的机会或者潜在风险吧（分析环境——创业团队韧性）
		一定要从战略高度去理解环境的变化，然后在团队中推进（理解环境——创业团队韧性）

资料来源：笔者根据编码内容和研究内容整理。

3.2.7　理论饱和度检验

为验证分析结果的理论饱和度，本书从备用案例库中选取 4 个团队的访谈数据进行新一轮的筛选、编码和分析。4 个团队分别来自技术行业、服务行业和制造业，每个团队有 3~4 名成员接受了访谈。遵循主研究中的分析范式，这一补充分析的结果显示，创业团队韧性的维度已经足够丰富，新数据并未形成新的范畴和结构关系，且结果都符合已经得到的理论维度。因此，本书得到的范畴编码和维度结构达到理论饱和的要求。以下列举理论饱和度分析中具有代表性的原始资料作为例证。

例证1：（C11-3-5）我们是一个团队，从2019年磨合到今天，我们经历了无数大大小小的困难。但是每一次我们都会坚定地站在彼此身边来共同应对挑战，因为只有我们齐心协力，才能激发更多的团队力量帮助我们走过每一次的困境，我想这也是我们到今天还能坚持走下去的重要原因吧（创业团队韧性—创业团队协同度—合作应对挑战）。

由例证1可知，该团队具备很强的凝聚力，在对过往发展的总结中非常强调团队的力量。团队始终保持在困境中的协同发展，共同应对各种突发情况，并倡导合作共赢的价值观。这一例证展现了团队通过合作应对挑战来积极提高团队协同度，从而建构创业团队韧性。

例证2：（C13-10-2）一切环境都在变化中，不论是我们自己内部的环境还是外部的环境。作为初创企业，我们就不能停止对内外部环境的分析，并在这个分析过程中不断提升我们对环境信息的理解，帮助我们在多变的形势中做出相对正确的判断。如果连这种环境分析都做不到，那么迟早也会面临被环境淘汰的结局（创业团队韧性—创业情境感知—分析环境）。

由例证2可知，创业团队由于处于发展初期，其面临更加复杂的环境变化。如果创业团队能够具备持续的内外部环境分析能力，不断为创业发展和决策提供充足的信息来源，那么有助于创业活动在动荡环境中的可持续发展。这表明，分析环境是创业团队发展过程中需要持续培养和提升的重要能力，这种能力形成了动态能力视角下的创业情境感知力，成为形成创业团队韧性的有力来源。

例证3：（C16-1-8）遇到问题就解决问题，这就是我们领导一直强调的做事原则。问题一旦出现那就是一个既定的事实，不要慌不要乱，因为再慌再乱问题还是摆在那里，有那个焦虑的时间，还不如多想想各种解决办法。大家一人提一个，集思广益，总有扭转的余地（创业团队韧性—创业抗压性—尝试各种解决方案）。

由例证3可知，创业团队通过提倡群策群力来收集各种问题解决方法，鼓励成员参与到危机的集体解决中。创业团队会在领导层的高度就确定鼓励试错的问题解决方式，提倡成员积极提议和尝试多种不同的问题解决方案，这能够有效帮助团队应对困境，增强创业抗压性，进而有效形成创业团队韧性。

以上这些理论饱和度的资料分析例证说明了本书数据分析结果的可靠性和有效性，进一步说明基于以上分析获得创业团队韧性的量表内容已经足够丰富，各项结果都已经达到理论饱和的要求。

3.3　量表探索的分析结果

通过以上分析，本书形成了由创业抗压性、创业团队协同度和创业情境感知力三个维度构成的创业团队韧性构念。针对以上研究过程，本书的具体分析结论如下：

3.3.1　创业团队韧性维度一：创业抗压性

创业抗压性是创业团队成员之间互动产生的一种集体属性，反映为逆境情境下创业团队对外部冲击的抵抗力和冲击后的恢复效率（李平和竺家哲，2021），是创业团队成员在逆境情境中共同抵抗冲击呈现出的积极状态的结果。

创业抗压性体现为创业团队面对困难不气馁的特征，凸显了创业团队经历逆境依旧保持不惧艰难、积极乐观的处事态度。这种承载压力并持续对抗压力的团队表现能够帮助创业团队抵抗冲击（Buyl et al.，2019；贺灿飞和陈韬，2019），实现创业团队在集体层面对于创业逆境的积极认知和对问题的解决（例如：条目 C1-2-11：创业的过程就是未知的，没有什么事情是可怕的，遇到了问题就去努力解决好了。我们的行动永远比害怕有用。条目 C1-5-5：既然走上了这条路，说什么都别轻易放弃吧，咬咬牙坚持下去，可能前面就是转机了；条目 C1-10-6：迅速接受问题的出现，克服一下短暂的惊慌，大家还是要快速投入到问题的解决中，互相协商来提出解决方案，创业就是这样一个波澜起伏的过程，接受并适应这种过程吧。条目 C1-9-5：我们创业团队有个最大的优点就是大家都很乐观，尤其是在逆境中。创业中遇到逆境真的太常见了，我们从创立之初就经常做这种心理建设活动，让大家做好面对各种困难的准备，只要企业还在运转，就不要气馁）。

创业抗压性体现为逆境情境下创业团队成员从逆境中恢复的努力和状态，能够帮助创业者从逆境的潜在破坏性后果中恢复过来（Shepherd et al.，2009）。这种恢复体现了创业团队能够在短时间内有效地从逆境中走出来并回归正常工作状态，甚至实现一定的成长，这能够有效帮助创业团队形成自身的创业团队韧性以更好地应对创业过程中的不确定性（Linnenluecke & Griffiths，2010；张秀娥和李梦莹，2020）（例如：条目 C2-3-17：我们坚信只有顽强克服困难的人才能更好地驾驭我们的创业事业。条目 C2-1-1：谁创业不会遇到问题和逆境呀，很正常，就是普通的一份工作也会遇到各种问题，还是尽快调整自己的心态，这样才能尽快投入到工作中。条目 C2-13-11：我很明白尽快止损、尽快振作、尽快恢复尽快调整的意义，沉浸过去没有任何意义，一切向前看，一个努力保持正常运行的企业是我们走出困难的重要保证。条目 C2-6-3：谁遇到逆境不闹心啊，我们都拼命积极地调动自己，这是所有人都想不到的意外，但是也是一种特别的体验，保持向上的态度去继续努力吧）。

创业抗压性体现为创业团队成员即使身处逆境情境下也积极尝试多种解决方案，不畏惧通过试错的方式寻找到合适的应对策略（Yao et al.，2021），帮助团队走出逆境。创业团队会集思广益，为解决问题而去主动尝试各种方法。这种问题解决导向式的处理方式，能够有效提升创业团队对于遇到的创业问题的清晰认知与理解，帮助团队理解自身所身处的复杂处境，提升团队在逆境中的稳定性和承载力（李平和竺家哲，2021）（例如：条目 C3-2-8：大家创业都是在摸着石头过河，什么方法有可能有用就拿来先用着，解决眼前问题为重。条目 C2-2-8：我们就是倡导拥抱逆境，我们体量小，逆境对我们而言没什么太大的影响，反而是很好的学习机会。条目 C3-5-6：我们创业团队经常鼓励成员提出自己的想法，大家各抒己见，会碰撞出不一样的思维火花。条目 C7-12-3：我们那时候已经退到无路可退了，大家能想到什么办法就用什么办法，每个人真的是有钱出钱，有力出力，有想法就提出）。

创业抗压性体现为逆境情境下创业团队成员面临压力时也会保持镇定而清醒的状态，着力于解决问题而不是激化问题，对问题进行沉着处理（Szmigin et al.，2020）。这种从容镇定的状态能够确保创业团队成员在紧急情境中的持续思考能力，提升创业团队处置逆境情境的有效性，帮助团队应对创业旅途中遇到的各种未知问题（例如：条目 C4-8-15：大家都知道现在环境越发动荡了，我们要和不确定性共存，不能自乱阵脚。条目 C4-6-10：你要相信一个事实，那就是每个创业者在创业前都无法真正知道未来会遇到多大的困难，但是我们一定是随着这种动态变化不断调整自己，但凡能坚持下来的，一定是在各种危机情境中有着自己清晰战略思考的人。条目 C4-5-1：我们创业团队的领导是个遇事非常沉着冷静的人，有他带着我们，大家都比较放心。条目 C4-7-1：我会用临危不乱、处乱不惊、处之泰然来形容他，好像没有什么事能让他乱了阵脚，永远那么淡定、沉稳，这种处事能力和情绪管理真的很惊人）。

创业抗压性体现为逆境情境下创业团队在内部倡导认知调整，从积极的角度去解读和理解逆境事件（Gross & John，2003）。这种认知层面的积极调整导向可以帮助创业团队更好地渡过危机（例如：条目 C5-1-2：拥有一个积极向上的企业氛围是很重要的，这能够给我们一个正面的引导，帮助我们乐观看待问题。条目 C5-6-10：我们在做培训时有专门学过认知重评这个概念，就是说我们学会从积极的方面来评价已经发生的负面的事情，这样从内心里接受它并去解决它。条目 C5-2-4：我们要在团队里营造一个乐观的氛围，大家都放松点，不要一有事情发生就紧张。条目 C5-10-2：平时我们多组织一些团建活动，大家思想上适度放松，不要总是被逆境啊困难啊牵着鼻子走，适当的放松对我们后续的工作有帮助）。

3.3.2　创业团队韧性维度二：创业团队协同度

创业团队协同度是创业团队成员之间紧密合作的程度（Morgan，1976；Siebdrat et al.，2014）。具备创业团队协同度的创业成员会强调创业活动的集体协调与合作，形成正向的拉动效应，推动创业事业的向好发展（周键，2016）。创业团队中的成员通过了解、磨合与交流，逐渐实现整体性和主动性的协同合作（Siebdrat et al.，2014）。这种协同和积极不仅能够使团队中的个体获益，也能通过对团队性能的增强来有效形成创业团队韧性。

创业团队协同度体现为逆境情境下创业团队成员通过设置共同的目标，成员们愿意为这一共同目标去付出努力以追求目标的实现（葛宝山等，2012）。这种创业团队集体层面的共同目标导向性，能够增强创业团队对逆境的容忍下限，推动团队内成员的持续工作投入度（例如：条目 C6-3-6：我们要奔着一个方向去努力，大家凝聚在一起，发挥更大的能量。这是我们创业能坚持下去的非常重要的原因。条目 C6-7-4：我们既要分工明确也要保持关键时刻的步伐一致，这样才能更好地应对意外事件。条目 C6-5-1：你说像我们这种创业团队，大家为什么能选择加入呢？当然是因为大家都是有共同的追求才愿意走到一起的，不然谁愿意放弃原来那么稳定的工作来做这么大风险的事情呢。条目 C6-1-12：我们做企业绝对不能短视，眼光要放长远，我们在自己内部还是达成了未来要实现可持续发展的共识的）。

创业团队协同度体现为逆境情境下创业团队成员之间对彼此的信任（郑鸿和徐勇，2017），成员基于彼此坚定的信心和支持以共同渡过创业难关。这种信任来自于频繁的集体层面的互动与交流（Jiao et al.，2019）。基于互动和交流，成员会更加理解对方并坚定与创业伙伴共同走下去的信念（例如：条目 C7-2-7：随便让我们谁去，这个问题都可以妥善解决，因为我们彼此之间有充分的交流和信任。条目 C7-1-3：大家保持密切沟通，有问题及时交流，不要把问题一直攒着，攒到最后都不知道从何而谈起，这肯定会导致出现互相推诿的现象。条目 C7-4-3：我们创业团队鼓励大家发现问题就提出来，大家要保持对彼此的信任，任何讨论都是对事不对人。条目 C7-2-7：信任是团队前进的动力，不要猜忌自己的队友，大家拧成一股绳，才能办成事）。

创业团队协同度体现为逆境情境下创业团队成员通过相互合作来共同应对挑战（Morgan，1976）。创业团队中的成员通过合作和集体协调机制来共同面对挑战，不畏逆境。大家致力于用集体的力量来克服逆境等并找到解决之道。这种共同协作机制也会从更高层面推动创业团队冲击承载力的提高（石书德等，2016；周键，2016）（例如：条目 C8-2-1：现在回想，我还是怀念当时与伙伴并肩作战的时光，那也是我们一直提倡的发展模式。条目 C8-11-6：我们有完善的集体协调机制，这能确保我们在各种情境中都有充足的集体应对策略。条目 C8-3-6：任何工作都是通过合作完成的，没有一个人能独揽所有事务，谁也不是超人，团队建立的意义就是大家共同来努力推进项目。条目 C8-5-2：我在开会时一直强调的就是，我们要对这份事业有信心，但是这份信心一定是建立在我们创业团队这个层面。只有我们这个团队集体有信心来共同面对未来，那才能真正推进我们共同的事业）。

创业团队协同度体现为逆境情境下创业团队成员的相互支持与帮助，这是成员集体认知层面对于彼此的充分信任和所共同经历创业活动如逆境事件等的结果（郑鸿和徐勇，2017；Patzelt et al.，2021）。这种协同是创业团队成员在创业过程中实现交互的重要支撑（例如：条目 C9-2-2：我们创业团队内谁要是有事，大家都愿意搭把手、帮个忙，很多事自然就很容易解决了。条目 C9-16-7：团队每个人都有自己擅长的技能，也会在必要时为队友提供帮助，坚守好自己岗位的同时也要成为多面手，这也是我们一直身体力行的价值观。条目 C9-5-5：我们定期有一个轻松的团建活动，大家就是一起吃吃喝喝，在闲聊中互相谈谈各自最近的想法，互相多一个了解，也多一个帮助彼此的渠道。条目 C9-10-9：我们都明确知道我们在这份事业中是彼此不可分割的一部分，互相扶持，我们一定能挺过去的）。

3.3.3　创业团队韧性维度三：创业情境感知力

创业情境感知力反映了创业团队的战略前瞻性，是创业团队在逆境情境下对所处的创业内外部环境的预判、洞察与深度理解（Teece et al.，2000）。具备创业情境感知力的团队能够有效且及时感知到团队内外部发生的信息，并能理解这些信息给团队带来的变化和可能产生的影响（Teece et al.，2000；张秀娥和滕欣宇，2001）。这种创业情境感知力能在创业的过程中，为创业主体提供有效的预判和事后分析能力。因此，在不确定越发凸显的时代进行创业活动中，具有较强的创业情境感知力的创业团队能够比竞争对手更迅速地对冲击事件做出及时反应（Aude et al.，2018）。

创业情境感知力体现在创业团队的感知环境能力方面。经历逆境情境的创业团队通过培养战略前瞻性、实施战略规划等多种方式来增强自身对环境的感知能力，针对内外部的各种变化进行及时的信息获取和深度理解，实现对不确定性的提前预判和事先准备，帮助创业团队更好地在动荡环境中生存和成长（Youssef & Luthans，2007）（例如：条目 C10-9-5：市场是瞬息万变的，我们企业也是在时刻变化成长的。虽然很多东西确实不可控，但是我们也得保持自己的商业和职业敏感度，快速察觉将要发生和已经发生的变化。如果等整个企业都经历变化时我们才发现，那企业估计已经被困住了。条目 C10-9-5：为什么有的企业面对不确定性表现得那么镇定，就是因为功夫下在平时，一定要关注对环境的感知力，这样才能提前发现问题。条目 C10-4-5：我们会定期对市场做一些未来发展预期，这是帮助我们应对不确定性的非常有效的方法。条目 C10-8-14：我觉得做企业还是要把目光放得更长远一些，行动上可以慎重，但是思想上一定要站得高看得远，看到别人看不到的，想到别人不敢想的，做一些具有战略前瞻性的规划，然后再谨慎地逐步去落实）。

创业情境感知力体现在创业团队的监测环境能力方面。监测环境体现了创业团队对市场流动信息进行实时监控以获取最新动态，这包括持续关注内外部环境、获取市场和行业消息、了解竞争对手动态、追踪最新政策等多种手段。

通过对环境的监测，创业团队能够及时追踪创业发展变化，提升创业情境感知力，进一步增强创业团队韧性（例如：条目C11-1-3：不能只是自己闷头发展，一定要关注对手、关注行业、关注外部大势，只有内省和外修相结合才能不断实现新的发展。条目C11-1-2：政策就是风向标，有时候一个政策的出台可能就是一个行业的颠覆。我是实时跟着政策走的，我也在团队内部多次强调这个要点。条目C11-1-3：市场发生变化时是绝对不会来通知你的，一定要自己主动去了解、去探索、去摸清楚这里面一系列的规律。条目C11-1-3：我们有专门的情报团队来负责对内外部环境的持续性关注，必要时会制作日报）。

创业情境感知力体现在创业团队的分析环境能力方面。分析环境体现了经历过逆境情境的创业团队，会通过采取多种手段对企业所处的内外部环境进行全面认知和剖析，以发现已经存在的和潜在的威胁与机会。这些手段具体包括定期开会讨论战略、剖析政策内涵、解读竞争对手现状和及时对市场变化做出反馈等（例如：条目C12-1-6：环境分析能力对于创业的意义不言而喻，这是伴随我们发展始终的核心能力，需要时刻关注和提升。条目C12-2-3：有时候不得不承认，所有实施的政策里每个字都有他存在的意义，不花费时间去阅读、去理解、去思考，很容易就漏掉最重要的信息。条目C12-10-3：虽然我们创业团队是以"90后"为核心，没有强制打卡制度，没有限制性的条条框框，但是定期组会这个必须坚持，因为只有在这种正式环境下，大家开展的战略分析、环境分析等一系列深入分析才是最有效的。条目C12-4-1：环境会给我们输入信息，我们要及时分析，做出及时的反应）。

创业情境感知力体现在创业团队的理解环境能力方面。理解环境体现了经历过逆境情境的创业团队对于内外部环境现状和未来发展趋势的深度洞察，这种理解能力基于创业团队对环境现状的观察、对环境发展的预测和对环境长期的追踪（例如：条目C13-1-2：周边发生的变化都是有原因的，我们要尝试理解这些变化发生的原因。条目C13-2-12：我们强调从源头去发现事物变化的原因，找到了最内在最深处的原因，才能更好地应对。条目C13-4-1：创业除了内省自身，也需要去观大势，理解环境的发展方向。条目C13-5-8：我们创业团队时刻都在思考我们如何在目前的环境下更好地生存，这不仅是对我们发展的思考，也是对我们身处环境的思考）。

3.4 创业团队韧性量表探索

基于文献梳理、理论分析与量表探索，本书依托逆境情境发现创业团队韧性的内涵包含创业抗压性、创业团队协同度和创业情境感知力三个维度。创业团队韧性是以创业团队内部成员之间的互动为基础，在创业团队成员共同经历创业逆境时，创业团队整体所具备的对逆境的积极应对、有效恢复与持续发展的能力（Stoverink et al.，2020；Chadwick & Raver，2020；Hartmann et al.，2022）。根据以上分析的结果，本书将继续对创业团队韧性的量表进行更进一步的探索。本书将基于多轮问卷数据，使用探索性因子分析确定量表的初步结构，使用验证性因子分析检验量表的结构效度，最终形成具有较高信度和效度的创业团队韧性量表。

3.4.1 量表结构

基于以上分析，本书聚焦逆境情境，建构了以创业抗压性、创业团队协同度、创业情境感知力为中心范畴的创业团队韧性的构思模型。其中，创业抗压性主范畴是由面对困难不气馁、从逆境中恢复、尝试各种解决方案、压力之下保持冷静、倡导认知调整五个对应范畴构成；创业团队协同度是由共同的目标与追求、团队间信任、合作应对挑战和相互支持与帮助四个对应范畴构成；创业情境感知力是由感知环境、监测环境、分析环境和理解环境四个对应范畴构成。创业团队韧性量表开发结构如图 3-2 所示。

3.4.2 条目开发

依据对已有文献的梳理和利用半结构化访谈数据进行扎根理论分析所获取的13 个范畴，结合创业团队这一特定情境，本书对创业团队韧性三个维度的 13 个范畴进行了条目编写。

所有条目从创业团队成员角度出发进行提问，增强问卷填写者的情境代入感，确保填写者将自身置于创业团队场景之中。同时，为了提升条目提问的准确性和针对性，研究团队对条目进行多次修改与测试，最大限度上避免条目表述上

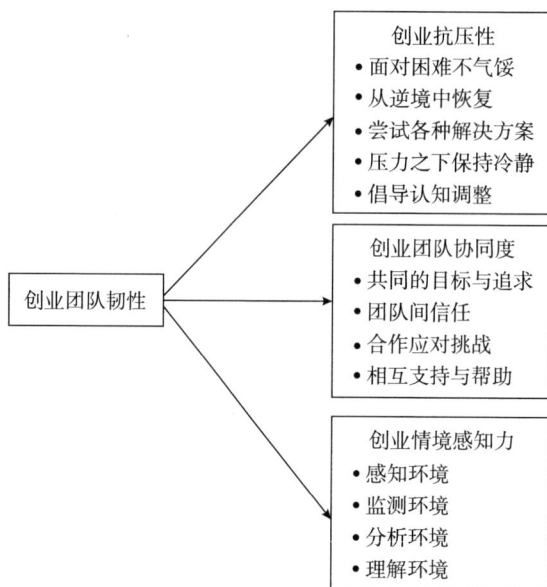

图 3-2　创业团队韧性量表初始开发结构

出现重复、歧义、模糊等易造成误解的问题。

　　本书量表条目的编制原则为：①测量条目比构念指向的范围更大。②在条目编制的初始阶段，暂时保留一些可能会有争议的条目，但在后续的内容效度等检验环节会进行重点关注和辨别。③尽可能避免出现内容相近的条目，导致被试在填写过程中没有差异感。④避免表述的模糊性，确保每个条目表述内容的独立性和清晰度。⑤条目内容的表达要精练且准确，避免产生任何的引导性（Hinkin，1998）。由此，本书初步编制了创业团队韧性的初始量表，具体如表 3-6 所示。

表 3-6　创业团队韧性初始量表

维度	范畴	编号	条目描述
创业抗压性	面对困难不气馁	ETR 1	我们创业团队面对困难也不会气馁
	从逆境中恢复	ETR 2	我们创业团队会从逆境中很快恢复
	尝试各种解决方案	ETR 3	我们创业团队会不断尝试各种解决方案
	压力之下保持冷静	ETR 4	我们创业团队在压力情境中也会努力保持冷静思考
	倡导认知调整	ETR 5	我们创业团队倡导从积极的角度去认识逆境

续表

维度	范畴	编号	条目描述
创业团队协同度	共同的目标与追求	ETR 6	我们创业团队有共同的目标与追求
	团队间信任	ETR 7	我们创业团队成员之间是彼此信任的
	合作应对挑战	ETR 8	我们创业团队是通过高效合作来共同应对创业面临逆境的挑战的
	相互支持与帮助	ETR 9	我们创业团队成员之间总是相互支持与鼓励的
创业情境感知力	感知环境	ETR 10	我们创业团队能够快速感应并理解环境的变化
	监测环境	ETR 11	我们创业团队能够做到实时监测内外部环境
	分析环境	ETR 12	我们创业团队能够对创业环境进行分析
	理解环境	ETR 13	我们创业团队能够深刻理解目前所处的环境

资料来源：笔者根据理论文献与研究内容整理。

3.4.3　量表属性

本书将从量表的使用情境、适用对象和计量方式三个方面来介绍创业团队韧性量表的详细属性。

使用情境：本书的量表适合在学术研究中使用，用于测量创业团队韧性。同时，可以在常规管理咨询中用于了解创业团队整体的韧性水平。

适用对象：本书的量表适用对象是从事创业活动的各类组织，特别是适用于以团队模式开展创业活动的团队成员，可以用来评估其创业团队韧性。

计量方式：本书的量表使用 Likert5 点计分法，要求创业团队成员根据真实情况，对创业工作进行打分，从"完全不同意"到"完全同意"依次计 1~5 分。

3.4.4　内容效度分析

内容效度反映了量表的条目内容是否能够最大可能反映出所要测量的构念（陈晓萍等，2012）。形成创业团队韧性的初始量表后，需要逐个对条目进行评价，对不能体现构念内涵的、存在歧义的和可能干扰测量质量的条目进行调整。本书邀请了来自学术界和业界的两组专家对量表内容进行评估。其中，学术界专家包括三位从事创业研究的学者，业界专家包括五位目前正在从事创业活动的创业者。

内容效度分析经历了三轮检验。首轮是自由类属区分。邀请所有 8 位专家独立地对创业团队韧性初始量表中的 13 个条目进行分类组合与命名，请他们对他们认为概念上存在重叠、模糊或者有争议的条目进行指认与意见反馈。第二轮检验为限定类属区分。邀请专家在限定类属前提下依据首轮检验的结果，对条目中存在的争议之处进行建议和调整。研究团队在第三轮检验中会向专家介绍创业团队韧性的内涵，邀请专家对经过上两轮修改的量表内容进行检验，最终形成创业团队韧性量表。本书期望通过三轮的内容效度检验来完善创业团队韧性量表的开发。

学术界专家的内容效度分析。学术界专家会从学术和理论的角度检验量表条目是否准确反映了核心概念的实质内容，分析条目是否已经达到理论研究的饱和，以及现有条目的构成比例是否体现了构念维度的重要性。

学术界专家的评估流程：①研究团队介绍研究目的与内容，说明创业团队韧性的内涵及构成维度。②专家独立阅读材料并向研究团队反馈意见。③研究团队对反馈的意见进行讨论，并进行对应的修改，随后将整合的修改结果以书面形式反馈给专家。④就修改后的结果向专家进行再一轮的深入请教，并在研究组内部进行充分讨论。

学术界的三位专家基本认可现有量表，认为现有条目基本实现对创业团队韧性内涵的反映，并在三轮检验中主要建议在以下四方面进行量表条目调整：

第一，有些条目之间存在重复，可能会导致被试无法明确区分所问内容。例如，由于"理解环境"与"感知环境""分析环境"存在概念重合，导致条目 ETR 13 "我们创业团队能够深刻理解目前所处的环境"与条目 ETR 10 "我们创业团队能够快速感应并理解环境的变化"等问题非常类似，因此，本书将根据专家的建议对其进行删减。

第二，有些条目的表达存在模糊性，导致语义不明确，需要根据创业团队韧性的核心内涵进行修正。例如，条目 ETR3 "我们创业团队会不断尝试各种解决方案"并没有明确显示出韧性发挥的情境作用，修改后表述为"我们创业团队在逆境中会不断尝试各种解决方案"，更加符合核心构念的应用情境。

第三，有些条目的内容表述具备很强的针对性，导致条目缺乏普适性和代表性。例如，条目 ETR8 "我们创业团队是通过高效合作来共同应对创业面临逆境的挑战"，本书对该条目进行修改，删除表达上的具体性，增强条目在研究实际中应用的普适性。修改后的条目为"我们创业团队是通过高效合作来共同应对挑战"。

第四，有些条目的表达过于烦琐和晦涩，不够简单明了。例如，条目 ETR4 "我们创业团队倡导从积极的角度去认识逆境"，修改为"我们创业团队倡导乐观看待逆境"。通过这样接近商业实操环境的表述，让被试能够迅速理解问题的含义，从而提高测量的准确度。

业界专家的内容效度分析。业界的五位专家主要是基于他们的实践经验来检验概念的定义和构成维度是否合理且有效。所形成的条目是否符合实践的认知、这些条目能否全面反映维度的实质，并由此形成对量表的判断。

业界专家的评估流程：①研究团队介绍研究目的与内容，说明创业团队韧性的内涵及构成维度。②专家独立阅读材料并向研究团队反馈意见。③专家根据个人真实感受对量表的条目进行回答和打分。

来自业界的专家均非常认同本书开发的创业团队韧性构念，表示这些量表条目能够体现他们在创业活动中的一系列经历特征，并且条目表达相对通俗易懂。同时，业界专家也对现有量表提出了以下两方面的具体修改建议：

第一，有些条目之间存在重复的问题。例如，条目 ETR7 "我们创业团队成员之间是彼此信任的"与条目 ETR9 "我们创业团队成员之间总是相互支持与鼓励"，由于信任是存在彼此的支持与鼓励之中的，因此这两个条目可能存在表达重复的嫌疑，本书基于对比、分析后对前者进行删减，保留后者作为条目内容。

第二，有些条目的表达与核心构念的逻辑联系太远，内容过于宽泛，不足以从实质上体现创业团队韧性。例如，条目 ETR4 "我们创业团队倡导从积极的角度去认知逆境"，这种表达与该维度里的其他条目相比，不足以体现创业团队韧性的实质，本书依据专家意见对其进行删除。

经过对条目一系列的修改与调整，专家均可以准确地将 10 个条目分别纳入到"创业抗压性""创业团队协同度""创业情境感知力"三个维度中。

因此，本书形成的创业团队韧性的预测试量表包括 10 个条目，其中，创业抗压性 4 个条目，创业团队协同度 3 个条目，创业情境感知力 3 个条目。表3-7 详细展示了创业团队韧性预测试量表的全部内容。

表 3-7　创业团队韧性预测试量表

维度	范畴	编号	条目描述
创业抗压性	面对困难不气馁	ETR 1	我们创业团队面对困难也不会气馁
	从逆境中恢复	ETR 2	我们创业团队会从逆境中很快恢复
	尝试各种解决方案	ETR 3	我们创业团队在逆境中会不断尝试各种解决方案
	压力之下保持冷静	ETR 4	我们创业团队在压力情境中也会努力保持冷静思考

维度	范畴	编号	条目描述
创业团队协同度	共同的目标与追求	ETR 5	我们创业团队有共同的目标与追求
	合作应对挑战	ETR 6	我们创业团队是通过高效合作来共同应对挑战
	相互支持与帮助	ETR 7	我们创业团队成员之间总是相互支持与鼓励
创业情境感知力	感知环境	ETR 8	我们创业团队能够快速感应并理解环境的变化
	监测环境	ETR 9	我们创业团队能够做到实时监测内外部环境
	分析环境	ETR 10	我们创业团队能够对创业环境进行深入分析

资料来源：笔者根据理论文献与研究内容整理。

3.5 创业团队韧性量表的实证检验

3.5.1 测试过程与对象

本书的研究对象是创业年限小于 8 年的内嵌于创业活动中的创业团队（Shrader & Simon，1997；蔡莉等，2014）。同时，本书关注经历过创业项目逆境且目前处于正常发展阶段的创业团队。因为创业团队需要开发新项目以满足市场需求和推进创业活动的发展，在此过程中可能会经历一定的项目逆境（Shepherd et al.，2009；Shepherd et al.，2011），这能够满足本书对于创业团队韧性的关注。

为了进行创业团队韧性量表的实证检验，本书一共发放了两轮问卷。第一轮对 60 个创业团队的 221 名成员进行问卷发放，剔除因作答不完整等导致的信息缺失的问卷后，共收到来自 42 个团队 165 名成员的有效问卷，用于探索性因子分析。本书在探索性因子分析结果的基础上对量表进行对应修改。随后，基于新修改的量表开展第二轮问卷发放。通过对 75 个团队的 278 名成员进行问卷发放，共收到来自 65 个团队 215 名成员的有效问卷，用于验证性因子分析。

第一轮用于探索性因子分析的问卷样本信息显示。被试成员中 57.58% 为男性；成员年龄集中在 25~35 岁，占比达 35.76%；被试成员的教育水平以本科为主，占比达 49.09%；被试团队分布在技术信息咨询行业、金融技术和技术信息安全行业；团队规模以 3~4 人为主，符合创业团队的特征；团队成立年限均在 8 年以下，以 5~6 年为主，占比达 35.71%。以上信息显示，本书所选择的样本具备一定的代表性和典型性。样本信息如表3-8所示。

表 3-8　探索性因子分析的样本信息

个体特征			团队特征		
性别	样本量	占比（%）	团队行业分布	样本量	占比（%）
女	70	42.42	信息咨询行业	13	30.95
男	95	57.58	金融行业	6	14.29
年龄（岁）	样本量	占比（%）	技术信息安全行业	18	42.86
25~35	71	35.76	其他行业	5	11.90
36~45	61	44.24	团队受访人数（人）	样本量	占比（%）
46~55	25	15.15	3	18	42.86
56 以上	8	4.85	4	13	30.95
受教育水平	样本量	占比（%）	5	7	16.67%
本科以下	20	12.12	6	4	9.52
本科	81	49.09	团队成立年限（年）	样本量	占比（%）
硕士	56	33.94	3~4	14	33.34
博士	8	4.85	5~6	15	35.71
			7~8	13	30.95

资料来源：笔者根据样本信息整理。

第二轮用于验证性因子分析的问卷样本信息显示，被试成员中 61.86% 为男性；成员年龄集中在 25~35 岁，占比达 44.19%；被试成员的教育水平以本科为主，占比达 49.30%；被试团队分布在技术信息咨询、金融技术、技术信息安全和医药行业；创业团队规模以 3~4 人为主，符合创业团队的特征；团队成立年限均在 8 年以下，符合创业研究的要求，年限以 5~6 年为主，占比达 46.15%。以上信息显示本书的样本具备一定的代表性和典型性。样本信息如表 3-9 所示。

表 3-9　验证性因子分析的样本信息

个体特征			团队特征		
性别	样本量	占比（%）	团队行业分布	样本量	占比（%）
女	82	38.14	信息咨询行业	19	29.23
男	133	61.86	金融行业	11	16.92
年龄（岁）	样本量	占比（%）	技术信息安全行业	18	27.69
25~35	95	44.19	医药行业	8	12.31
36~45	76	35.35	其他行业	9	13.85
45~55	35	16.27	团队受访人数（人）	样本量	占比（%）
55以上	9	4.19	3	47	72.31
受教育水平	样本量	占比（%）	4	16	24.61
本科以下	25	11.63	5	2	3.08
本科	106	49.30	团队成立年限（年）	样本量	占比（%）
硕士	71	33.02	3~4	26	40.00
博士	13	6.05	5~6	30	46.15
			7~8	9	13.85

资料来源：笔者根据样本信息整理。

3.5.2　项目分析

进行正式实证检验前，本书对量表进行项目分析。

（1）项目鉴别度。对 10 个测量条目总分进行高低排序，其中，总分前 27% 设置为高分组，后 27% 设置为低分组。采用独立样本 T 检验，对比高低分组在逐个条目平均分上的差异性。根据结果删除鉴别度低即不显著的条目。本书量表的项目鉴别度显示，10 个测量条目在平均值上都达到了显著性，展现了较高的鉴别度，因此均予以保留。

（2）同质性检验。同质性检验测量的是每个条目与总分的相关性程度，相关性越高，说明该条目与量表的同质性越强，越能反映所要测量的构念，应该予以保留；相关性越低且低于 0.400 时，说明与量表的同质性不足，考虑删除。本书量表的 10 个条目与总分的相关性均超过了 0.700，体现了良好的同质性，因此均予以保留。

（3）内部一致性信度分析。采用 Cronbach's α 系数来评估量表的内部一致性水平。通过对每一条目的逐一删除来计算 Cronbach's α 系数，并与整体量表的 Cronbach's α 系数进行对比。如果某一条目删除后的量表 Cronbach's α 系数优于整体量表的 Cronbach's α 系数，则考虑删除这一条目。本书中整体量表的 Cronbach's α 系数为 0.880，逐一剔除每一条目后的 Cronbach's α 系数均小于 0.880，因此均予以保留。

3.5.3　探索性因子分析

首先，本书通过测量 KMO（Kaiser-Meyer-Olkin）值和 Bartlett 球形检验卡方值来判断所收取的数据是否能够进行探索性因子分析。KMO 值越大，说明变量间的共同因素越多。KMO 值小于 0.500 时不适合进行探索性因子分析，在 0.600~0.800 时可以进行探索性因子分析，在 0.800~0.900 时适合进行探索性因子分析，大于 0.900 时极适合进行探索性因子分析（Kaiser，1974）。Bartlett 球形检验卡方值显著时，说明适合进行探索性因子分析（Kaiser，1974）。由表 3-10 知，本书中数据的 KMO 值为 0.850，Bartlett 球形检验卡方值为 1011.662，p 值为 0.000，说明适合进行探索性因子分析。

表 3-10　第一次探索性因子分析的 KMO 值和 Bartlett 球形检验卡方值

KMO 取样适配性量数		0.850
Bartlett 球形检验	近似卡方	1011.662
	自由度	66.000
	显著性	0.000

资料来源：笔者根据 SPSS21.0 运算结果整理所得。

其次，在确定数据适合进行探索性因子分析后，本书采用主成分—最大方差分析法对数据进行进一步分析。分析结果显示，首因子方差贡献率为 48.382%，累计方差贡献率为 78.261%，超过 60% 的下限要求。10 个条目在 3 个主成分上的因子载荷情况如表 3-11 所示。

表 3-11　第一次探索性因子分析结果

编号	条目描述	主成分 1	主成分 2	主成分 3
ETR1	我们创业团队面对困难也不会气馁	0.883	0.185	0.199

编号	条目描述	主成分 1	主成分 2	主成分 3
ETR2	我们创业团队会从逆境中很快恢复	0.900	0.151	0.184
ETR3	我们创业团队在逆境中会不断尝试各种解决方案	0.888	0.172	0.207
ETR4	我们创业团队在压力情境中也会努力保持冷静思考	0.402	0.401	0.419
ETR5	我们创业团队有共同的目标与追求	0.134	0.886	0.147
ETR6	我们创业团队是通过高效合作来共同应对挑战	0.179	0.855	0.207
ETR7	我们创业团队成员之间总是相互支持与鼓励	0.165	0.874	0.075
ETR8	我们创业团队能够快速感应并理解环境的变化	0.196	0.125	0.842
ETR9	我们创业团队能够做到实时监测内外部环境	0.091	0.193	0.871
ETR10	我们创业团队能够对创业环境进行深入分析	0.286	0.095	0.813

注：萃取方法：主成分分析法。旋转方法：Kaiser 正态化最大方差法。

资料来源：笔者根据 SPSS21.0 运算结果整理所得。

从表 3-11 的结果可知，条目 ETR4 出现了交叉载荷的情况，在主成分 1、主成分 2 和主成分 3 上的因子载荷分别是 0.402，0.401 和 0.419。依据因子载荷剔除原则，将条目 ETR4 剔除。

剔除 ETR4 后，进行 KMO（Kaiser-Meyer-Olkin）和 Bartlett 球形检验来判断所收取的数据是否能够进行探索性因子分析。由表 3-12 可知，本书中数据的 KMO 值为 0.885，Bartlett 球形检验卡方值为 1023.682，p 值为 0.000，说明适合进行探索性因子分析。

表 3-12 第二次探索性因子分析的 KMO 值和 Bartlett 球形检验卡方值

KMO 取样适配性量数		0.885
Bartlett 球形检验	近似卡方	1023.682
	自由度	65.000
	显著性	0.000

资料来源：笔者根据 SPSS21.0 运算结果整理所得。

最后，本书对剔除条目 ETR4 的 9 条目量表同样采用主成分—最大方差分析法再次进行探索性因子分析。分析结果显示，首因子方差贡献率为 48.892%，累计方差贡献率为 82.073%，超过 60% 的下限要求。9 个条目在 3 个主成分上的因子载荷情况如表3-13所示。

表 3-13 第二次探索性因子分析结果

编号	条目描述	主成分 1	主成分 2	主成分 3
ETR1	我们创业团队面对困难也不会气馁	0.887	0.190	0.203
ETR2	我们创业团队会从逆境中很快恢复	0.902	0.152	0.183
ETR3	我们创业团队在逆境中会不断尝试各种解决方案	0.890	0.174	0.208
ETR5	我们创业团队有共同的目标与追求	0.134	0.885	0.145
ETR6	我们创业团队是通过高效合作来共同应对挑战	0.183	0.859	0.211
ETR7	我们创业团队成员之间总是相互支持与鼓励	0.169	0.879	0.079
ETR8	我们创业团队能够快速感应并理解环境的变化	0.200	0.130	0.845
ETR9	我们创业团队能够做到实时监测内外部环境	0.095	0.198	0.875
ETR10	我们创业团队能够对创业环境进行深入分析	0.289	0.097	0.814

注：萃取方法：主成分分析法。旋转方法：Kaiser 正态化最大方差法。

资料来源：笔者根据 SPSS21.0 运算结果整理所得。

同时，本书再次对创业团队韧性 9 条目的量表进行信度检验。结果显示，创业团队韧性量表的整体 Cronbach's α 系数为 0.869，其中，创业抗压性的 Cronbach's α 系数为 0.923，创业团队协同度的 Cronbach's α 系数为 0.885，创业情境感知力的 Cronbach's α 系数为 0.852，均大于临界值 0.700。此外，逐一删除条目后进行的内部一致性检验的值也均低于完整量表整体的 Cronbach's α 系数。以上结果说明，量表整体与维度构成及每个条目都具有较好的信度。

3.5.4 验证性因子分析

依据探索性因子分析结果，本书修改了创业团队韧性量表。量表由 3 个维度 9 个条目组成。研究团队该轮对 75 个团队的 278 名成员进行问卷发放，共收到来自 65 个团队 215 名成员的有效问卷，用于验证性因子分析。

在正式进行验证性因子分析之前，本书首先通过测量 KMO 值和 Bartlett 球形检验卡方值来判断所收取的数据是否能够进行验证性因子分析。由表 3-14 可知，本书中数据的 KMO 值为 0.834，Bartlett 球形检验卡方值为 1115.840，p 值为 0.000，说明适合进行验证性因子分析（Kaiser，1974）。

表 3-14　验证性因子分析数据的 KMO 值和 Bartlett 球形检验卡方值

KMO 取样适配性量数		0.834
Bartlett 球形检验	近似卡方	1115.840
	自由度	36.000
	显著性	0.000

资料来源：笔者根据 SPSS21.0 运算结果整理所得。

　　量表的 Cronbach's α 系数为 0.869。其中，创业抗压性的 Cronbach's α 系数为 0.912，创业团队协同度的 Cronbach's α 系数为 0.868，创业情境感知力的 Cronbach's α 系数为 0.834，均超越 0.700 临界值，达到了较为理想的信度水平。

　　本书运用 AMOS 21.0 进行验证性因子分析。本书提出 3 个竞争模型：模型 1 中，所有条目都纳入同一个因子；模型 2 中，原本纳入"创业抗压性""创业团队协同度"的条目纳入一个新因子，剩余的"创业情境感知力"依旧属于这一因子；模型 3 中，与探索性因子分析的结构保持一致。具体来说，验证性因子分析中的各项拟合指标要符合一定的标准。其中，χ^2/df 要高于 0.090，RMSEA（Root Mean Square Error of Approximation）低于 0.050，SRMR（Standardized RMR）低于 0.050，TLI（Tucker-Lewis Index）和 CFI（Comparative Fit Index）高于 0.900，则说明其结果是可以接受的。具体如表 3-15 所示。

表 3-15　创业团队韧性结构方程竞争模型比较

模型	χ^2/df	RMSEA	SRMR	CFI	TLI
模型 3	2.123	0.025	0.043	0.980	0.970
模型 2	4.326	0.086	0.089	0.787	0.705
模型 1	8.627	0.266	0.212	0.628	0.504

　　注：χ^2/df 指卡方和自由度的比；RMSEA（Root Mean Square Error of Approximation）指近似误差均方根；SRMR（Standardized RMR）指标准残差均方根；CFI（Comparative Fit Index）指比较拟合指数；TLI（Tucker-Lewis Index）指塔克·刘易斯指数。

　　资料来源：笔者根据 AMOS21.0 运算结果整理所得。

　　由表 3-15 可知，模型 3（三因素模型）的拟合指标（$\chi^2/df = 2.123$，CFI = 0.980，TLI = 0.970，RMESA = 0.025）优于模型 2（两因子模型）和模型 1（单

因子模型），说明本书的三维度模型较为理想。同时，由图 3-3 可知，创业团队韧性三维度模型各路径上的系数均超过了 0.700，说明三个维度能够较好地体现创业团队韧性这一整体变量。由此，结合验证性因子分析结果可知，创业团队韧性的三维结构量表具有较好的聚合效度（Convergent Validity）和区分效度（Discriminant Validity）。

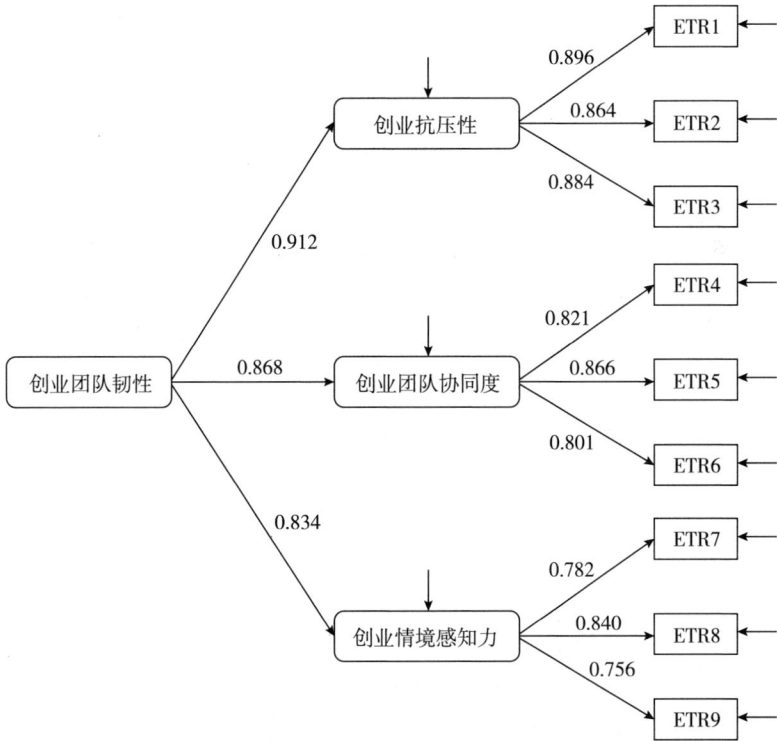

图 3-3　创业团队韧性验证性因子分析结果

资料来源：笔者根据 AMOS21.0 运算结果整理所得。

本书通过测量组合信度（Composite Reliability，CR）和平均变异量（Average Variance Extracted，AVE）对量表的构思效度、聚合效度和区分效度进行再次检验，以确保量表开发的有效性。其中，三个维度的 CR 分别为 0.910、0.864、0.834，超过 0.700 的标准（Fornell & Larcker，1981）。三个维度的 AVE 分别为 0.625、0.589、0.567，超过 0.500 的标准（Bagozzi & Yi，1988），说明本书的量表具备理想的效度水平。此外，邀请来自学术界和业界的专家对量表进行打分，从而检验了创业团队韧性量表的表面效度、内容效度和理论建构效度。

因此，综合以上所有的检验结果，本书的创业团队韧性量表具有理想的信度与效度水平，由此最终获得的创业团队韧性量表如表 3-16 所示。

表 3-16　创业团队韧性量表

量表名称	题项
创业团队韧性	我们创业团队面对困难也不会气馁
	我们创业团队会从逆境中很快恢复
	我们创业团队在逆境中会不断尝试各种解决方案
	我们创业团队有共同的目标与追求
	我们创业团队是通过高效合作来共同应对挑战
	我们创业团队成员之间总是相互支持与鼓励
	我们创业团队能够快速感应并理解环境的变化
	我们创业团队能够做到实时监测内外部环境
	我们创业团队能够对创业环境进行深入分析

资料来源：笔者根据研究内容与数据分析结果整理。

3.5.5　补充分析

针对创业团队韧性量表进行校标分析。校标分析的具体流程是需要基于已有研究的发现，将创业团队韧性量表与其他构念进行相关关系的比较来验证量表的理论建构效度。如果相关性分析结果与已有研究相一致，则说明本书的量表具备理想的理论建构效度。

据此，参考 Chadwick 和 Raver（2020）针对创业韧性的研究，选取挑战性认知和主动性行为来进行创业团队韧性的校标检验。在进行相关性分析前，对数据进行聚合，创业团队韧性的 R_{wg} 为 0.857、ICC（1）= 0.481、ICC（2）= 0.732；挑战性认知的 R_{wg} 为 0.942、ICC（1）= 0.378、ICC（2）= 0.811；主动性行为的 R_{wg} 为 0.812、ICC（1）= 0.231、ICC（2）= 0.775。三个变量的聚合结果均满足 $R_{wg} > 0.700$、ICC（1）>0.050、ICC（2）>0.500 的聚合标准。校标检验的相关性分析结果表明（见表 3-17），挑战性认知与创业团队韧性呈现显著正相关关系（β = 0.321，p<0.001），主动性行为与创业团队韧性呈现显著正相关关系

（β＝0.223，p<0.01）。这些结果与 Chadwick 和 Raver（2020）的研究结果基本一致。因此，本书的创业团队韧性量表的有效性得到了进一步的验证。

表 3-17　校标检验的相关性分析

变量	M	SD	创业团队韧性	挑战性认知	主动性行为
创业团队韧性	4.031	0.522			
挑战性认知	3.890	0.612	0.321***		
主动性行为	3.972	0.510	0.223**	0.145*	1.000

注：$N_{(团队)}$ = 75。* p<0.05，** p<0.01，*** p<0.001。

资料来源：笔者根据 SPSS21.0 运算结果整理所得。

3.6　本章小结

本章是依托逆境情境对创业团队韧性内涵与量表的探索。首先，本章通过对已有文献的回顾及文献中已经开发的韧性相关量表的梳理，提取出适合于创业团队韧性量表可能的维度。其次，通过半结构化访谈对经历过创业项目逆境且目前处于正常发展阶段的创业团队进行数据收集，由此展开对创业团队韧性量表的进一步探索。在明确研究目的与研究方法后，对半结构化访谈进行详细说明，包括半结构化访谈的指导语和问卷内容。最后依据半结构化访谈的设计，开展了后续的研究，并对研究样本信息进行了阐述。

本章的半结构化访谈选取了经历创业项目逆境且目前处于正常发展的 15 个创业团队的 52 名创业成员展开调研，对每个创业团队分时段进行了 2~3 次的访谈。同时，收集例会记录、公开访谈报道等二手数据，以形成对半结构化访谈资料的重要补充。本章利用扎根理论对数据进行分析，在开放编码、主轴编码和选择编码的逐步引导下提取获得创业团队韧性的构成维度。通过对 41 份团队文本资料中的 632 个初始概念进行逐步编码与提炼，共获取 13 个创业团队韧性的范畴：面对困难不气馁、从逆境中恢复、尝试各种解决方案、压力之下保持冷静、倡导认知调整、共同的目标与追求、合作应对挑战、团队间信任、相互支持与帮助、感知环境、监测环境、分析环境和理解环境。基于这 13 个范畴进一步归纳分析提炼出了 3 个主范畴，分别是创业抗压性、创业团队协同度、创业情境感知力。为了进一步检验量表的内容效度，本书邀请了学术界和业界的专家对量表内容进行评估。通过学术界和业界专家的评估，结合专家的意见反馈，本章对量表进行相应的修正，进一步将创业团队韧性量表优化到 10 个条目。为了更加清晰地验证创业团队韧性量表的合理性，本章进一步通过文献对比和理论分析对所获取的 3 个主范畴和 10 个条目进行论证，明确解释这 3 个主范畴与创业团队韧性的逻辑关联。

本章运用探索性因子分析和验证性因子分析对问卷进行实证检验，向经历过创业项目逆境且目前处于正常发展的创业团队一共发放了两轮问卷。第一轮对 60 个创业团队的 221 名成员进行问卷发放，剔除作答不完整等问卷后，共收到来自 42 个团队 165 名成员的有效问卷，用于探索性因子分析。根据探索性因子分析结果，对存在交叉载荷的条目进行删除，由此形成由 3 个维度组成的 9 个条目的创业团队韧性量表。随后，进行第二轮的问卷发放。该轮对 75 个团队的 278 名成员进行问卷发放，共收到来自 65 个团队 215 名成员的有效问卷，用于验证性因子分析。最终形成 3 个维度共计 9 个题项的创业团队韧性量表。研究结果表明，本章所开发的创业团队韧性量表具有理想的信度和效度水平，进一步实现韧性量表在创业团队研究层面的拓展应用。

第4章 逆境情境下创业团队韧性动态发展的多案例研究

4.1 研究目的

　　创业活动是激发市场活力、释放创新潜能的重要力量，是推动经济社会发展的重要驱动力。伴随大众创业、万众创新成为国家创新驱动战略的重要内容，创业活动在激发社会创业热情的同时，也推动各类创新主体不断壮大、创新成果不断涌现。创业团队是创业活动的重要载体之一，在创业发展中会发挥其独特的作用（Klotz et al.，2014；Boone et al.，2020）。然而，由于创业的新生弱性以及当前经济发展日益增长的不确定性，创业团队会经历多种创业逆境，创业团队如何从逆境中恢复成为亟待解决的问题（郝喜玲等，2020；Ahmed et al.，2022）。在实践中，很多创业团队缺乏从逆境中重整旗鼓的动力：一方面，这是因为创业团队本身韧性能力的缺乏，创业成员难以实现从逆境中的有效恢复；另一方面，创业团队即使具备韧性能力，也难以对韧性的效用进行实际的转化，不能促进创业活动的持续发展。因此，深入探究逆境情境下创业团队如何形成韧性来实现从逆境中恢复并继续投入到创业实践中，以推动创业团队成长，具有重要的意义。

　　创业领域韧性的研究多从创业者个体和创业组织层面展开，现有研究一方面从创业者的个人因素和创业活动所具备的资源因素来探索创业韧性的形成原因（Duchek，2018；郝喜玲等，2020；Amankwah-Amoah et al.，2022）；另一方面从创业韧性对个人情感和意愿、行为决策和创业组织绩效等的影响来探索韧性的影响机制（Bullough et al.，2014；Santoro et al.，2021）。这些研究丰富了对具备相对独立性的创业者个体韧性的认知，也拓展了具备正式层级发展基础的创业组织韧性的认知。创业者个体层面的韧性研究注重挖掘独立主体的能力，组织层面的创业韧性研究侧重于正式组织命令和自上而下的战略规划。创业团队层面的韧性多依赖于团队中多位创业成员的互动及其与情境的交互（Stoverink et al.，2020），以及团队任务的互依性和成员间的紧密耦合性，由此具备研究上的独特性。相较于在个体和组织层面创业韧性研究的多样性与丰富性，现有针对创业团队韧性的研究尚处于起步阶段（Hartmann et al.，2022）。在当今数字化发展趋势的驱动下，创业活动处于信息高速流动和情境高度变化之中，创业主体需要对来自内外部的变动做出及时回应，以更好地获得战略优势（陈德球和胡晴，2022）。创业活动的发展越发依靠创业团队这种能快速协作并具备灵活性的合作结构，创业团队作为创业活动的高管团队会影响创业的走向。由此，创业团队成为韧性研究的重点。

创业团队韧性是以创业团队内部成员之间的互动为基础，在创业团队成员共同经历创业逆境时，创业团队整体所具备的对逆境的积极应对、有效恢复与持续发展的能力（Stoverink et al.，2020；Chadwick & Raver，2020；Hartmann et al.，2022）。仅有少数研究从领导者韧性、行为整合等视角探索了创业团队韧性的形成因素（Chen & Zhang，2021；梁林等，2022），并探索了团队韧性对绩效、活力、协作等结果的影响机制（Amankwah-Amoah et al.，2022；Hartmann et al.，2022）。然而，目前尚且缺乏对逆境情境下创业团队韧性的形成及其对创业团队成长影响机制的探讨，这种过程性视角能够很好地回应学术界的呼吁（Hartmann et al.，2022），也利于了解创业活动中以创业团队为主体的创业实践现状。

依据上述实践与理论研究的局限，响应国家战略发展的需求，本书将围绕逆境情境下"创业团队韧性如何形成及其对创业团队成长如何产生影响"的核心问题展开研究，聚焦于"创业团队韧性如何形成""创业团队韧性如何对创业团队成长产生影响"两大细分方向。同时，创业认知理论框架强调团队互动与成员自我认知间的紧密联系（Mitchell et al.，2002；De Mol et al.，2015；Shepherd & Patzelt，2018），因此在该理论框架的指引下，选取框架中细分领域涉及的团队互动视角，分析逆境情境下的团队韧性动态发展过程。本书第2章已详细论述了创业团队韧性的相关研究，第3章依托逆境情境对创业团队韧性的量表进行探索与验证。这些研究都为本章研究的开展奠定了扎实的基础。基于对研究问题的探索，本章将明晰逆境情境下创业团队韧性的形成因素及其效用转化过程中对创业团队成长的影响机制，提炼出创业团队韧性动态发展的具体路径，弥补现有文献对创业团队层面韧性研究的不足，拓展创业领域韧性的研究范围，为逆境情境中创业团队的实践活动提供理论和实践参考。

4.2　团队互动视角下的创业团队韧性

团队互动的研究凸显了团队互动作为团队工作的鲜明特点，体现了团队互动在促进成员协作和推动团队发展方面的重要性（Marks et al.，2001；葛宝山等，2012）。创业团队韧性是依托于创业团队成员之间的充分互动而产生的，是创业团队成员在交互过程中所展现的团队能力（Stoverink et al.，2020；Marks et al.，2001）。创业团队成员之间的群体交互行为在塑造创业能力的同时，也在推动创业后续的发展走向。创业团队成员之间以团队任务的开展为核心，基于对彼此的信任和互相支持来推动一系列沟通和协作的演进（孙秀霞等，2021）。这种协同演进过程蕴含着任务冲突的经历与解决，也推动着共同认知的逐渐形成（McGrath，1964；陈彦亮和高闯，2012）。成员间的共同经历体现了团队互动的重要性。基于团队互动，成员主观能动性的发挥和具体行动的落实能够有效推进创业团队韧性的形成及其效用的发挥。同时，成长作为创业团队的核心导向（Penrose，1959），是创业研究关注的重点问题。据此，本书运用团队互动理论视角，既能探索逆境情境下创业团队成员如何在团队交互中形成创业团队韧性，也能探索创业团队韧性在互动协同过程中如何影响创业团队成长。

创业阶段的团队普遍缺乏既定的行为模式指导，创业团队中的成员需要在互动合作中寻找新的契合的合作模式和共事准则，降低面对创业情境的不适感。创业团队通过互动而产生的成员间的紧密耦合性使创业团队韧性显得尤为重要。具体而言，首先，创业团队韧性作为一种能力，其能够在创业动态发展中通过交互过程形成和增强。其次，创业团队韧性的触发情境是创业逆境，这种逆境在创业团队中的具体表现形式是团队内部目标导向活动的停滞。本书会重点聚焦逆境情境，尤其是创业项目逆境情境。因此，当创业团队的协调与合作活动被逆境破坏时，逆境情境下创业团队韧性的重要性就越发凸显。同时，从逆境中的恢复能力更是创业团队韧性的重要组成部分。创业团队成员之间通过信息交互，促进彼此对环境的适应，通过关键的资源投入实现创业团队从逆境中的恢复，以紧密互依性的创业任务去推动团队发展。

团队互动视角的研究既重视成员之间的人际互动，也强调执行任务时团队任务间的互动（McGrath，1964）。首先，人际间的互动展现了创业团队成员间信任的广泛存在，表现为对自己团队伙伴的一种正面的期望和信念，降低了团队内部的相互猜忌和不确定性感知。同时，人际间互动激发了成员对任务内容和任务边界的讨论及改善，增强了团队成员的紧密合作和相互支持。其次，任务间互动的形成也会推动创业进程，增强人际间的协作，由此形成人际间互动与任务间互动的良性循环。

团队互动视角聚焦于团队互动模式和团队互动过程两个方面。从团队互动模式来说，团队互动模式体现为团队内用作协调集体行动的一系列言语类和非言语类行为（Zellmer-Bruhn et al.，2015）。这些行为能为创业的持续发展带来知识共享、注意力引导、下一步行动指引等（Stachowski et al.，2009）。相较于其他独立性的行动，团队互动模式会在逆境情境中凸显出更高水平的重要性。因为逆境是经过长期潜在积累或因突发性的意外情况而产生的非线性影响事件（Perrow，1984），创业团队在面对逆境情境时多数处于探索性的反应状态。这就要求团队必须要通过集体性的环境监测和观察活动来调整它们的应对行动，实现对外部变化的实时反馈，增加团队集体性的反应速度，由此来进一步提高团队运营的有效性。团队成员必须不断更新他们对事态发展和各类事件的认知与理解，以便以协调一致的方式来保持行动的持续性（葛宝山等，2012）。这种持续性和有效性在一定程度上取决于创业事件生命周期中的团队互动模式（Stachowski et al.，2009）。团队内部的交互模式是可以根据成员之间参与或协作的程度而发生相应变化的（Lei et al.，2016）。

已有研究将团队互动模式分为重复性团队互动模式、参与性团队互动模式和异质性团队互动模式（Gorman et al.，2012；Hoogeboom & Wilderom，2020）。重复性团队互动模式反映了团队是处于更稳定的模式还是可适应的模式，这种重复性可能会在创造一种相对稳定感的同时导致团队交互的僵化。参与性团队互动模式主导下的团队成员会具备高度的主动参与性与协作性，成员会积极地进行知识和想法的交换。异质性团队互动模式伴随更多的多样性和复杂性，团队成员会以更灵活、非标准或既定的方式进行交互（Lei et al.，2016）。值得关注的是，团队互动模式的研究同样非常依赖于差异性情境的变化，即注重探索常规情境和非常规情境中团队互动模型的有效性（Hoogeboom & Wilderom，2020）。具体而言，在常规情境中，团队会遵循已有的标准化流程和操作手册来进行协作，通过具体计划的制定和规划性战略的实施，协调成员间的工作与角色，执行、落实并推进整体行动（Chung & Jackson，2013）。在非常规情境中，留给团队成员间协调和互动的时间将更短，团队必须要及时响应外部变化，在灵活互动中做出最有效的回应。此时，团队互动模式将发挥更显著的优势，即可以通过促进成员对共享行动的理解，实现对团队中不同角色的更快协调（Rico et al.，2008），由此推动团队的持续性发展。这种非常规情境中的团队互动为本书所关注的逆境情境下的创业团队韧性提供了合适的研究视角。

从团队互动过程来说，团队互动过程模型可以划分为描述型模型和启发型模型（葛宝山等，2012）。描述型模型是在"输入（Input）—过程—（Process）输出（Output）"的团队互动一体化 IPO 模型的基础上，通过理论阐释或概念列示的方式对团队互动过程进行详细描述和实际应用，探索创业团队成员间互动过程中的前因后果。描述型模型更多关注某一类或某一方面的因素，进而从相对静态的视角进行互动过程的分析。相较而言，启发型模型更多从动态视角拓展了对团队互动过程的研究，结合团队内部不同要素的互动来进一步探索团队互动的过程性动态变化。这种过程模型很好地揭示了团队中成员间相互协调、相互合作的本质。

综上所述，团队互动视角能够很好地解释创业团队成员围绕团队任务所展开协作的过程。通过将团队互动视角应用于本书中，既能实现对逆境情境下创业团队成员如何在团队交互中形成创业团队韧性的探索，也能实现对创业团队韧性在互动协同中如何影响创业团队成长问题的分析。

4.3　理论分析框架

针对上述理论阐释与应用实际，围绕逆境情境下"创业团队韧性如何形成及其对创业团队成长如何产生影响"的研究问题，本章基于团队互动视角展开讨论（见图 4-1）。

形成因素 过程 结果

认知—行动—结果（逻辑链）

```
┌─────────────┐      ┌──────────┐        ┌──────────────────────────┐        ┌──────────┐
│ 主导因素    │ 形成 │ 创业团队 │ 影响   │ 韧性效用转化            │ 效用   │ 创业团队成长│
│ 外部因素    │ ──→  │ 韧性     │ 机制   │                          │ 显现   │   适应    │
│ 内部因素    │      │          │ ──→    │ 集体认知 ──→ 集体行动   │ ──→    │   和      │
└─────────────┘      └──────────┘        └──────────────────────────┘        │   发展    │
                                                                              └──────────┘
```

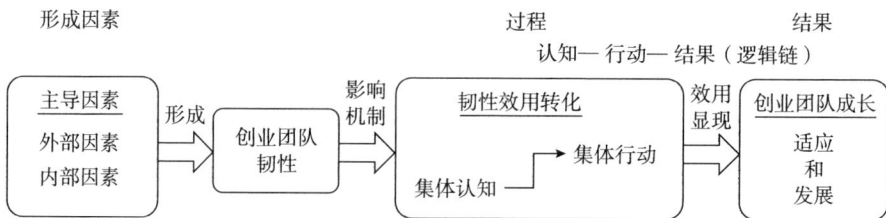

图 4-1 理论分析框架

资料来源：笔者根据研究内容绘制。

　　具体而言：第一，从内外和外部不同主导因素入手，关注创业团队韧性形成的影响因素。创业团队韧性是深度内嵌于团队发展之中的，团队互动涉及团队内部成员间的互动和团队外部情境因素与团队的相互影响，不同主导因素会从差异性的角度塑造创业团队韧性（陈德球和胡晴，2022）。创业团队内部成员间对共同经历事件的认知和协作倾向，会激发团队以内部互动为主导去塑造创业能力（Chung & Jackson，2013）。同时，外部情境的变化也会从影响团队内外互动的角度激发团队基于外部因素塑造创业能力（Choi，2002）。这种差异性主导因素的选择与转换取决于创业团队对身处创业处境和战略规划实施的判断，是创业团队在团队互动过程中展现的能动性交互行为的结果（Stachowski et al.，2009；Zellmer-Bruhn et al.，2015；Hoogeboom & Wilderom，2020）。内部和外部因素同时存在且共同驱动创业团队韧性的形成。由此，在理论分析框架的前因部分，本章依据团队互动视角，聚焦逆境情境，探索创业团队韧性的形成因素。

　　第二，内外部不同因素主导下形成的创业团队韧性，其在韧性效用转化过程中会继续构筑不同的优势，从集体认知和集体行动的不同层面推动创业团队成长。这种转化过程可能会经历认知—行动—结果逻辑链的依次发展和升级跳跃，最终达到包含创业适应和创业发展的多重结果。由此，本章依据团队互动理论视角，在结合认知—行动—结果逻辑链的基础上，具体探索逆境情境下创业团队韧性效用转化的过程，辨析创业团队韧性对推动创业团队成长产生影响的具体路径。

4.4　研究设计

4.4.1　研究方法

本章采用多案例研究方法，关注创业团队韧性的动态发展，探究创业团队韧性如何形成及其对创业团队成长的影响机制。选择多案例研究方法主要是出于以下几个方面的原因：首先，比起单案例，多案例研究能够在遵循数据分析中逻辑复制的原则上获得具备更强稳健性和普适性的研究结果（Eisenhardt & Graebner，2007）。多案例研究通过对多样本来源数据的复制比较与验证，能够提升研究结果的一致性和可靠性，以确认案例研究的发现能够被多项数据所重复印证和支撑（解学梅和韩宇航，2022）。其次，多案例研究适用于探索和挖掘现象背后深层的联系与规律，有利于研究者理解特定情境中群体的行为及其发展过程，更好地回答"why""how"的问题（Yin，1994）。通过多案例分析能够实现对复杂化和抽象化问题的探索和明晰，从中提取出相关理论与建构相应的理论模型。值得关注的是，逆境情境下创业团队韧性是极具情境化特征的构念，案例研究适合用于对此类具体情境进行深入探讨，进而实现对情境的深入理解与分析，挖掘出情境中特定现象的内在本质。本章试图回答创业团队韧性从形成到作用于创业团队成长的动态整体过程，涉及经历逆境情境前后的对比研究，关注逆境情境下创业团队韧性发展的不同阶段。因此，运用多案例分析能够更好地剖析本书研究问题（Yin，2002；毛基业，2020）。

据此，本章将采用多案例研究方法，基于研究问题选择具有代表性的案例，通过多个信息来源渠道收集案例数据，并运用逐级编码来对数据进行分析梳理（王扬眉，2019；Pratt et al.，2020），详细阐述研究结果并构造理论模型。

4.4.2　案例选择

本章遵循多案例研究的理论抽样与逻辑复制原则，选择能满足理论建构的典型案例。案例选取的标准主要有：第一，案例的典型性和代表性。由于本书所关注的创业团队韧性的情境化特征，及降低回顾性偏差的需求，要求所选择的创业团队在 3 年内有过创业项目逆境的经历。同时该项目开发由团队自己在内部主导完成，以减少外部因素产生的影响，所开发的产品最终是面向外部市场而非内部使用（Sarin & McDermott，2003）。此外，所选取的创业团队需要依托于成立年限在 8 年内的创业企业，以符合对创业年限的要求（Shrader & Simon，1997）。第二，案例的多样性和对比性。各案例团队在运营过程中既需存在发展的相似性，也需存在差异性，即经历创业项目逆境后，这些创业团队呈现不同的发展趋势，进而为多案例间的逻辑复制与拓展提供充分且典型的数据支撑（许晖和单宇，2019）。第三，案例资料的丰富性。选取的案例团队必须确保可以至少访谈到团队中的 3 人（至少包括一名创业团队领导）。这一要求能够帮助研究者获取创业团队发展的翔实资料。案例团队也会在允许信息披露的前提下，积极提供更多内部资料，丰富研究数据库。本章要求案例团队的共同工作年限要在 1 年以上，以保证团队已经度过一定的协作磨合期，这有助于获取更多连续性的访谈和数据资料，实现对创业团队的多轮回访。同时，案例团队需要愿意通过线上沟通等方式与研究团队保持沟通，以方便确认更多细节数据。为了形成访谈数据的交叉验证，研究团队通过访谈创业团队外的领导、同事等，获得更多的数据，也通过查询公开资料进一步对所获取的访谈资料进行三角验证。

研究团队在问卷的开端，会询问参与调研的创业团队是否经历过创业项目逆境。如果它们没有经历这样的逆境，则不会成为研究对象。

遵循以上标准，本章最终选取了 6 个创业团队，其中，4 个用于主体研究，剩余 2 个用于理论饱和度检验。本章将选定的 4 个创业团队分别命名为 A、B、C、D。所选择创业团队位于长三角创业经济发展活跃地带。4 个创业团队均有 3 年及以上的团队合作经验，所依托企业的成立年限也在案例筛选标准要求的 8 年以内。团队均在 3 年内经历过至少一次创业项目逆境经历，为创业团队韧性研究提供了更为具体的资料。这些创业项目逆境经历包括项目市场定位偏差、研发核心材料短缺、项目客户中途流失和项目开发被迫转型等差异性原因所导致的逆境。同时，所选择的案例团队均实现从逆境中恢复并继续创业活动，符合研究需求。创业团队所涉及的经营范围包含新能源、信息技术、智能设备制造和技术咨询等，显示了所选案例团队的多元性以及团队运营的差异性。所选取的案例团队信息如表 4-1 所示。

表 4-1　案例团队基本信息

案例序号	创业团队规模（人）	所在区域	主营业务与简介	团队合作年限（年）	成员平均年龄（岁）	成立年限（年）
A	6	合肥	新能源智能电动车用锂离子动力电池组、储能电池、数码电池生产；创业团队经历的创业项目逆境主要是因核心零件供给短缺所造成的，后续伴随新能源行业的持续发展和技术的突破，团队发展呈现上升趋势（具体表现为销售量增加、行业地位稳步上升）	5	38.67	8
B	4	上海	为企业提供大数据营销优化解决方案；创业团队经历的创业项目逆境主要是因市场定位偏差和同类项目优先问世所造成的，后续通过市场定位的调整，团队呈现平稳发展态势（具体表现为业绩持平且小有突破）	4	33.25	5
C	3		提供企业数字化转型、业务优化与管理升级的技术性咨询服务；创业团队经历的创业项目逆境主要是客户中途流失，后续通过业务的持续调整渡过难关，但是团队发展呈现下滑趋势（具体表现为业绩持续下滑）	6	36.33	6
D	5	无锡	智能传感器设备开发；创业团队经历的创业项目逆境主要是受外部技术变革影响，项目开发中途被迫转型，后续团队重新开发新的系列性项目，发展呈现向好趋势（具体表现为新项目显著增加且市场认可度相对较高）	3	42.6	8

资料来源：笔者根据案例资料整理。

4.4.3　数据收集

4.4.3.1　访谈提纲准备

在开展半结构化访谈前，本章针对所提出的研究问题和所选取的创业团队实际，设计了一系列相关访谈问题。本章探索创业团队韧性的形成及其对创业团队成长的影响机制，涉及创业团队韧性的具体形成过程。这需要研究者在访谈中引导访谈对象进行叙述性的表达，帮助创业团队成员对亲身的创业经历进行相对客观性的陈述（王扬眉，2019）。因此，半结构化访谈能够很好地契合这一研究目标，并可以根据现场情况丰富访谈内容，从而丰富研究数据和提升研究结果的可靠性。同时，本章会利用访谈提纲与创业团队之外的第三方主体进行进一步的沟通，以降低核心访谈对象可能存在的回顾偏差，丰富研究数据和提升研究结果的可靠性。

针对创业团队的访谈主要集中在创业团队成员过往的成长经历、创业经历和个人职业发展的重大变化方面以及创业团队发展的整体性历程、创业团队所经历的关键事件。其中，关键事件既包括创业团队取得的任务进展，也包括创业团队遇到的各种逆境，本章会尤其关注创业团队对所经历逆境的描述；创业团队在经历关键事件后所发生的一些变化和感受；创业团队领导对团队及企业发展的规划和期望；创业团队成员对目前团队发展现状的感受和未来的期望。此外，引导第三方（包括创业团队的合作者、领导、同事等）对创业团队的发展现状和团队特点进行叙述，提供细节数据。

整体调研采用半结构化的访谈形式，既可以实现用相对稳定的访谈框架控制访谈的内容与时间，也能给予访谈对象轻松且适度的空间，有利于研究团队在与访谈对象的充分互动中捕捉到更多有价值的信息。同时，通过不同阶段的访谈回访、在线交流，可以实现对访谈细节的进一步验证和补充。表4-2展示了案例团队数据收集情况。

表4-2　案例团队数据收集情况

数据资料与编码	A	B	C	D
核心访谈人员	创业团队成员（5）	创业团队成员（3）	创业团队成员（3）	创业团队成员（3）
补充访谈人员	政府工作人员/企业副总	创业合伙人	创业合伙人	企业其他员工
访谈次数	6次	4次	3次	3次
访谈时长	430分钟	280分钟	320分钟	180分钟
访谈资料（编码F）	半结构化面对面访谈；线上即时通信软件沟通	半结构化面对面访谈；线上即时通信软件沟通	半结构化面对面访谈；线上即时通信软件沟通	半结构化面对面访谈；线上即时通信软件沟通
档案资料（编码P）	官网资料、企业内部资料、媒体报道、公告文件、其他资料若干	官网资料、企业内部资料、其他资料若干	官网资料、企业内部资料、其他资料若干	官网资料、企业内部资料、公告文件、其他资料若干
参与式观察资料（编码O）	园区参观、集中访谈、例会旁听	企业参观、集中访谈	企业参观	车间参观、实验室走访、例会旁听

资料来源：笔者根据数据资料整理。

4.4.3.2　数据收集与三角验证

在正式收集数据的过程中，研究团队力图通过多种方式收集数据，包括通过半结构化访谈、现场观察等方式获取的一手数据以及通过网络检索、团队文档资料等获取的二手数据，以期实现数据之间的三角验证（Eisenhardt，1989；Yin，2022），提升研究的信度和效度。本章主要通过半结构化访谈、档案资料和现场观察这三个渠道收集一手数据和二手数据。不同类型数据的收集过程如表 4-3 所示。

表 4-3　案例团队不同数据类型收集过程

数据类型	数据收集阶段	数据收集对象	数据收集方式	数据收集目的	访谈人数	访谈次数	数据收集用途
一手数据	第一阶段	创业团队领导	半结构化访谈；现场观察	了解创业团队发展历程和近三年内团队任务合作和项目开发经历	A：2 人 B：1 人 C：1 人 D：1 人	各案例创业团队1～2 次不等	案例分析
	第二阶段	创业团队成员	半结构化访谈；现场观察	了解创业团队成员在团队发展中感受，识别创业团队发展过程中经历的关键事件、团队的应对措施及其对创业能力产生的影响	A：3 人 B：2 人 C：2 人 D：2 人	各案例创业团队2～4 次不等	
		创业团队领导		了解创业团队发展过程中经历的关键事件以及创业团队的应对方式	A：2 人 B：1 人 C：1 人 D：1 人	各案例创业团队1～2 次不等	
	第三阶段	创业团队成员	半结构化访谈	对前两个阶段收集的资料进行细节验证，同时关注不同阶段创业团队发展的变化，补充数据库	A：5 人 B：3 人 C：3 人 D：3 人	各案例创业团队1～2 次不等	
二手数据	不连续性贯穿各阶段	创业团队	检索收集	了解各创业团队发展历程、变动等各类相关信息，与一手数据形成三角验证，进一步丰富数据库	—		辅助案例分析；案例复制检验与拓展

资料来源：笔者根据数据资料整理。

半结构化访谈：这是本章数据获取的主要渠道之一。通过半结构化访谈能够更深层次地了解创业团队发展的脉络和经历，详细掌握创业团队韧性如何在团队中形成并发挥作用，为本章提供了主体数据和丰富的细节性资料。每个创业团队的第一次半结构化访谈都是面对面展开的，后续的回访在条件允许的情况下大多也是实地展开的，部分回访由于客观条件限制而通过线上会议展开。在半结构化访谈提纲的指导下，每次访谈时间为 75 分钟左右，保证访谈有一个循序渐进的预热过程，以防止访谈对象过于疲惫而导致访谈质量欠佳。同时，根据访谈对象的现场反应，对访谈内容和时间进行灵活调整。在访谈对象允许的情况下，对访谈内容进行录音或笔录。访谈结束后，及时对访谈内容进行文字整理并进行访谈内容的回顾。

档案资料：通过查询创业团队所创建企业的官方网站获取战略规划、经营业绩等诸多情况，了解创业发展的重要历程，形成对访谈所获资料的验证。访谈过程中关注事实型的证据，需要对细节进行进一步验证，并且即使进行多轮访谈也难以对所有的完整故事线进行覆盖，而档案资料就是很重要的补充来源。通过团队公开的文档资料和团队主动提供的内部资料（团队总结、季度报告等）等了解到团队发展的实际情况。同时，本章也通过媒体报道等渠道了解创业发展动态，通过相关数据库检索了解创业团队的更多信息。

现场观察：现场观察能够实现对访谈方法的补充，让研究人员实现情境化融入和深度体验，从而帮助研究者与研究对象及研究问题建立更好的联系（肖静华等，2021）。通过对 4 个创业团队企业的参观，实地观察创业团队的办公区域（案例 A、B、C、D）、实验室（案例 D）、团队例会（案例 A、D），并在不妨碍办公的前提下与现场工作人员进行简单交流，获取更多的细节信息。

4.4.4　数据分析

由于创业团队韧性的多案例研究涉及从宏观环境的发展到微观创业情感的表达等，需要研究者对 4 个案例团队所经历的特定关键性事件进行深入分析。因此，运用数据编码的方式能够很好地解释本章所关注的具体研究问题（王扬眉，2019；王凤彬和张雪，2022）。

基于对 4 个创业团队资料的综合性回顾和整理，依据"开放编码—主轴编码—选择编码"这一递进式的编码程序，对数据资料进行逐级编码分析。通过这种逐级编码，能够对某一具体现象发展进行归纳式引导。研究者在研究过程中，要持续补充数据资料以增强研究结果的理论性和可信度。数据的持续补充过程也是一个持续进行资料比较的过程。通过数据的持续比较，可以发现更多新的概念与范畴，用于与既有范畴进行对比，从而完成对理论的修正。通过对数据比较过程的不断循环，最终在没有产生新范畴的情况下界定理论饱和度要求的完成。这种基于比较逻辑的动态性能够增强编码的严谨性。因此，本章针对多案例数据的编码，可以实现对数据资料的深度挖掘和分析，形成对现象本质成因的探索与归纳。

首先，本章在完成数据整理后先对数据进行开放编码，编码过程中实施逐句编码，提取获得初始概念。其次，不断将所提取的初始概念与原始资料进行比较，提炼生成主要范畴并进行主轴编码，力求准确挖掘出各范畴之间的内在联系，提升理论编码的典型性、指向性和代表性。最后，通过选择编码的生成，即从主要范畴中提炼核心范畴，凸显所提取的不同范畴之间关联的重要性和出现频率的多次性，并据此进行理论建构与整合，探索出能够回答本章提出的逆境情境下"创业团队韧性如何形成及其对创业团队成长如何产生影响"问题的理论模型。

开放编码。开放编码是编码的第一步，开放编码通过对具体现象的定义、特定概念的抽取和抽象范畴的界定来实现对原始数据和研究主题的提炼（Pandit，1996）。通过对原始数据的逐段、逐行和逐句分析，对能够反映研究主题的语句进行概念化编码，进而基于一定的类属化原则形成对应的范畴。具体而言，研究团队从初始的一手和二手数据资料的整理分析中共获得了 426 个初始概念。通过对零散初始概念的进一步整合，形成概念范畴，最终提取 12 个范畴，分别为"情境触发特征""内外联动""逆境学习多样性""团队协作有效性""共同意义建构""团队认知重评""行动规划更新""主动性行为实施""协调团队系统""融入动态环境""实现持续发展""升级成长路径"（见表 4-4）。

表 4-4　数据结构

一级编码	二级编码	生成维度
形成新颖性作用 h11		
产生关键性影响 h12	情境触发特征 H1	
引发颠覆性变化 h13		情境效应凸显 H
促进战略响应 h21		
强化内外协同 h22	内外联动 H2	

一级编码	二级编码	生成维度
积累推进式逆境学习 a11	创业逆境学习多样性 A1	创业团队交互涌现 A
分析反思式逆境学习 a12		
授权团队自我管理 a21	团队协作有效性 A2	
打造团队共同愿景 a22		
提升团队成员互补性 a23		
交换个体间认知 e11	共同意义建构 E1	集体认知评价 E
形成共同性理解 e12		
包容认知差异 e21	团队认知重评 E2	
调动积极重评 e22		
改进行动目标 r11	行动规划更新 R1	协同行动变革 R
创新行动模式 r12		
重塑任务框架 r21	主动性行为实施 R2	
完善任务内容 r22		
形成交互记忆系统 i11	协调团队系统 I1	协调适应 I
共享协作性方案 i12		
积极顺应发展态势 i21	融入动态环境 I2	
主动监测环境变化 i22		
稳固核心竞争力 d11	实现持续发展 D1	跃迁发展 D
塑造持续性商业模式 d12		
转变组织结构 d21	升级成长路径 D2	
重构商业价值 d22		

注：生成维度用 X 表示；二级编码用 X1，X2…表示；一级编码用 x11，x12…表示。

资料来源：笔者根据数据分析结果整理。

主轴编码。主轴编码是继开放编码后的第二步编码流程，主轴编码是在开放编码的结果基础上所进行的，需要对所提取的范畴进行更加深入的抽象、发展和提炼。主轴编码通过对逻辑关联较强的范畴进行整合与归纳，展现编码过程的具体指向性和选择项，从而更有效和精练地展现所获的不同范畴之间的内在实质联系（Pandit，1996）。本章通过对已提取出的 12 个范畴进行进一步的萃取，以及与相关文献的持续比较研究，最终在主轴编码阶段归纳提炼了 6 个主范畴，6 个主范畴分别是"情境效用凸显""创业团队交互涌现""集体认

知评价""协同行动变革""协调适应""跃迁发展"。6 个主范畴的对应范畴
和范畴内涵如表 4-5 所示。

表 4-5　主轴编码

主范畴	对应范畴	范畴内涵
情境效应凸显 H	情境触发特征 H1	外部环境的震荡和情境事件的发生对创业团队造成的显著性影响（由形成新颖性作用、产生关键性影响、引发颠覆性变化等主要概念提炼得到）
	内外联动 H2	情境的变化引发创业团队内部的响应以及引发创业团队对内外部环境的关注与重视（由促进战略响应、强化内外协同等主要概念提炼得到）
创业团队交互涌现 A	创业逆境学习多样性 A1	创业团队成员之间的互动与交流所产生的团队学习方式的多元化，是创业团队韧性的重要形成因素（由积累式推进学习、分析式反思学习等主要概念提炼得到）
	团队协作有效性 A2	创业团队成员之间通过互动所达成的在团队合作方面的默契以及对团队工作有效性的增强，是创业团队韧性的重要形成因素（由授权团队自我管理、打造团队共同愿景、提升团队成员互补性等主要概念提炼得到）
集体认知评价 E	共同意义建构 E1	创业团队成员在共同的经历和群体充分交互的基础上所形成的对特定经历和事件的共同理解，是促进创业团队韧性效用转化的重要因素（由交换个体间认知、形成共同性理解等主要概念提炼得到）
	团队认知重评 E2	创业团队成员通过对彼此间认知的交流与了解，在积极导向中形成对事件集体性的重新评价，是促进创业团队韧性效用转化的重要因素（由包容认知差异、调动积极重评等主要概念提炼得到）

主范畴	对应范畴	范畴内涵
协同行动变革 R	行动规划更新 R1	创业团队成员在创业实践中根据多来源的信息反馈去及时更新战略方案，以推动变革的深入，是促进创业团队韧性效用转化的重要因素（由改进行动目标、创新行动模式等主要概念提炼得到）
	主动性行为实施 R2	创业团队成员主动发挥能动性，积极以实际行动参与到团队建设中，是促进创业团队韧性效用转化的重要因素（由重塑任务框架、完善任务内容等主要概念提炼得到）
协调适应 I	协调团队系统 I1	创业团队所形成的统一的、具有共享性质的内部协调运作系统，在该系统中成员能够实现适应与融入，是创业团队韧性对创业团队成长产生影响的具体方面（由形成交互记忆系统、共享协作性方案等主要概念提炼得到）
	融入动态环境 I2	创业团队主动适应并观测环境，以达到与创业环境互生共存的状态，是创业团队韧性对创业团队成长产生影响的具体方面（由积极顺应发展态势、主动监测环境变化等主要概念提炼得到）
跃迁发展 D	实现持续发展 D1	创业团队通过商业模式、竞争优势的塑造在创业实践中呈现出的相对稳定和持续的发展状态，是创业团队韧性对创业团队成长产生影响的具体方面（由稳固核心竞争力、塑造持续性商业模式等主要概念提炼得到）
	升级成长路径 D2	创业团队通过对组织结构、商业价值等方面的升级所开辟出的具备成长性质的发展路径，是创业团队韧性对创业团队成长产生影响的具体方面（由转变组织结构、重塑商业价值等主要概念提炼得到）

注：具体编码序号与表 4-4 同步。

资料来源：笔者根据数据分析结果整理。

选择编码。基于对编码之间关系的对比、对范畴之间概念的分析、对相关文献的回顾以及与创业团队韧性概念的比照，选择核心范畴并实现对各范畴的系统性整合，进而构造出具备完整故事线的新的理论模型。本章所提取的核心范畴是创业团队韧性的形成、创业团队韧性效用的转化及其对创业团队成长的影响，蕴含的基本关系是"创业团队在情境效用凸显和创业团队交互涌现两大因素的主导作用下形成创业团队韧性，创业团队韧性效应的转化进一步作用于创业团队成长，最终实现创业团队韧性从形成到推动创业团队成长的深层次转变过程"，进而提炼出逆境情境下创业团队韧性对创业团队成长影响的过程理论模型。

4.5　研究发现

依据案例团队的创业实践与数据资料，本章围绕创业团队韧性动态发展的三个阶段展开分析：第一阶段是创业团队韧性的形成；第二阶段是创业团队韧性的效用转化；第三阶段是创业团队韧性对创业团队成长的影响结果。具体而言，创业团队在情境效应凸显和创业团队交互涌现的内外主导因素驱动下形成创业团队韧性，随后创业团队韧性通过集体认知评价和协同行动变革，逐渐帮助团队达到协调适应和跃迁发展的状态，进而实现创业团队成长。围绕创业团队韧性的三个阶段的具体论述，本章在团队互动视角下，探索逆境情境下创业团队韧性是如何形成并作用于创业团队成长的，以此提炼出相应的理论模型。

4.5.1　创业团队韧性的形成

创业团队内外部的不同因素驱动了创业团队韧性的形成。从外部因素来说，创业情境作为创业团队日常运营和参与市场竞争所紧密依托的外部环境因素，会对创业团队能力的发展产生各种差异性的影响。从内部因素来说，团队内部成员之间的交互会伴随沟通的深入和合作的推进，促进创业团队能力的生成。

4.5.1.1　情境效应凸显

创业活动是基于具体情境而存在的，情境中特定事件的发生和诸多环境变化的出现会对创业活动产生差异性的影响。情境效用的凸显可以通过触发具体情境特征和激发团队内外部联动来促进创业团队韧性的形成。情境效应的凸显与创业团队对情境的感知力是密切相关的。

情境效应凸显一方面体现为情境触发特征。情境触发特征反映了外部环境的变化给创业团队带来必要的外部感知。这种情境可能是突发性意外事件的降临，也可能是常规性周期事件的交替，伴随而来的是外部环境及事物运行特征的变化，这些都会给创业团队的发展带来不同程度的冲击（张默和任声策，2018）。聚焦本章研究，这种情境更多是逆境事件所引发的。创业团队往往必须主动或者被动地去承接情境变动给自身发展所带来的改变，情境引发的新颖性作用、关键性影响和颠覆性变化也在刺激创业团队。因此，这种来自外部环境的情境性互动因素，会基于其影响效用的发挥来触发创业团队韧性的形成。这与团队互动视角中团队互动一体化 IPO 模型相符合，具体展现了团队互动视角下外部情境因素对创业团队韧性形成的重要性（McGrath，1964）。正如案例 A 团队中的一位创业领导谈及："有时候不得不承认是事件和环境变化在推着我们认清事实，唯有不断跌倒、爬起、跌倒、爬起，我们才能有机会前进。"

情境效用凸显另一方面体现为情境激发的创业团队内外部联动。内外部联动反映了情境因素与创业团队内部交互所引发的创业团队战略响应，并激发团队强化内外部协同，体现了团队互动的本质内涵（Zellmer-Bruhn et al.，2015），也反映了创业团队韧性中的创业团队协同度内涵。创业团队在承受外部环境变化带来的影响的同时，也会主动地根据自身创业的实际做出一系列的战略回应，形成不同因素之间的充分互动（Smallbone et al.，2012；肖红军和阳镇，2022）。创业团队为了保持创业活动的持续发展，必须要及时对各种变化做出战略响应，用自身战略的具体实施来尽可能降低情境带来的负面影响，同时增强情境产生的正面影响，实现对情境效应利用的最大化（Andersen，2004）。此外，这种由外部情境因素所催生的创业要素的变化，也会推动创业团队在提高对外部环境关注的前提下，强化团队内外部要素的协同发展，由此帮助创业团队适应动荡环境并形成强大的创业团队韧性（Hartmann et al.，2022）。案例 C 团队在团队例会报告上记录着："战略能力塑造上，鼓励团队做到根据情境制定战略计划，利用战略计划响应外部情境。"外部情境是客观存在并处于动态发展中的，任何创业团队的发展都无法脱离于情境而独立进行。因此，学会利用并协调情境要素与团队要素是创业团队形成韧性的重要驱动力。

4.5.1.2 创业团队交互涌现

除了情境作为外部因素，创业团队内部交互要素对创业团队韧性形成的作用也是不容忽视的，这是与创业团队韧性中创业团队协同度的维度密切相关的。创业团队交互涌现包含了创业逆境学习多样性和团队协作有效性，二者共同构成基于内部视角的创业团队韧性的重要前因，促进了创业团队韧性的形成。

从创业逆境学习多样性来说，创业团队的逆境学习是创业团队成员基于互相的信任和充分的沟通而进行的集体性学习行为，是团队互动的实质性表现（Bell et al.，2012；蔡莉等，2014）。现有文献已经明确指出，创业团队韧性作为一种能力是能够通过学习来获得与增强的（Corner et al.，2017；Duchek，2018；Manfield & Newey，2018；Yao et al.，2021）。创业团队层面的学习体现了团队成员努力建立共同概念的社会认知过程（Bossche，2006），反映了成员间的群体社会互动和关系协同交互（Garavan & McCarthy，2008）。面对过往的逆境经历，由于学习内容和学习形式的不同，团队逆境学习也会相应呈现出多样性。值得关注的是，创业团队韧性的形成需要不同的逆境学习形式，以通过对具体创业经验的学习来输出不同的团队知识，进而形成创业能力（Yao et al.，2021）。通过对案例的分析，本章主要提取了积累式推进学习和分析式反思学习两种典型创业团队逆境学习类型。具体而言，其中，创业团队既可以进行鼓励试错的经验积累式学习，也可以倡导注重反思的经验分析式学习（Danneels & Vestal，2020；Yao et al.，2021）。案例 D 团队的两位创业成员提及逆境学习时提出，"我们作为创业团队肯定是不怕试错的，错了就再来，每次犯错和逆境都是经验的获取，值了""定期开展的反思会还是能帮助我们从过往逆境经验中分析获得更多东西吧，大家也会在反思中变得越来越强"。可见，创业团队中多样性的学习是普遍存在的，多样化的创业团队逆境学习在成员互动间推动了创业团队韧性的形成。

从创业团队协作有效性来说，团队协作是团队互动最直接的表现之一，团队协作的有效性在体现创业团队成员间合作的默契度方面，决定了创业团队能力塑造的可行性。创业团队韧性强调了创业团队从逆境中恢复的能力以及对创业活动持续的投入，团队协作有效性中包含的自我管理等要素符合韧性形成的要求（Ahmed et al.，2022）。具体而言，协作中被授权的自我管理展现了创业团队不畏困境、勇担责任的态度，凸显了创业团队面对困境的自我恢复能力。在创业团队的共同愿景打造过程中，团队更加会坚定共同进退的决心。此外，通过寻找具备互补性的成员来提升团队协作的有效性将会进一步帮助创业团队形成创业团队韧性。对此，案例 D 团队的一位创业成员表示："共同愿景的打造与实践让我们更加信任彼此，能力值也是在直线提升中。"

命题 1a：情境效用的凸显通过触发具体情境和激发团队内外部联动来促进创业团队韧性的形成，即情境所产生的对团队的新颖性影响、关键性影响和颠覆性变化，以及情境所推动的团队战略响应和内外协同强化，能够帮助创业团队形成从逆境中恢复的能力。

命题1b：团队交互的涌现通过团队学习的多样性和团队协作的有效性来促进创业团队韧性的形成，即团队内部所推行的积累式推进学习和分析式反思学习，以及团队内部所践行的自我管理模式、共同愿景打造和互补性角色分工，能够帮助创业团队形成从逆境中恢复的能力。

创业团队韧性的形成典型引用语举例及相关范畴如表4-6所示。

表4-6　创业团队韧性的形成典型引用语举例及相关范畴

范畴	编码	典型引用语举例
情境触发特征 H1	形成新颖性作用 h11 产生关键性影响 h12 引发颠覆性变化 h13	"这个技术突然就被他们升级研发出来了，我们从来没见过，我们这次的创业项目逆境也是没办法避免的，这个新的东西给我们带来了一次重创" F1 "突发性事件的发生给我们整个商业发展都带来颠覆性影响，这种情况一开始谁也想不到" F2 "我们的转型完全是因为外部情境带来的影响，当时整个行业因为政策的问题都停滞了，我们没有别的选择，不想放弃的话就只能另辟道路" F3 "可以说外部环境的变化触发了我们做出改变的决心，这种大变局下，谁敢说自己的创业不受影响，我们要接受困难并战胜困难吧" F4
内外联动 H2	促进战略响应 h21 强化内外协同 h22	"我们创业团队接收外部变化这个信息后，立马就要求成员们按照预案以最快速度做出应急方案" F5 "外部的信息传递到团队后，是能给团队带来思考的，而我们创业团队自己的一些战略规划也能够和外部环境形成同频共振" F6 "战略能力塑造上，鼓励团队做到根据情境制定战略计划，利用战略计划响应外部情境" P1
逆境学习多样性 A1	积累式推进学习 a11 分析式反思学习 a12	"我们一直都鼓励大家多试错，通过试错多积累经验，肯定会有进步的时候。行业的发展需要试错，没什么好害怕的，不尝试不积累反而才是我们的倒退" F7 "保持对过去经验的反思，尤其是对逆境相关经验的分析与学习，从逆境中学习经验并站起来，这是我们持续前进的重要力量" F8 "企业横幅：向逆境学习！" O1 "大家在一起交流和互动的过程就是一种互相学习的表现，这也是团队式作战的优势" F9

范畴	编码	典型引用语举例
团队协作有效性 A2	授权团队自我管理 a21 打造团队共同愿景 a22 提升团队成员互补性 a23	"团队式作战是我们的特点，给予团队充分的自主管理权，让团队在互动中形成自己的风格" P2 "共同的愿景让我们更加主动地加强合作，这种自驱力能帮助我们创业团队快速成长与进步" F10 "团队协作的一个重要方面就是大家在技能、性格等多方面的互补，取长补短嘛，也能提升团队的综合实力" P2

注：具体编码序号与表 4-2 和表 4-4 同步。

资料来源：笔者根据数据分析结果整理。

4.5.2　创业团队韧性的效用转化

情境效用凸显和创业团队交互涌现共同推动了创业团队韧性的形成，创业团队韧性作用于创业团队成长时会经历效用转化过程。在逆境情境下，这一转化过程包含了认知和行动两个层面。在认知层面，由共同意义建构和团队认知重评所构成的集体认知评价，能够促进创业团队从积极的角度对逆境事件进行沟通和交流并重新认识逆境事件，从而有效增强创业团队韧性对创业团队成长的促进作用。在行动层面，由行动规划更新和主动性行为实施所构成的协同行动变革，能够帮助团队成员在经历逆境后重整旗鼓并共同投入到创业实践中，从而激发创业团队韧性效用的转化并促进创业团队成长的实现。

4.5.2.1　集体认知评价

创业团队成员经过互动交流所形成的集体性认知，会影响创业团队在特定情境，尤其是逆境情境中的战略抉择与后续表现。集体认知评价可以通过共同意义建构与团队认知重评来推动创业团队韧性效用的转化，进而实现创业团队韧性对创业团队成长的促进作用。这种集体性认知评价作用的发挥是创业团队韧性中创业抗压性水平的具体体现。

首先，共同意义建构指的是创业团队成员通过交换彼此的认知，来理解情境意义并达成对所经历逆境事件的相对一致的理解（Weick，2005；王扬眉，2019）。由于创业的新生弱性和不确定性，创业团队时常会经历各种难以预料的情况，触发个体启动自身的意义建构系统（Singh et al.，1986；Stinchcombe，2000）。成员作为独立的个体会依据自己过往的经历，尤其是通过共同的逆境经历来形成对现状的差异性认知，这种差异性认知凸显了创业团队内部不同成员独特的理解角度。此时，团队作为以整体性为特征的运营主体，需要积极推动所有成员的交流，在团队互动间形成相对统一和稳定的创业理解，以此作为团队的思维习惯，以获得团队主导性和增强团队凝聚力，从认知层面凝聚成一个统一的集体（Gorman et al.，2012；王扬眉，2019）。这种共同意义的形成进一步推动了创业团队成员的积极认知，帮助团队有效发挥了创业团队韧性对创业团队成长的促进作用。如案例 C 团队的一位创业成员提及："遇到问题还是多沟通，大家对问题要达成相对一致的意见，这样我们才能一起发挥能力发挥才干，我们创业团队才能往好的方面发展。要是各干各的，如一盘散沙，那一个人再有本事也不是我们团队的本事。"

其次，团队认知重评体现了主体对事件意义的有意和有选择的解释（Gross & John，2003）。遵循 Gross 和 John（2003）的观点，认知重评指的是主体习惯性地重新评价事件，以体验到更多积极情绪和更少消极情绪。团队在实现认知重评的过程中，会主动去包容不同成员间的认知差异，对个体间的不同想法持开放的态度，帮助个体融入到团队中。团队也会想尽各种方法去调动成员的积极认知要素，如访谈中许多访谈对象谈到，团队会经常组织非正式的团队建设活动、座谈会，以及开展冥想活动来帮助大家摆脱消极情绪的困扰，从而帮助大家从逆境的阴影中走出来。成员可以在这些日常活动中进行充分的互动，交流彼此对工作乃至生活的困惑，逐渐形成对团队和自身发展的思考。案例 A 创业团队的一位创业领导表示："不要无谓地和负面情绪作对抗，转换思路，积极的事情就在眼前。我们创业团队就是秉持信念，始终相信自己，一切都会变好的。"案例 C 创业团队的一位创业团队成员受访时也表示："多调动积极情绪，困难都是暂时的，大家精神振奋了，创业才更有劲，我们才更有动力。"这种集体性的重新评价符合创业团队韧性中积极性的本质，能够增强创业团队韧性对创业团队成长的促进作用。

4.5.2.2 协同行动变革

创业团队韧性的效用转化过程需要创业团队集体行动的具体实施，协同行动变革由此成为其中的重要一环。在逆境情境下，协同行动变革展现了创业团队在创业实践中的集体作战力量，是团队互动中加速创业实践落地的行为表现。通过案例分析发现，协同行动变革具体包含行动规划更新和主动性行为实施两个方面，二者共同推动创业团队韧性效用的转化，进而实现创业团队韧性对创业团成长的促进作用。

　　面对逆境，创业团队集体行动的实现需要从行动规划上进行提前布局和实质展开。考虑到创业环境的多变性和创业团队发展的探索性，团队需要及时根据内外部众多因素来更新团队的行动规划（陈逢文等，2019；赵曙明和张敏，2022；Li & Wang，2022）。行动规划既涵盖创业团队对具体行动目标的实时改进，也涵盖创业团队对行动模式的创新，从而能够从创业战略层面的高度为行动的具体执行提供相对理性的参考框架（安娜等，2020）。行动规划会考虑到创业的总体战略方向，充分调动战略行动过程中的各类互补要素，给予创业团队主动采取战略响应行动的自主权（Andersen，2004）。在创业实践中，任何的集体性行动变革都需要战略规划来指引方向，以实现落地与实施。案例 B 团队的办公场所中就悬挂着一条横幅："做好规划、实时更新、成员协同、创新前进。"行动规划的更新激发协同行动变革的产生，推动创业团队韧性对创业团队成长作用的发挥。

　　创业团队集体行动的实现也需要团队主动性行为的真正实施。团队互动视角的研究既重视成员之间的人际互动，也强调团队任务间的互动（McGrath，1964）。由于创业团队多数是以任务制为核心，因此主动性行为主要集中表现在对团队任务的改造和发展方面（Chadwick & Raver，2020）。创业团队可以通过对任务框架的重新塑造实现变革，将团队成员带动到任务边界和条目的改造中，发掘任务的突破点，激励成员自发地投入到任务的完成中，推进团队协同行动变革的进展（王颖等，2019）。这种在逆境情境下主动性行动的发挥，能够有效帮助创业团队实现创业团队韧性的转化。

　　创业团队韧性的效用转化典型引用语举例及相关范畴如表 4-7 所示。

表 4-7　创业团队韧性的效用转化典型引用语举例及相关范畴

范畴	编码	典型引用语举例
共同意义建构 E1	交换个体间认知 e11 形成共同性理解 e12	"定期的例会、团建等活动，目的是让大家多沟通，在这种正式或者非正式的交流中充分了解彼此的想法，方便团队任务的开展" F11 "9 月 16 日例会主要议题：项目组成员分享对 × 项目开发的经验" P3 "咱们团队内部首先得有一个相对一致的对这个事儿的想法，然后对外要有共同的目标" F12

续表

范畴	编码	典型引用语举例
团队认知重评 E2	包容认知差异 e21 调动积极重评 e22	"每个人都有自己做事的出发点和对事情的思考，有时候有些意见相左甚至发生一些小争论都是很正常的。我作为团队领导就是引导大家学会包容认知差异，咱们共同的目标就是把团队的事情办好！大家心往一处使，结果自然就好了" F13 "过程性的逆境不可怕，保持乐观，会有转机" F14 "尝试换个角度看眼前的问题，也许看到的不仅是一个全新的世界，还有问题背后的机会" P4 "不要无谓地和负面情绪作对抗，转换思路，积极的事情就在眼前。我们创业团队就是秉持信念，始终相信自己，一切都会变好的" F15
行动规划更新 R1	改进行动目标 r11 创新行动模式 r12	"储备好能量后，就要及时开始行动了。我通常是组织我的同事重新审视目标，在匹配能力的前提下改进我们的目标，开展新一轮的行动" F16 "不要一成不变，尤其现在这个千变万化的世界中。我们创业团队就是要坚持创新，从目标到战略到行动模式，所有的一切都是在创新中收获发展" F17 "做好规划、实时更新、成员协同、创新前进" O2
主动性行为实施 R2	重塑任务框架 r21 完善任务内容 r22	"任务的制定是动态的，听听大家的意见，也看看大家对各自分工都有什么新要求" F18 "团队每个人都是平等的，只要你有想法，你就可以去改进团队任务的任何方面。只要你愿意主动贡献力量，团队的任务推进可以由你主导" F19 "5月14日例会主题：为推动×项目所要完善的任务内容……" P5 "年轻人'摸鱼'可以理解，一代人有一代人的工作风格。但是该你上场时，一定不能掉链子，我们需要这种有担当、发挥主动性的人才！" F20

注：具体编码序号与表4-2和表4-4同步。

资料来源：笔者根据数据分析结果整理。

除了任务框架制定的重要性，对于特定任务内容的进一步完善也是创业团队发挥主动性的具体表现。任务内容会涉及具体成员的角色分工、任务细则的更改与相关任务信息的传递等，在这些任务内容的完善过程中，团队成员实现了充分的交互。创业团队在团队任务的推进过程中，其实就是主动性行为的具体实施过程，由此形成了协同行动变革。案例D团队的一位创业成员提道："都到这个阶段了，还是要去做，做的过程不就是我们能力展示的过程嘛，而且只有做了才能有结果吧。"

命题 2a：集体性认知评价通过创业团队共同意义建构和团队认知重评来促进创业团队韧性对创业团队成长的作用，即团队成员主动交换彼此间的认知以形成团队的共同性理解，以及团队成员间对认知差异的包容以调动对事件的重新积极评估，由此推动创业团队韧性的效用转化过程。

命题 2b：协同性行动变革通过创业团队的行动规划更新和主动性行为实施来促进创业团队韧性对创业团队成长的作用，即团队成员持续改进行动目标和创新行动模式，以及团队成员主动重塑任务框架并完善任务内容，由此推动创业团队韧性的效用转化过程。

4.5.3　创业团队韧性对创业团队成长的影响结果

创业团队韧性对创业团队成长的影响结果表现为协调适应和跃迁发展两种类型。其中，协调适应更多展现了创业团队对动态环境的适应状态，即在创业团队韧性的作用下团队实现了与内外部系统的和谐共生。跃迁发展更多展现了创业团队保持向上进取的趋势，在创业团队韧性的驱动下团队积极寻求进一步发展的机会并追求升级成长的路径。

4.5.3.1　协调适应

适应对于创业团队非常重要，蕴含着创业团队通过主动做出改变来响应情境发展的内涵，体现了创业团队的抗压性，是创业团队成长的显著表现形式（Bryant，2014；Stoverink et al.，2020）。创业团队韧性的形成与其效用的发挥帮助团队从逆境中实现恢复，这在增强团队系统协调性的同时也帮助团队更好地融入到动态环境中。由此，协调适应作为团队互动的产物，也正是由团队系统协调与动态环境融入两方面因素构成的。具备韧性的创业团队能够共情式地理解环境并主动观察环境，敢于直面逆境。这意味着，即使在逆境情境下，创业团队内部也会公开性地讨论所面临的真实创业现状，创业成员基于团队交互记忆系统进行充分的想法沟通和意见交换，在团队互动间协调团队系统的稳定运行（Stoverink et al.，2020）。这种协调性可以激发创业团队总结自身在创业发展过程中的优劣势，并通过对共享团队方案的优势巩固与环境监测系统的持续打造，提高团队的合作效率，体现创业团队的协同度，由此实现团队在创业活动中的逆势成长。案例 D 团队的一位创业成员提道："我记得经历那次逆境以后，大家更加步调一致了，会主动去适应对方的节奏，形成自己的节奏，这可能就是我们成长的表现吧。"因此，创业团队韧性效用转化下所产生的协调适应，能够在资源匮乏情境中为创业团队赋予预见长期和新兴机会以及潜在威胁的能力，提高创业团队的绩效表现，实现创业团队成长（Basu et al.，2021）。

4.5.3.2 跃迁发展

创业团队韧性对创业团队成长的影响结果通过跃迁发展而具体体现。通过创业团队持续发展的实现和成长路径的升级，创业团队是有望在创业团队韧性的效用驱动下实现跨越式成长的。首先，从持续发展来说，创业团队需要从核心竞争力和商业模式两个模块进行实力塑造。案例 C 团队在创业的初始阶段是一家传统的管理咨询公司，经历了由客户流失、市场无法进入等众多原因造成的创业项目逆境。然而随后在数字经济刚开始发展的背景下，该团队基于自身优势，即成员信息管理专业背景优势和商学院专业教授顾问优势，以及对逆境经验的反思，及时在坚守核心管理咨询业务的同时进行了具体业务内容的转型。案例 C 团队开始专攻数字化技术咨询业务，在占领细分市场的基础上实现了创业发展的升级。创业团队通过稳固核心竞争力和塑造持续性商业模式所实现的创业持续发展，为创业团队成长中的跃迁提升提供了支撑。

其次，创业团队需要通过转变组织结构、重构商业价值等方式，积极探索升级成长的具体路径。伴随创业活动的发展，创业团队的规模和结构都在发生相应的变化，此时团队需要及时将组织结构与创业发展相匹配，从而实现创业团队成长（Weber et al.，2022）。同时，诸如数智时代的到来也引发创业团队深度思考自身核心商业价值，要求创业团队学会发挥创业团队韧性的效用来激发商业价值的重构，以真正实现跨越式成长（单宇等，2021；赵曙明和张敏，2022）。通过查阅案例 A 团队的年度总结时发现，业界也已关注到这一现象："新业态、新模式、新动能，商业价值的内核早已被重构，转型升级迫在眉睫。"

命题 3a：创业团队协调适应的结果是通过团队系统的协调与团队对动态环境的融入而实现的，具体表现为团队交互记忆系统和协作性方案的落地，以及团队对环境变化的顺应与主动监测。

命题 3b：创业团队跃迁发展的结果是通过团队的持续发展与团队成长路径的升级而实现的，具体表现为团队对核心竞争力和商业模式的精心打造，以及团队对组织结构和商业价值的重构。

创业团队韧性对创业团队成长影响结果典型引用语举例及相关范畴如表 4-8 所示。

表 4-8　创业团队韧性对创业团队成长影响结果典型引用语举例及相关范畴

范畴	编码	典型引用语举例
协调团队系统	形成交互记忆系统 i11 共享协作性方案 i12	"我们成员之间要保持持续的交互和信息更新的行为，这样大家就处于一个动态的共同信息框架里面，对于很多事情很自然就有合作的默契啦" F21 "形成一个固定、共享的做事准则，大家干活都有套路了" F22 "打造元记忆，这就是我们创业团队的大目标。这种元记忆一旦形成，遇到任何问题，我们都能快速精准地找到解决问题的那群人" F23
融入动态环境	积极顺应发展态势 i21 主动监测环境变化 i22	"势，关注这个字，顺势而为很重要" F24 "因为创业嘛，我们创业团队走小而精的路线，但是对信息的获取不亚于别的大团队，包括信息质量和速度，因为我们有细分的战略环境监测小分队" F25 "理论知识我们也学习了不少，如战略的制定就需要对外部环境的关注，我们也会刻意形成自己的外部信息获取体系" F26
实现持续发展	稳固核心竞争力 d11 塑造持续性商业模式 d12	"想要发展好，核心竞争力少不了" P7 "好的技术搭配好的商业模式，才会实现更好的发展，缺了哪条腿，路都走不了" F27 "可能我们最核心的商业模式不会动太多，但是毕竟环境在变，我们商业模式里面的一些要素还是要做调整，这样才能持续吧" F28
升级成长路径	转变组织结构 d21 重构商业价值 d22	"整个创业发展过程中，我们唯一坚持不变的就是寻求变化。你看 BAT 的大巨头们都在对组织结构进行重大调整，我们这种小体量的更是要进行及时的转变" F29 "新业态、新模式、新动能，商业价值的内核早已被重构，转型升级迫在眉睫" P8 "公司横幅：主动出击、拥抱变化、重构价值、升级成长" O5

注：具体编码序号与表 4-2 和表 4-4 同步。

资料来源：笔者根据数据分析结果整理。

4.5.4　创业团队韧性动态发展的过程性整合模型

基于团队互动视角，本章探索了逆境情境下创业团队韧性的形成及其对创业团队成长的影响机制。研究发现，情境效用凸显和创业团队交互涌现作为外部情境因素和内部团队因素，在互动演进中共同推动创业团队韧性的形成，激发了创业团队韧性效用转化过程中的集体认知重评和协同行动变革，由此实现创业团的协调适应和跃迁发展。根据多案例的分析，依据"前因—过程—结果"的分析框架，本章提出创业团队韧性动态发展的过程性整合模型，展现了创业团队韧性从形成到效用转化再到影响机制结果凸显的具体路径。整合模型如图 4-2 所示。

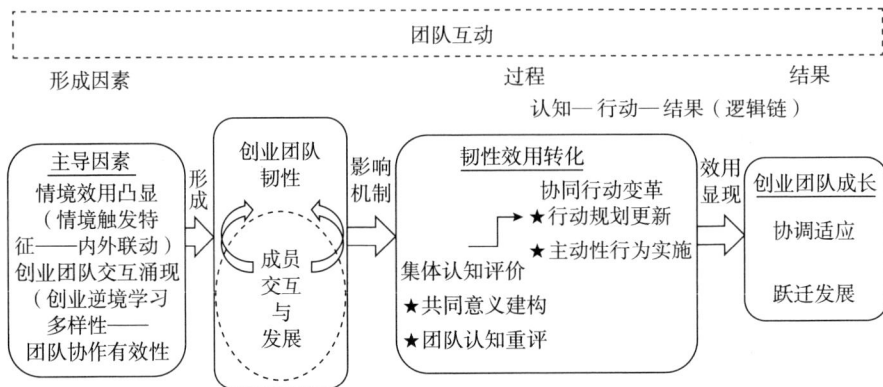

图 4-2　创业团队韧性动态发展的过程性整合模型

资料来源：笔者根据研究内容绘制。

　　在整合模型的第一阶段（创业团队韧性的形成），情境效用凸显和创业团队交互涌现作为前因铸就创业团队韧性。这一发现呼应了既有研究中所强调的内外部因素通过发挥不同主导性作用对创业能力形成的重要性，并将这种内外部视角的结合应用到创业团队韧性的形成中（张文伟和赵文红，2017；Li & Wang，2022）。伴随创业情境的不确定性变化，诸如逆境等情境会给创业团队的发展带来一些可能的新颖性作用、关键性影响和颠覆性变化，使创业团队意识到创业团队能力形成的必要性。外部情境产生的影响也会促使创业团队主动针对变化进行战略响应和内外协同布局。同时，团队在外部信息源的刺激下会自主地进行更多学习和协作上的交互，以多种团队合作方式增强团队能力，由此在内外联动的方式下充分发挥团队互动的优势。创业团队对于情境效用凸显的重视和对创业团队交互涌现优势的发挥，能够帮助团队抵抗来自逆境等事件的负面冲击，使创业团队形成创业团队韧性，实现从逆境中的有效恢复。

　　在整合模型的第二阶段（创业团队韧性的效用转化），创业团队韧性的效用开始转化并作用于创业团队成长。在韧性的效用转化过程中，创业团队遵循"认知—行动—结果"的逻辑链会经历集体认知重评和协同行动变革（张璐等，2020）。这意味着，创业团队在逆境情境下，需要从认知和行动两个层面推动韧性对创业团队成长的促进作用，帮助团队实现持续发展。从认知角度来说，创业团队需要打造团队的共同蓝图，调动团队从积极认知视角对所经历的逆境事件进行重新评价。从行为角度来说，创业团队需要借助韧性，及时更新战略规划并主动实施战略行动，在团队协同中增强韧性效用的发挥。在已有框架的指导下，本章辨析了创业团队韧性效用转化过程中的两种具体要素，并揭示了两种具体要素在创业团队韧性对创业团队成长的影响中发挥的作用。

在整合模型的第三阶段（创业团队韧性对创业团队成长的影响结果），创业团队会呈现出协调适应和跃迁发展两种具体的创业团队成长结果。既有文献已经指出，相较于成熟企业通过考核绩效目标的完成程度来对成长进行衡量，创业团队成长结果的形式是具备多样性的（Gilbert et al.，2006；Klotz et al.，2014；陈宇和郝生宾，2022）。本章根据多案例分析所辨析的两种结果是对这一观点的呼应。其中，由协调团队系统和融入动态环境所组成的协调适应，展现了创业团队对于动态环境的适应状态，即在创业团队韧性的作用下团队实现了与内外部系统的和谐共生。由实现持续发展和升级成长路径所组成的跃迁发展，更多展现了创业团队保持向上进取的趋势，在创业团队韧性的驱动下团队积极寻求进一步发展的机会并追求升级成长的路径。协调适应与跃迁发展的出现标志着，经历逆境事件的创业团队，其创业团队韧性由形成到推动创业团队成长的最终实现。

4.6　理论饱和度检验

为进一步检验研究发现的理论饱和度，本章遵循主体多案例分析中的案例选择原则，另外选择了两个创业团队进行数据资料收集。本章将选定的两个用于理论饱和度检验的创业团队分别命名为 E、F。

与前文样本选择标准一致，所选择的两个创业团队位于上海与常州，与主体多案例分析的 4 个创业团队在地域上同样归属于长三角创业经济发展活跃地带。两个创业团队的成员间均有 3 年及以上的团队合作经验，所依托企业的成立年限也在案例筛选标准要求的 8 年以内。团队均在 3 年内经历过至少一次创业项目逆境经历，符合创业团队韧性的逆境触发特征要求，这些项目逆境经历包括由项目客户中途流失引发的创业项目逆境和项目研发导致的创业项目逆境。

研究数据的获取方式依然是参考主体多案例分析中的半结构化访谈，同时辅之以档案资料、现场观察等多渠道、多来源的方式，以形成三角验证（Eisenhardt，1989；Yin，2022），由此提升理论饱和度检验结果的信度和效度。与主体多案例分析方法保持一致，理论饱和度的数据检验也是通过数据编码的形式进行的。

表4-9展示了理论饱和度检验的数据分析示例。结果表明，新的故事线与主体多案例分析中所获取的故事线是相似的，即情境效用凸显和创业团队交互涌现作为外部情境因素和内部团队因素在互动演进中共同推动创业团队韧性的形成，进一步激发了创业团队韧性效用转化过程中的集体认知重评和协同行动变革，由此实现创业团队的协调适应和跃迁发展。

表4-9　理论饱和度检验数据分析示例

理论维度	典型引用语举例
情境效应凸显 H	"真的，环境带来的影响真的很强，真的是瞬息万变啊，我们肯定没办法忽视啊" F30 "我们经常在例会上讨论外部变化的一些影响，团队想要变强，这种反思和讨论就少不了的吧" F31
创业团队交互涌现 A	"还是多沟通，不沟通也不知道大家在想什么" F32 "团队内多交流、多学习、多思考……" P9
集体认知评价 E	"确实遇到这种原因的逆境是挺闹心的，但是还是多从积极的方面想想，一方面宽慰自己，另一方面也是换个思路来解决问题" F33 "很多时候想法一致了，事情就好办了" F34
协同行动变革 R	"我们是个团队啊，要行动就一起行动" F35 "我经常说大家都主动点，动起来，困难都是暂时的，只要我们愿意解决，有所行动，都能解决。光说不动那真的没用" F36
协调适应 I	"等我们真正适应这个发展趋势了，就说明我们已经从困难中走出来了" F37 "创业嘛，先学会生存，再想如何奔跑。不放弃，都有希望" F38
跃迁发展 D	"我们有能力重整旗鼓的，而且我们还要继续努力更上一层楼，这是我们创业团队给予我的信心" F39 "面对逆境不要害怕，具备了重新来过的能力，下一步我们就要转型升级了" F40

注：具体编码序号与表4-2和表4-4同步。

资料来源：笔者根据数据分析结果整理。

因此，理论饱和度检验所获得的故事线同样展现了创业团队韧性从形成到效用转化再到影响机制结果凸显的具体路径，说明本章所提取的理论维度和形成的理论模型通过了理论饱和度检验。

4.7 研究结论和讨论

本章围绕逆境情境下"创业团队韧性如何形成及其对创业团队成长如何产生影响"的核心问题，选取创业认知理论框架中细分领域涉及的团队互动视角，以经历过创业项目逆境的创业团队为研究对象，通过多案例分析，建构创业团队韧性动态发展的过程性整合模型，阐释理论模型中的理论维度与关系逻辑。

研究结果围绕逆境情境回答了创业团队韧性如何形成及其对创业团队成长的影响如何产生这一问题，辨析创业团队韧性的发展经历了三个阶段：第一阶段是创业团队韧性的形成；第二阶段是创业团队韧性的效用转化；第三阶段是创业团队韧性对创业团队成长的影响结果。具体而言，情境效用凸显和创业团队交互涌现作为外部情境因素和内部团队因素，在创业成员的互动演进中，共同推动创业团队韧性的形成，进一步激发了创业团队韧性效用转化过程中的集体认知重评和协同行动变革，由此实现创业团队的协调适应和跃迁发展。

本章的发现有助于立足逆境情境，从团队互动视角了解经历逆境事件的创业团队如何形成创业团队韧性，明晰创业团队韧性通过集体认知和团队行动将韧性效用转化，并作用于创业团队成长的具体过程。这一研究发现充分展现了创业团队韧性所蕴含的团队互动的本质，为理解逆境情境下创业团队韧性动态发展的整体性发展过程提供了综合性的视角。

具体而言，首先，伴随经济发展不确定性的日益增长，韧性已经成为热点话题（Ahmed et al. , 2022）。相较于创业研究中对个体韧性和组织韧性的关注，创业团队韧性的研究处于起步阶段（Hartmann et al. , 2022）。然而，在实践中，很多创业活动都是由创业团队进行管理而非个体创业者（Klotz et al. , 2014）。创业团队中多个创业主体之间的互动与合作及其独特的紧密耦合性（Stoverink et al. , 2020），也使创业团队韧性有别于其他创业层面的韧性。个体创业韧性的形成多来源于独立主体的能力及其与情境的互动，组织创业韧性的形成多来源于正式组织命令和自上而下的战略规划，而创业团队韧性的形成多来源于团队中多位创业者的互动及其与情境的交互（Stoverink et al.，2020）。因此，针对创业团队韧性如何形成的研究拓展了既有创业韧性的研究层面和内容边界。进一步地，结合逆境情境，考虑到团队互动不仅涉及内部成员间的互动，也涉及外部环境对团队的影响和成员对外部环境的响应，由此，本章从内外双重视角探索了创业团队韧性形成的主要因素，提取了情境效用凸显和创业团队交互涌现的理论维度，通过案例数据分析展现二者在互动演进中，共同推动创业团队韧性的形成。这种研究视角区别于既有研究仅从创业者个体特质、创业经验、外部社会支持等单维的内部或外部视角探索韧性形成的前因（芮正云和方聪龙，2017；Duchek，2018）。本章对内外因素的同时关注与互动整合，拓展了逆境情境下创业团队韧性的形成因素研究，实现对既有创业韧性研究的有力补充。

其次，本章辨析了创业团队韧性对创业团队成长影响中韧性效用的具体转化过程，即创业团队韧性通过集体认知评价和协同行动变革推动创业团队成长。既有研究虽然关注到了韧性对创业发展的影响，但是鲜有研究将其中的效用转化过程进行详细剖析（Fisher et al.，2016；Santoro et al.，2021）。本章发现，在认知层面，由共同意义建构和团队认知重评所构成的集体认知评价，能够促进创业团队在经历逆境后从积极的角度重新评价逆境事件，从而有效增强创业团队韧性对创业团队成长的促进作用。在行动层面，由行动规划更新和主动性行为实施所构成的协同行动变革，能够帮助团队成员重整旗鼓并共同投入到创业实践中，从而激发创业团队韧性效用的转化并促进创业团队成长的实现。由此，该效用转化过程为创业团队韧性的研究提供了更丰富的细节和更深入的见解。

同时，现有的创业研究中针对韧性对创业结果的影响集中在创业者个人情感和意愿、行为决策和创业绩效等方面，并关注到韧性对创业成功（Fisher et al.，2016）和创业绩效（Santoro et al.，2021）等创业结果的影响。然而，针对韧性对创业团队成长的具体影响结果却鲜少提及。本章基于多案例分析发现，创业团队韧性对创业团队成长的影响结果表现为协调适应和跃迁发展两种动态类型，这与Stoverink等（2020）所提出的保持行动和改变行动两种团队韧性的影响结果相呼应。两种创业团队成长结果体现了创业团队在逆境情境中保持行动路径和改变行动路径的双重成长选择，更加贴合创业实践中团队互动的本质，丰富了相关研究。

最后，本章基于团队互动视角，探索了逆境情境下创业团队韧性的形成及其对创业团队成长的影响的动态过程性整合模型，体现了创业团队与创业发展互动演进的规律。这一理论模型中所明确的三阶段划分，既有助于理解创业团队如何通过韧性的形成，从逆境中实现恢复并继续投入到创业活动中，也有助于理解创业团队如何利用韧性实现后续的成长。通过这种逻辑链条的链接，实现了对创业团队韧性从无到有及其作用发挥的综合过程的探索。由此，本章的研究结果回应了 Hartmann 等（2022）所提出的要求，拓展了团队互动视角在创业韧性研究领域的创新性应用。

4.8　本章小结

本章通过采用多案例分析方法，围绕逆境情境下"创业团队韧性如何形成及其对创业团队成长如何产生影响"的问题展开探索。创业认知理论框架强调团队互动与成员自我认知间的紧密联系（Mitchell et al.，2002；De Mol et al.，2015；Shepherd & Patzelt，2018），因此本章将在该理论框架的指引下，选取框架中细分领域涉及的团队互动视角，展开对研究问题的具体分析。本章提出了创业团队韧性的动态过程性整合模型，展现了创业团队韧性从形成到效用转化再到影响机制结果凸显的具体路径。

本章的研究发现有助于从团队互动视角了解创业团队韧性是如何形成的，明晰创业团队通过集体认知和团队行动将韧性效用转化，并作用于创业团队成长的具体过程。

第5章 逆境情境下创业团队韧性的形成因素研究

5.1 研究目的

创业团队韧性如何形成是本书的一个重要关注点，通过探索创业团队韧性的形成，能有效帮助创业团队形成韧性，并在后续创业活动中更好地运用创业团队韧性促进创业团队成长。前文的研究已经为这一部分的研究做了前置准备：首先，创业团队韧性的内涵强调其触发情境来自创业逆境，包含创业活动中的困难、创业项目的逆境等众多阻碍创业进程的因素（Stoverink et al.，2020；Yao et al.，2021）。本书在文献综述部分也明确阐述本书所依托的具体逆境情境类型。因此，从内涵角度的讨论就已经在一定程度上揭示了逆境事件所引发的创业团队的一系列响应是推动创业团队韧性形成的重要因素。其次，在第4章的多案例研究分析中，明晰了在第一阶段创业团队韧性的形成中，情境效用凸显和创业团队交互涌现作为理论维度的重要性，其中所涉及的情境触发特征和逆境学习多样性为本章基于细节性视角的实证分析提供了强大的理论支撑与分析基础。尤为值得关注的是，现有少数针对创业团队韧性形成因素的研究是从创业团队领导者韧性（梁林等，2022）、团队行为整合（Chen & Zhang，2021）等视角展开的，忽视了对创业事件本身所引发的内部学习和事件强度外部感知的关注。而 Manfield 和 Newey（2018）以及 Stoverink 等（2020）指出，针对逆境事件的学习可能是影响创业团队韧性形成的重要因素，有待未来实证研究的进一步探索。

据此,依据创业认知理论框架所强调的事件作为创业发展过程中的关键要素,其会对创业主体的认知产生深远的影响(Mitchell et al.,2002;Shepherd et al.,2011;Shepherd & Patzelt,2018),并且创业认知结构的变化很大程度上依赖于特定事件(Rauch & Hulsink,2023),同时结合前文案例研究的发现,本章将在该理论框架的指引下选取框架中细分领域涉及的事件基础观,来进一步探索创业团队韧性的形成因素(Rauch & Hulsink,2023)。综上所述,本章将采用问卷调研法,选取创业逆境学习来探索其对创业团队韧性形成产生的作用,并进一步结合创业团队的互动本质和团队氛围在创业团队韧性应用中所产生的影响,选取团队情感整合氛围作为调节变量,分析其在上述关系中的边界条件作用。本章期望帮助创业团队了解形成创业团队韧性,以更好地指导创业团队有效地从逆境中实现恢复。

5.2　事件基础观

创业团队成员所共同经历的所有事件,都会成为创业团队发展不可缺少的组成部分(Rauch & Hulsink,2023)。Rauch 和 Hulsink(2023)指出,通过对事件的系统性分析能够使创业研究受益,尤其是在目前环境不确定日益增加的创业情境中,负面事件的频发为探索创业能力提供了丰富的场景。

事件能够触发创业主体的反应,事件基础观认为,创业主体不仅可以通过事件来掌握创业进程,也可以帮助他们从事件中理解如何恢复(Williams & Shepherd,2016)。与前文研究一致,本章关注的具体事件是创业项目逆境事件,这是因为,创业团队经常需要开发新项目以满足市场需求,在此过程中难免会经历一定的项目逆境(Shepherd et al.,2011)。值得关注的是,负面事件在创业研究中更为突出,因为此类事件扰乱了常规的创业进程和既定的创业计划,并有可能促进变革(Rauch & Hulsink,2023)。同时,创业团队韧性的内涵基础强调,创业团队韧性的触发情境是创业逆境,包含创业活动中的挫折、创业项目的逆境等众多阻碍创业进程的负面事件(Stoverink et al.,2020;Yao et al.,2021)。

依据事件基础观对事件的定义,进一步阐述创业项目逆境作为特定负面事件在本章中的被选择的原因。第一，创业项目逆境事件有特定的发生时间和发生地点（Rauch & Hulsink，2023）。第二，创业项目逆境事件能够产生一定程度的影响，可以导致后续创业活动的变化（Morgeson et al.，2015）。第三，创业项目逆境事件对于感知者而言来自外部，是可以被观察到的（Pettigrew，1990；Morgeson et al.，2015）。第四，创业项目逆境事件能够对创业现状形成挑战，并吸引到一定的关注度（Bechky & Okhuysen，2011）。

依据事件基础观，本章会重点关注逆境事件所引发的创业团队对创业项目逆境事件的学习这一因素。这是因为，逆境事件带来的创业经验能够激发创业团队内部的创业反应，其中，对逆境的学习是基于逆境事件的经验获得。而当创业团队成员基于先前经验进行经验转化时，逆境学习便开始发生（汤淑琴等，2015）。可见，创业团队经验学习的起点即为创业活动中的实际事件体验（Shepherd et al.，2009），由此所激发的不同逆境学习方式对创业团队韧性的形成也会产生差异性的影响（于晓宇等，2019）。此外，前文研究发现，创业团队韧性的形成是由情境效应凸显和创业团队交互涌现而推动的，其中，情境触发引发的创业团队内部的逆境学习多样性是关键要素。这些发现为本章的理论模型构建奠定了坚实的基础。

据此，本章遵循 Danneels 和 Vestal（2020）对逆境学习的类型划分，将创业项目逆境事件引发的内部学习划分为团队逆境容忍和团队逆境分析。同时，考虑到创业团队的互动性本质特征，为了进一步探索情境因素对以上关系所产生的作用，本章选择团队情感整合氛围作为调节变量，团队情感整合氛围反映了创业团队成员间关系的整体质量，凸显的是创业团队成员感知的他们拥有的高质量人际关系的程度（Cronin et al.，2011；刘新梅等，2023），具体体现为由创业团队中成员间的信任、尊重和喜爱所营造的团队氛围（Cronin et al.，2011），因此，其作为一种可以影响团队互动的背景状态而持续存在（Marks et al.，2001）。综上所述，依据事件基础观，本章将基于创业项目逆境情境，关注逆境事件引发的创业逆境学习对创业团队韧性的形成所产生的作用，并探索团队情感整合氛围在其中发挥的边界作用。

5.3　研究假设

5.3.1　创业逆境学习与创业团队韧性

本章首先关注创业逆境学习对创业团队韧性的形成所产生的作用。借鉴 Danneels 和 Vestal（2020）对创业逆境学习的划分，本章将关注创业团队的逆境分析和逆境容忍两种创业逆境学习对创业团队韧性的影响。创业团队层面的学习体现了团队建立共同概念的社会认知过程（Bossche，2006），涉及创业团队内部对共同经历事件意义的理解，体现了成员间的社会互动和关系协同效应的应用（Garavan & McCarthy，2008）。身处创业团队之中的他们也并不是在社会真空中学习的，他们都会受到来自同伴的学习过程的影响，同时也会对同伴的学习产生影响。

逆境分析强调创业团队对创业发展轨迹中的项目逆境事件进行彻底反思和深刻理解（Danneels & Vestal，2020），以更有效地从中吸取更多的经验。强调逆境分析的创业团队会积极应对逆境，更好地从逆境中学习以得到更快的恢复，甚至形成更强的能力（Manfield & Newey，2018）。与逆境分析相比，逆境容忍鼓励创业成员进行试错，对逆境持拥抱和开放的态度（Shepherd et al.，2011；Danneels & Vestal，2020），这也能够在一定程度上帮助创业团队实现从逆境事件中的恢复，但相对忽视了对每一次逆境事件的深刻反思和剖析，从而降低了逆境学习的效果。值得关注的是，团队成员通过对经验的有效反思比单纯积累经验更有效（Kolb，1984；Dewey，1993；Levitt & March，1998）。因此，本章认为，团队逆境分析对创业团队韧性的影响可能比团队逆境容忍更强。

具体而言，首先，团队逆境容忍倾向于将逆境事件视为一种常态化的事情，认为逆境是创业过程中非常普遍的现象（Lee et al.，2004；Danneels & Vestal，2020）。团队逆境容忍鼓励创业团队成员积极投身并参与更大范围的实验以积累更多的知识，并通过不断的试错和内部互动来催生新的想法（McGrath，1999）。这种方式能为创业团队的发展带来更多的活力和发展可能性。经验的积累是进行学习的一个可能路径，创业团队可以利用团队逆境容忍的这些优势来增强学习效能（Danneels & Vestal，2020；El-Awad，2023），丰富发展经验，以抵御外部冲击和应对创业过程中的逆境，同时帮助创业团队学会适应逆境，进而有助于形成创业团队韧性（Bullough et al.，2014）。然而，团队逆境容忍所创造的知识积累是一种学习过程中的单向输入（Danneels & Vestal，2020），其缺乏团队内部成员之间的多维度互动输出。团队逆境容忍所提倡的试错中所包含的重复积累的经验，需要很长的时间才能通过学习转化为真正发挥有效作用的知识，并且这种经验通常需要创业团队投入更多的精力进行深层次的探索，很难实现自动生效（Zollo & Winter，2002；Muehlfeld et al.，2012；El-Awad，2023）。

相比之下，团队逆境分析除了强调对逆境事件的可接受性，还进一步强调对逆境事件的反思，致力于呼吁团队成员共同理性地寻找隐藏在逆境背后的真正原因（Danneels & Vestal，2020；Li et al.，2023）。相较于单纯的逆境经验积累，这种系统性的逆境学习方式，能够使创业团队的成员通过主动的努力和反思来学会处理和应对逆境事件，鼓励团队成员主动地选择相对积极的态度去对待逆境（Yao et al.，2021）。团队逆境分析对逆境的及时和深入回顾，也能在较短时间内产生显著的效果（Muehlfeld et al.，2012），帮助企业更快、更好地从逆境中恢复，从而更有效地形成并增强创业团队韧性。

其次，团队逆境容忍允许成员在试错过程中不受惩罚（Knippenberg et al.，2004），这可以从一定程度上减少成员对逆境的恐惧，使创业团队成员能够更加从容地应对逆境事件（Shepherd et al.，2011）。然而，团队逆境容忍中所隐含的这种相对乐观因素，可能会使创业团队的成员认为项目逆境是创业过程中理所当然的事件（Shepherd et al.，2011；Danneels & Vestal，2020）。与团队逆境容忍相比，团队逆境分析是一种更加全面且系统的学习方式。这种逆境学习方式通过对经验的严格分析，调动团队成员的意义解释机制，可以获得更有效的学习效果。团队逆境分析使创业团队能够审视团队当前的创业能力，通过对逆境的反思，明确后续可能的发展和提升路径，进而促进创业团队韧性的形成（Yao et al.，2021）。更进一步而言，团队逆境分析对反思的强调，促使团队成员通过更为频繁的交流与互动，来促进团队整体对逆境事件的深刻理解（Yao et al.，2021），进而帮助其更有效地应对逆境，形成团队韧性。因此，基于以上论述，本章提出以下假设：

H1a：团队逆境容忍对创业团队韧性具有显著正向影响。

H1b：团队逆境分析对创业团队韧性具有显著正向影响。

H1c：与团队逆境容忍相比，团队逆境分析对创业团队韧性的显著正向影响更强。

5.3.2　团队情感整合氛围的调节作用

依据事件基础观，创业团队在面对逆境事件时会产生一系列的反应，其中包括由群体情感反应所营造出的氛围情境。这种情感反应作为一种情境因素会通过与逆境事件触发的成员间互动认知反应产生交互（Mischel & Shoda，1995），最终对创业团队韧性的形成产生影响（Rauch & Hulsink，2023）。关注团队情感整合氛围，能够更清晰地了解创业团队韧性的形成过程。据此，本章将会选取团队情感整合氛围作为调节变量，来探索其对与创业逆境学习与创业团队韧性间关系的边界作用。

团队情感整合氛围反映了创业团队成员间关系的整体质量，凸显的是创业团队成员感知的他们拥有的高质量人际关系的程度（Cronin et al.，2011；刘新梅等，2023），具体体现为创业团队中成员间的信任、尊重和喜爱所营造的团队氛围（Cronin et al.，2011），因此其可以作为一种影响团队互动的背景状态而持续存在（Marks et al.，2001）。值得关注的是，Chen 和 Zhang（2021）在针对创业团队韧性培养的研究中指出，团队情感整合反映了创业团队成员对彼此态度的感知，团队情感整合不会直接对韧性的形成产生影响，而是会对团队互动与创业团队韧性间的关系强度产生影响。这一研究结果也为本章选取团队情感整合氛围作为调节变量提供了理论支撑。

团队情感整合氛围增强了创业团队逆境学习与创业团队韧性之间的正向关系。具体而言，创业逆境学习促进了创业团队韧性的形成，因为这种团队的互动学习使创业成员在面对逆境事件时，对逆境持开放、拥抱和学习的态度（Yao et al.，2021）。此时，当创业团队置身于团队情感整合氛围中时，成员间表现出对彼此的信任、尊重和喜爱（Cronin et al.，2011），这种和谐的团队氛围会使创业成员更加容易吸收由逆境学习所产生的知识，因为团队情感整合氛围保证了创业团队能够在一种平稳状态的氛围下进一步激发逆境学习的积极作用（Chen & Zhang，2021）。同时，团队情感整合氛围能够帮助创业团队成员接受对负面事件的容忍，并积极融入到对负面事件的讨论与解决中。在此氛围中，成员间的不同意见能够被更好地倾听、理解和接受（Bradley et al.，2012），从而有效增强创业团队逆境学习对创业团队韧性的增强作用。此外，在团队情感整合氛围下，创业团队成员会更加尊重彼此的学习方式，并通过相互帮助的方式讨论对逆境事件的看法，由此进一步增强创业团队逆境学习和创业团队韧性之间的正向关系。然而，在低水平的团队情感整合氛围下，创业成员间缺乏基本的信任和尊重，难以正视逆境，也不愿意敞开心扉来共同面对和解决问题（Chen & Zhang，2021），由此带来的信息交流的阻塞和停止阻碍了逆境学习对创业团队韧性所产生的正向作用。因此，基于以上论述，本章提出以下假设：

H2a：团队情感整合氛围增强了团队逆境容忍与创业团队韧性之间的正向关系，即创业团队情感整合氛围水平越强，团队逆境容忍与创业团队韧性之间的正向关系越强。

H2b：团队情感整合氛围增强了团队逆境分析与创业团队韧性之间的正向关系，即创业团队情感整合氛围水平越强，团队逆境分析与创业团队韧性之间的正向关系越强。

本章的理论模型框架如图 5-1 所示。

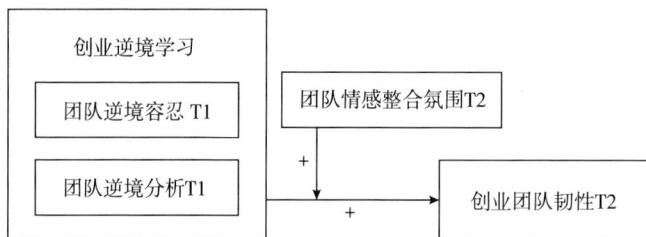

图 5-1　理论模型框架

注：T1 表示 Time 1，即第一阶段收集问卷；T2 表示 Time 2，即第二阶段收集问卷。
资料来源：笔者根据研究内容绘制。

5.4　研究设计

5.4.1　问卷设计

本章采用问卷调查法进行定量研究。在实施问卷调查的过程中，会进行严谨科学的问卷内容和结构设计，尽可能提升问卷回收的质量，保证研究结果的信度和效度。本章的问卷设计严格遵循以下原则：

（1）选择发表在高水平学术期刊上的成熟量表。本章优选发表在创业、组织行为、战略等学术领域的高水平学术期刊上的成熟量表，最大限度保证问卷测量结果的信度和效度（陈晓萍等，2021）。

（2）严格按照量表开发的步骤进行量表条目的生成和量表的确定，并进行一系列信度和效度检验，确保量表的质量。由于目前学术界对于创业团队韧性的研究处于起步阶段（Hartmann et al.，2022），尚未形成成熟且权威的创业团队韧性量表，因此本章基于严谨和规范的量表开发流程，对创业团队韧性量表进行探索开发和一系列的检验，以确保量表的质量。

（3）选择在中国情境中应用过的量表。考虑到中国情境的独特性，本章会优先选择在中国情境中经过翻译、应用的量表，确保量表适合中国情境，从而进一步提升研究结果的准确性。本章的问卷由研究团队中的一名副教授和两名博士生采用回溯法翻译成中文，以确保概念对等（Brislin，1970）。

（4）问卷设计过程中向领域专家请教，根据他们的意见对问卷进行修正。在问卷设计阶段，研究团队中每位成员均对内容进行多次研讨和修正。同时，邀请领域专家对问卷设计和内容进行评估，并根据专家的意见进行修改，最终确定问卷设计的形式和内容。

5.4.2　样本和数据收集

本章的研究对象是经历过创业项目逆境且目前处于正常发展阶段的创业团队。在具体实操过程中，研究团队首先利用社会关系和人际关系在创业园、产业园等创业集中区选择符合样本条件的初始联系人（如园区的负责人），再通过初始联系人的社会网络结识并联系其他符合样本条件的联系人，以此推进研究进程（Denzin & Lincoln，2000）。研究团队会通过线上或者线下的方式直接与每个创业团队的领导进行沟通，保证问卷发放和填写流程的统一，并告知每位领导其团队的编号，尽最大可能降低操作过程对研究内部效度的影响（Fauchart et al.，2011；熊立等，2019）。

本章中的创业团队需要开发新项目以满足市场需求和推进创业活动的发展，在此过程中可能会经历一定的项目逆境（Shepherd et al.，2011），这能够满足本章对创业团队韧性的关注。

本章问卷调查的内容所涉及的量表都是成熟量表或遵循严谨量表开发流程所

获得的量表。为了进一步检验问卷的适用性，在正式调研前选取了 15 个符合要求的创业团队进行预调研。总体预调研结果符合预期，这为本章的正式调研建立了基础。

正式调研阶段中，研究团队向符合本章研究标准的 236 个创业团队发放问卷。考虑到创业团队的规模情况，每个团队至少包含 3 名成员（由领导和成员组成）及以上人数填写问卷。研究团队对所调研的团队进行了编号，从而确保两轮问卷回收后的匹配准确度。在第一阶段 Time 1（以下简称 T1）问卷发放中，研究团队测量了创业逆境学习。为了尽可能降低共同方法偏差，提高数据收集的质量和研究结果的严谨性，时隔三个星期后，在第二阶段 Time 2（以下简称 T2）问卷发放中，研究团队测量了团队情感整合氛围和相关控制变量。参与者自愿参与这项研究，并清楚地了解这项研究纯粹是出于学术目的。随后，在剔除第二轮未完成的问卷、填写不完整的问卷等存在明显问题的问卷后，依据事先标记的团队编号，对两阶段问卷进行匹配整理，最终获得来自 138 个团队的 507 名创业成员填写的有效问卷，问卷有效率达到 58.47%。

样本的基本统计信息概况如表 5-1 所示。从所调研的创业团队特征而言，创业团队的主营业务分布在信息技术、生物医疗、技术服务、高端设备制造与新材料和新能源与能源节约领域。创业团队多数集中在长三角地区，其中，上海地区最多，达 59 家，占比 42.75%。创业团队的成立年限均在 8 年以内，符合创业研究的时间限定（Shrader & Simon，1997），其中，成立时间在 4~5 年的团队最多，达 71 家，占比 51.45%。创业团队规模以 3~4 人为主，符合创业阶段团队规模的特点。从所调研的创业团队中的成员特征而言，男性占比较多，达 291 人，占比为 57.40%。创业团队成员总体以 40 岁以下的青年群体为主，人数达到 367 人，占比为 72.39%。多数创业成员拥有 0~1 次创业经验，其总体受教育水平为本科及以上。

表 5-1　样本基本统计信息概况

团队特征			团队成员特征		
团队规模（人）	样本量	占比（%）	性别	样本量	占比（%）
3~4	120	86.96	男	291	57.40
5~6	15	10.87	女	216	42.60
7~8	3	2.17			

续表

团队特征			团队成员特征		
主营业务	样本量	占比（%）	年龄（岁）	样本量	占比（%）
信息技术	35	25.36	25～35	158	31.16
高端设备制造与新材料	11	7.97	36～45	209	41.22
新能源与能源节约	13	9.42	46～55	98	19.34
生物制药	21	15.22	56 岁以上	42	8.28
技术服务	43	31.16			
其他	15	10.87			
地理位置	样本量	占比（%）	受教育水平	样本量	占比（%）
上海	59	42.75	高中及以下	27	5.33
苏州	12	8.70	大专	67	13.21
无锡	15	10.87	本科	208	41.03
合肥	40	28.98	硕士	168	33.13
常州	6	4.35	博士	37	7.30
其他	6	4.35			
团队成立年限（年）	样本量	占比（%）	创业经验	样本量	占比（%）
1～3	48	34.78	无	254	50.10
4～5	71	51.45	1 次	187	36.88
6～8	19	13.77	2 次	51	10.06
			3 次及以上	15	2.96

注：$N_{(团队)}$ = 138。

资料来源：笔者根据样本情况整理所得。

5.4.3　变量测量

本章中使用的变量都是基于有效和可靠的量表。所有量表均取自高水平学术期刊上的成熟权威研究，并根据本章的具体研究情境对量表表述进行相应的语境修改。本章使用了五点李克特量表格式，范围为 1（完全不同意）～ 5（完全同意）。

（1）团队逆境容忍：团队逆境容忍的量表是根据 Danneels 和 Vestal（2020）的研究改编而来，包括 4 个题项。根据本章的情境，将题项参照点变更为团队层面。代表题项为"我们创业团队可以理解，逆境是创业成功的一个必要组成部分"。实际操作中，该量表由创业团队全体成员进行评价。

（2）团队逆境分析：团队逆境分析的量表是根据 Danneels 和 Vestal（2020）的研究改编而来，包括 5 个题项。根据本章的情境，将题项参照点变更为团队层面。代表题项为"我们创业团队能够进行事后分析"。实际操作中，该量表由创业团队全体成员进行评价。

（3）创业团队韧性：创业团队韧性的量表主要采用本书第 4 章开发的量表。该量表由 3 个维度 9 个题项组成。第 3 章对该量表的信度与效度进行了严谨的检验，表明该量表具有较高的质量，能够通过测量反映创业团队韧性的实质。代表题项为"我们创业团队在逆境中会不断尝试各种解决方案"。实际操作中，该量表由创业团队全体成员进行评价。

（4）团队情感整合氛围：团队情感整合氛围的量表是根据 Cronin 等（2011）的研究改编而得，包括 11 个题项。根据本章的情境，将题项参照点变更为团队层面。代表题项为："我信任我们创业团队的成员。"实际操作中，该量表由创业团队全体成员进行评价。

（5）控制变量：依据过往研究（Riggs & Knight，1994；Chadwick & Raver，2020），本章中首先是创业团队效能感，由全体创业团队成员填写。其次是创业团队的项目逆境经验，由创业团队领导回答"产品开发项目中逆境项目数量占总项目数的比例"（Shepherd et al.，2011）。同时创业团队领导提供关于创业团队规模的数据作为控制变量来源之一。此外，考虑到本章研究是针对经历过创业项目逆境的创业团队展开的，即经历了过往新项目的开发和推进，因此将技术动荡性和创新研发投入纳入控制变量中（Li et al.，2023）。其中，技术动荡性由一个问题来衡量，该问题反映了创业团队与行业技术变化同步的困难程度（Guo et al.，2013），由全体成员回答获得。创新研发投入由一个问题来衡量，该问题反映了创业团队相较于其竞争对手的研发实力（Jin et al.，2019），由创业团队领导回答获得。

5.4.4　分析策略

本章使用 SPSS22.0 和 AMOS22.0 对研究模型进行分析。通过对数据进行描述性统计分析（Descriptive statistic）、相关性分析（Correlation analysis）、验证性因子分析（CFA）、信度分析（Reliability analysis）、效度分析（Validity analysis）和多元线性分析（Multiple linear regression）来检验研究模型中的相关假设。

5.5　数据分析与研究结果

5.5.1　数据质量检验

聚合检验：团队逆境容忍、团队逆境分析、创业团队韧性、逆境事件新颖性、逆境事件颠覆性、逆境事件关键性和团队情感整合氛围等变量均是由创业团队所有成员个体填写的问卷获得，需要将个体层面的测量聚合到团队层面，并通过聚合检验确认数据是否符合团队层面数据分析的要求。

组内评价一致性（Group rating consistency，R_{wg}）和组内相关系数（Interclass correlation，ICC）是聚合检验的重要指标。其中，当 ICC（1）值大于 0.050、ICC（2）值大于 0.500、R_{wg} 值大于 0.700 时，说明所测量的变量达到聚合的要求（James et al.，1984）。本章所涉及的 7 个变量的 ICC（1）、ICC（2）和 R_{wg} 值如表 5-2 所示。

表 5-2　变量的聚合检验

变量	ICC（1）	ICC（2）	R_{wg}
团队逆境容忍	0.496	0.783	0.835
团队逆境分析	0.355	0.875	0.823
创业团队韧性	0.423	0.801	0.887
团队情感整合氛围	0.466	0.795	0.832

资料来源：笔者根据 SPSS22.0 聚合检验结果整理。

由表 5-3 可知，本章的所有变量都符合聚合检验的标准，适合从个体层面聚合到团队层面进行分析。这一结果为后续的回归分析奠定了基础。

表 5-3　变量的信度和效度指标

变量	Cronbach's α	因子载荷	CR	AVE
团队逆境容忍	0.876	0.712~0.896	0.877	0.562
团队逆境分析	0.912	0.752~0.934	0.911	0.657

变量	Cronbach's α	因子载荷	CR	AVE
创业团队韧性	0.865	0.732~0.894	0.865	0.603
团队情感整合氛围	0.862	0.725~0.885	0.862	0.585

资料来源：笔者根据 SPSS22.0 运算结果整理所得。

样本正态分布检验：研究团队通过对 138 个创业团队数据的正态分布检验来进一步确认数据质量。基于样本正态分布检验结果得知，本章的调研数据的各题项标准差均大于 0.500，偏度绝对值均小于 2，峰度绝对值小于 3，说明数据能够较为理想地拟合模型且能够得出较准确的参数估计（Kline，1988）。因此，本章的数据具备良好的正态分布趋势，可以进行进一步的统计分析。

共同方法偏差检验：首先，本章的问卷分为两个阶段进行收集，两次问卷收集时间间隔三个星期。这种分不同时间段收集问卷的方式，可以在很大程度上降低共同方法偏差（Podsakoff et al.，2003）。其次，本章使用 Harman 单因素检验法对共同方法偏差进行检验（Podsakoff & Organ，1986），结果显示，最大单因素解释变异值为 26.35%，说明不存在严重的共同方法偏差问题。此外，考虑到测量方法的非实质性影响，以及由此导致的变量之间关系的偏差是对经验研究结果有效性的威胁之一，因此，"标记变量"方法常被使用（Malhotra et al.，2006）。这种方法包含的假设是，如果没有理论上的理由来预期标记变量和实质性结构之间的相关性，那么任何存在的相关性都反映了方法上的差异（Hulland et al.，2017）。个性化契约（个体对自己是否拥有独特工作契约的感知）（张兰霞等，2023）这一变量被选为标记变量，结果证明，它与模型中的其他变量大致不相关。当标记变量被添加到研究模型中作为内生变量进行分析时，所有路径系数的显著性并没有改变。因此，以上结果均表明，共同方法偏差总体上不会对本章研究构成影响。

5.5.2 问卷信度与效度

信度分析：首先，检验本章所收集的数据是否适合进行因子分析。数据结果显示，KMO 值为 0.703，Bartlett 球形检验显著（p = 0.000），说明本章的数据是适合进行因子分析的。其次，本章检验每个变量的 Cronbach's α 克朗巴哈系数，该系数是检验量表内部一致性的重要指标。由表 5-3 可知，本章所有变量的

Cronbach's α 值均超过 0. 700（Hair et al. , 2010）。以上结果说明，本章使用的各个量表具有良好的信度。

效度分析：本章对数据的聚合效度和区分效度进行检验。首先，表 5-4 显示，所有条目的标准化载荷系数均大于 0. 600，组合信度 CR 值均大于 0. 700，平均萃取方差 AVE 均大于 0. 500，表明变量的聚合效度较好（Bagozzi & Yi, 1988）。其次，AVE 的平方根均大于各构念间相关系数的绝对值（Fornell & Larcker, 1981）。表 5-4 异质异法相关性（Heterotrait-heteromethod correlations）HTMT 结果显示，变量之间的 HTMT 值都小于 0. 850（Henseler et al. , 2015），表明变量的区分效度较好。

表 5-4　异质异法相关性结果

变量	团队逆境容忍	团队逆境学习	创业团队韧性	团队情感整合氛围
团队逆境容忍				
团队逆境学习	0. 146			
创业团队韧性	0. 159	0. 105		
团队情感整合氛围	0. 152	0. 108	0. 088	

资料来源：笔者根据 SmartPLS3. 0 运算结果整理所得。

同时，本章运用验证性因子分析（Confirmative Factor Analysis, CFA）进行效度检验。验证性因子分析结果显示，包含上述所有五个变量的五因子模型拟合结果最为理想：拟合优度的卡方检验（χ^2/df）= 1. 122，比较拟合指数（Comparative Fit Index, CFI）= 0. 995，成长配适指标（Incremental Fit Index, IFI）= 0. 995，塔克—路易斯指标（Tucker-Lewis Index, TLI）= 0. 994，近似误差均方根（Root Mean Square Error of Approximation, RMSEA）= 0. 030，标准化残差均方根（Standardized Root Mean Square Residual, SRMR）= 0. 023，结果显著优于其他模型。因此，本章所使用的量表具有较好的效度。

5.5.3　相关性分析

各变量的均值、标准差和相关系数如表 5-5 所示。各变量的均值和标准差没有异常值。模型的方差膨胀因子（Variance Inflation Factor, VIF）小于 3，且变量间的相关系数均小于 0. 400，表明本章的数据不存在严重的多重共线性（Hair et al. , 2010）。其中，团队逆境容忍、团队逆境分析与创业团队韧性呈显著正相关关系。以上数据分析为后续的假设检验提供了基础。

表5-5 描述性统计与相关性分析

变量	均值	标准差	团队逆境容忍	团队逆境分析	团队情感整合氛围	创业团队韧性	创业团队效能感	团队项目逆境经验	团队规模	技术动荡性	研发创新强度
团队逆境容忍	3.029	0.813	1								
团队逆境分析	3.037	1.228	0.173*	1							
团队情感整合氛围	2.981	0.891	0.077	0.086*	1						
创业团队韧性	2.931	1.229	0.274**	0.282**	0.059	1					
创业团队效能感	3.109	0.512	0.254**	0.075	0.113	0.089	1				
团队项目逆境经验	0.389	0.121	-0.007	-0.012	0.084	0.141*	0.126	1			
团队规模	1.277	0.215	0.076	-0.044	-0.052	0.063	0.059	0.0771			
技术动荡性	3.456	0.613	-0.139	-0.071	-0.073	-0.030	-0.065	0.082	0.045	1	
研发创新强度	3.239	0.909	0.088	-0.01	-0.07	0.131*	-0.059	0.145	0.156	0.144	1

注：N(团队) = 138。* p<0.05，** p<0.01，*** p<0.001。

资料来源：笔者根据 SPSS22.0 运算结果整理所得。

5.5.4　假设检验

本章通过应用线性回归模型来进行假设检验。表 5-6 共包括 6 个回归模型。模型 1 展现了控制变量对因变量创业团队韧性影响的回归结果；模型 2 在模型 1 基础上添加团队逆境容忍和团队逆境分析两个自变量作为分析变量；模型 3 添加团队逆境容忍、团队逆境分析分别与团队情感整合氛围的交互项；模型 4 纳入了所有变量与交互项以获得更为稳健的结果。

表 5-6　层级回归分析结果

变量		因变量：创业团队韧性			
		模型 1	模型 2	模型 3	模型 4
控制变量	创业团队效能感	0.16	0.074	0.103	0.077
	团队项目逆境经验	0.131	0.148	0.159 *	0.137
	团队规模	0.061	0.058	0.037	0.032
	技术动荡性	−0.103	−0.067	−0.039	−0.043
	研发创新强度	0.191 *	0.163 *	0.142	0.134
主效应	团队情感整合氛围		0.031	0.036	0.013
	团队逆境容忍		0.178 *	0.136	0.183 *
	团队逆境分析		0.227 **	0.261 **	0.225 **
调节效应	团队逆境容忍×团队情感整合氛围			0.221 **	0.185 *
	团队逆境学习×团队情感整合氛围			0.245 **	0.207 **
	R^2	0.094	0.202	0.257	0.33
	adj. R^2	0.06	0.146	0.192	0.26
	F	2.752 *	3.595 **	3.967 ***	4.709 ***

注：$N_{(团队)}$ = 138。* $p<0.05$，** $p<0.01$，*** $p<0.001$。所汇报系数为标准化系数。

资料来源：笔者根据 SPSS22.0 运算结果整理所得。

主效应检验：回归结果显示，在模型 2 中，团队逆境容忍对创业团队韧性的正向作用显著（$\beta=0.178$，$p<0.05$），团队逆境分析对创业团队韧性的正向作用显著（$\beta=0.227$，$p<0.01$），表明团队逆境容忍和团队逆境分析对创业团队韧性具有显著正向影响，假设 H1a 和 H1b 得到数据支持。进一步地，对两个系数的 T 检验（$t=4.110$，$p<0.01$）显示，相较于团队逆境容忍，团队逆境分析对于创业

团队韧性的正向作用更为显著，表明与团队逆境容忍相比，团队逆境分析与创业团队韧性的显著正相关性更强，假设 H1c 得到数据支持。

调节效应检验：回归结果显示，在模型 4 中，团队逆境容忍团队情感整合氛围的交互项对创业团队韧性的影响显著（β=0.185，p<0.05），表明团队情感整合氛围增强了团队逆境容忍与创业团队韧性之间的正向关系。进一步地，将团队情感整合氛围分为高组和低组（高于和低于一个标准差）（Aiken & West，1991），通过简单斜率分析对调节效应进行补充说明（见图 5-2）。团队逆境容忍和创业团队韧性之间的正向关系在团队情感整合氛围水平高的情况下（β=0.343，p<0.001）比在团队情感整合氛围水平低的情况下（β=0.169，p<0.01）更强，假设 H2a 得到数据支持。

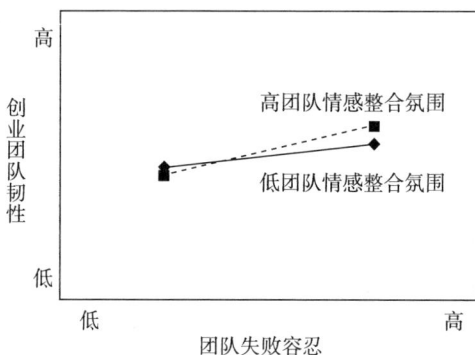

图 5-2　团队情感整合氛围在团队逆境容忍—创业团队韧性间的调节作用

资料来源：笔者根据研究结果绘制。

团队逆境分析与团队情感整合氛围的交互项对创业团队韧性的正向作用显著（β=0.207，p<0.01），表明团队情感整合氛围增强了团队逆境分析与创业团队韧性之间的正向关系。进一步地，将团队情感整合氛围分为高组和低组（高于和低于一个标准差）（Aiken & West，1991），通过简单斜率分析对调节效应进行补充说明（见图 5-3）。团队逆境分析和创业团队韧性之间的正向关系在团队情感整合氛围水平高的情况下（β=0.446，p<0.001）比在团队情感整合氛围水平低的情况下（β=0.244，p<0.001）更强，假设 H2b 得到数据支持。

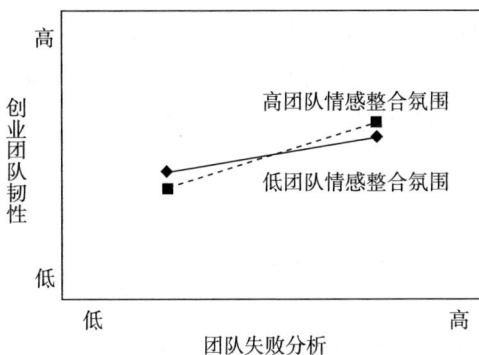

图 5-3　团队情感整合氛围在团队逆境分析—创业团队韧性间的调节作用

资料来源：笔者根据研究结果绘制。

5.6　稳健性分析

为了检验主要研究结论的稳健性，本章进行了补充性的检查与分析。遵循既有研究的操作流程和研究发现（Li et al.，2023），本章仅用创业团队领导对创业团队韧性回答的得分，来代替主研究中所使用的创业团队所有成员的平均得分。由此，进行进一步的结果验证。数据分析结果显示，团队逆境容忍对创业团队韧性的正向作用显著（β=0.167，p<0.05），团队逆境分析对创业团队韧性的正向作用显著（β=0.235，p<0.01），二者的 T 检验结果显著（t=4.232，p<0.01）。团队逆境容忍与团队情感整合氛围的交互项对创业团队韧性的影响显著（β=0.178，p<0.05），团队逆境分析与团队情感整合氛围的交互项对创业团队韧性的正向作用显著（β=0.216，p<0.01）。这一结果与本书主体研究的发现基本相同，因此进一步证实了主要结论的可靠性。

5.7　研究结论与讨论

基于 138 个创业团队的两时点匹配数据，本章发现，团队逆境容忍和团队逆境分析对创业团队韧性具有显著正向影响，并且与团队逆境容忍相比，团队逆境分析对创业团队韧性的显著正向影响更强。此外，团队情感整合氛围增强了团队逆境容忍和团队逆境分析与创业团队韧性之间的正向关系。表5-7对研究假设的检验结果进行了展示。

表5-7　研究假设的检验结果

假设	是否被支持
H1a：团队逆境容忍对创业团队韧性具有显著正向影响	是
H1b：团队逆境分析对创业团队韧性具有显著正向影响	是
H1c：与团队逆境容忍相比，团队逆境分析对创业团队韧性的显著正向影响更强	是
H2a：团队情感整合氛围增强了团队逆境容忍与创业团队韧性之间的正向关系，即创业团队情感整合氛围水平越强，创业逆境容忍与创业团队韧性之间的正向关系越强	是
H2b：团队情感整合氛围增强了团队逆境分析与创业团队韧性之间的正向关系，即创业团队情感整合氛围水平越强，创业逆境分析与创业团队韧性之间的正向关系越强	是

资料来源：笔者根据假设检验结果整理。

5.8　本章小结

本章在创业认知理论框架的指引下选取框架中细分领域涉及的事件基础观，从创业团队对创业项目逆境事件的学习方面，探索创业团队韧性的具体形成因素（Rauch & Hulsink，2023）。

通过对来自138个创业团队的两时点匹配问卷调研数据的分析，依托创业项目逆境情境，对相关假设进行检验。对所有假设进行数据整合和结果讨论，以详细说明本章模型的具体作用机制和研究发现，从而实现对创业团队韧性如何形成这一研究问题的探索和分析。

第6章　逆境情境下创业团队韧性对创业团队成长的影响机制研究

6.1　研究目的

　　成长是创业活动的核心，是创业持续发展的重要保障（Penrose，1959）。尤其是在逆境情境下，经历了逆境的创业团队如何重整旗鼓、展开新的创业活动并实现持续发展是一个具备现实意义和理论意义的重要话题。因此，逆境情境下创业团队韧性如何对创业团队成长产生影响，是本书的一个重要关注点。只有深入探索创业团队韧性如何作用于创业团队成长，才能明确了解逆境情境下创业团队韧性在创业活动中发挥的核心作用，进而更好地帮助创业团队利用创业团队韧性。前文的研究已经为这一部分的研究做了前置准备：首先，基于文献回顾发现，已有研究已经关注到韧性对于创业发展的影响，但是对韧性对创业团队成长影响的研究还相对较少，有待进一步挖掘。其次，第3章依托逆境情境，已经通过文献回顾与梳理、半结构化访谈等方式开发出创业团队韧性的量表，为本章定量分析提供了基础。再次，第4章通过案例研究，探索了逆境情境下创业团队韧性如何形成及其对创业团队成长如何产生影响，并发现创业团队韧性通过集体认知评价和协同行动变革促进创业团队成长，这为本章具体理论模型的建构提供了充分的理论论证。最后，第5章已经基于逆境情境对创业团队韧性的形成从逆境事件触发角度进行了探索，为了更好地理解创业团队韧性发展的整体研究脉络，需要从其结果因素着手，进一步发掘创业团队韧性对创业团队成长的影响机制，从而勾画出创业团队韧性完整的研究脉络，使本书不同章节之间形成补充和呼应。

面对创业活动的不确定性和高竞争性，创业团队会以项目为主导去推动创业活动的持续发展（Klotz et al.，2014）。但是由于创业的新生弱性，创业团队可能会面临偶尔甚至频繁的创业项目逆境（Shepherd et al.，20109），创业团队中的成员都有可能会置身于各种创业逆境中（Shepherd et al.，2011；Bylund & McCaffrey，2017；Patzelt et al.，2021）。因此，现有研究凸显了创业团队韧性，即以创业团队内部成员之间的互动为基础，在创业团队成员共同经历创业逆境时，创业团队整体所具备的对逆境的积极应对、有效恢复与持续发展的能力（Stoverink et al.，2020；Chadwick & Raver，2020；Hartmann et al.，2022）。既有研究已经探索了常规工作情境中，团队韧性对团队绩效、团队生存能力、团队学习等多方面的影响（Meneghel et al.，2016；Dimas et al.，2018；Brykman & King，2021）。然而，团队韧性在创业领域虽然发挥着关键作用，却鲜少受到关注（Hartmannet al.，2022）。与常规工作情境相比，创业团队中的创业活动通常更具创新性、不确定性和模糊性（Blatt，2009）。因此，研究创业团队韧性在逆境情境中对创业团队成长的具体影响机制显得尤为重要。

创业认知理论框架强调注意力、记忆等都是有限的认知资源，创业主体在运用创业能力调动这些资源时要遵循增益和损耗的原则（Mitchell et al.，2002；Shepherd & Patzelt，2018），因此本章将在该理论框架的指引下选取框架中细分领域涉及的资源保存理论，探索逆境情境下创业团队韧性对于创业团队成长的具体影响机制。具体而言，资源保存理论认为，个人会努力获取和保留有价值的资源，以帮助其实现目标，并且拥有更多资源的人会将这些资源更多用于增加可用资源库的活动（Hobfoll，1989）。据此，创业团队韧性作为一种创业能力，能够通过资源的投入，帮助创业团队应对创业项目逆境（Stoverink et al.，2020）。资源保存理论强调，资源在推动认知、行为及主体后续发展方面会发挥关键作用（Hobfoll，2001）。创业团队韧性作为一种资源输入，可基于资源的投入影响认知和行为，进而推动创业团队成长（Hartmann et al.，2020；Chadwick & Raver，2020）。创业团队韧性作为一种积极资源的投入，会激发团队成员的积极认知，进而促进团队成员主动性行为的产生，从而推动创业团队成长的实现。据此，本章选取团队认知重评和团队任务重塑作为认知和行动方面的两个具体中介变量，以揭示创业团队韧性和创业团队成长间的关系。

进一步地，资源保存理论中的交叉模型指出，资源可以通过交叉在团队间进行交流，创业团队中的个体经历的工作压力或心理压力会影响到同一社会环境中另一个人的压力水平，从而出现这种人际关系的交互过程（Hobfoll et al.，2018）。同时，逆境情境中蕴含对现有资源的威胁，这些威胁会引发不同压力源的产生（Cavanaugh et al.，2000）。压力源作为创业团队对压力事件的反应，可以通过交叉模型影响创业团队韧性与创业团队成长间的关系（Hobfoll et al.，2018）。因此，本章认为，压力源作为调节因素可能会影响创业团队韧性作用的发挥。

既有研究将压力源分为挑战性压力源和阻碍性压力源（Cavanaugh et al.，2000）。挑战压力源指的是与工作量、时间压力、工作范围和责任以及鼓励发展等相关的要求（Cavanaugh et al.，2000；LePine et al.，2005；Pearsall et al.，2009），能够对创业发展产生积极影响（贾迎亚等，2023）。阻碍性压力源指的是与组织关系、繁文缛节、角色模糊性以及工作安全相关的要求（Cavanaugh et al.，2000；Boswell et al.，2004；Pearsall et al.，2009；LePine et al.，2016），会对创业发展产生消极影响（贾迎亚等，2023）。不同类型的压力源会影响创业团队的资源，进而影响创业团队对创业活动的资源投入（LePine et al.，2005）。据此，本章会探索团队挑战性压力源和团队阻碍性压力源在创业团队韧性与创业团队成长的关系间发挥的边界作用。

综上所述，为了更好地理解在逆境情境中，创业团队如何利用创业团队韧性推动创业团队成长，本章基于资源保存理论，具体探索了团队认知重评和团队任务重塑在创业团队韧性和创业团队成长间的中介作用，以及团队挑战性压力源和团队阻碍性压力源在创业团队韧性和创业团队成长关系间的调节作用。基于以上研究目的，本章预期做出如下研究贡献：首先，拓展创业团队层面韧性的研究，提供关于创业情境中创业团队韧性的新见解（Hartmann et al.，2022）。其次，本章将创业团队韧性与创业团队成长相联系，丰富了创业团队韧性领域目前相对有限的结果变量研究。再次，依据资源保存理论，本章建构了一个将创业团队韧性、团队认知重评、团队任务重塑和创业团队成长相联系起来的链式中介模型，从而深化对创业团队韧性对创业团队成长具体影响机制的理解。最后，根据交叉模型，本章将团队挑战性压力源和团队阻碍性压力源作为研究创业团队韧性作用发挥过程中的重要边界条件，探索不同压力源所发挥的差异性调节作用。本章期望帮助创业团队了解如何运用创业团队韧性来促进创业团队成长，并帮助创业团队管理团队成员的压力源，以更好地激活逆境情境下创业团队韧性的有效性。

6.2 资源保存理论

资源保存理论指出，人们会努力获得、保留、培养和保护有价值的资源（Hobfoll et al.，2018；段锦云等，2020；廖化化等，2022）。资源指的是本身具有价值的目标资源（如房屋等）、条件资源（如个人工作经验等）、个人资源（如个体的乐观主义特质）或能量储备（如金钱等），或因其作为实现或保护有价值资源的渠道而具有价值的相关事物（Hobfoll，2001；Hobfoll et al.，2018）。资源保存理论认为，人的认知具备一种内在的和强大的进化属性，即高估资源损失和低估资源收益。在此基础上，资源保存理论指出，压力情境和压力事件会发展在核心或关键资源受到损失威胁时、核心或关键资源丢失时、经过多重努力未能获得核心或关键资源时。

资源保存理论包含四个基本原则（Hobfoll et al.，2018）：第一个原则是损失优先原则（Primacy of loss principle），即资源损失比资源收益更多。资源保存理论认为，随着时间的推移，资源损失会对人们产生更深远的影响。因为对于人类进化系统而言，损失产生的影响是最重要的，即使很微小的损失也可能影响到生存问题。第二个原则是资源投资原则（Resource investment principle），即人们必须通过投入资源以实现从损失中恢复、防止损失和再获得资源。这一原则是本章在使用资源保存理论解释创业团队韧性对创业团队成长的影响时主要遵循的原则。第三个原则体现了增益悖论（Gain paradox principle），即在资源损失的情况下，资源的获得会显著增加。当资源损失严重时，资源收益会变得更加重要，其价值也会进一步凸显。第四个原则是绝望原则（Desperation principle），即当人们的资源被耗尽时，会为了实现自我保护而进入防御模式，这种防御模式甚至会具有攻击性。这种防御性能够将压力转移出去，甚至改变压力源的种类，或激发新的应对策略的产生。这是目前资源保存理论中使用相对最少的原则，但是具备很强的解释力（曹霞和瞿皎姣，2014；Hobfoll et al.，2018；段锦云等，2020）。

资源保存理论提出三个推论（Hobfoll et al.，2018）：第一个推论是拥有资源的人能够获得更多资源，并且不会轻易被资源损失所影响。反之，缺乏资源的人更难获得资源，并容易遭受资源损失的困扰。第二个推论是资源损失具有螺旋性质。由于资源损失会比资源收益产生更强的影响，并且资源损失会导致压力的产生。在压力螺旋的迭代中，人们拥有的能够抵消资源损失的资源更少，导致资源损失呈螺旋式上升，加重了损失。第三个推论同样遵循资源的螺旋性质，但是凸显了资源收益的螺旋增长性质。值得关注的是，由于资源收益的数量和增速都弱于资源损失，因此资源收益的螺旋增长需要更多的时间（Hobfoll et al.，2018）。

由于本章研究是创业团队层面的研究，资源保存理论的交叉模型能够更好地解释创业团队成员之间交互作用的发生机制和效用结果，因此本章进一步对交叉模型的相关理论进行回顾。交叉模型一方面关注资源的保护、获取和保留（Hobfoll，1989，2001），另一方面关注其中的资源交换（Hobfoll et al.，2018）。交叉指的是当个体在面临压力情境时，影响到处于同一情境中的另一个体压力水平的人际交互过程（Bolger et al.，1989）。交叉体现了个体心理状态和情境体验在不同主体间的交互和传递。这种交叉实现了群体间资源的多重交换和实时影响。Westman（2001）进一步将这种资源交叉延伸到组织环境中情感和资源的交互情境中，并提出了三种具体机制来进一步描述交叉是如何发生的。第一种机制是直接交叉，资源在同伴之间实现直接传递。第二种机制是间接交叉，资源通过特定的中介传导机制实现传递。第三种机制是虚拟交叉，群体共同经历的压力源，会通过传递的方式对所有个体产生共同的影响。本章将基于交叉模型实现对研究模型的深层次解释。

目前，资源保存理论被认为是理解韧性前因后果的适用理论框架（Stoverink et al.，2020；Hartmann et al.，2020；Brykman & King，2021）。例如，Brykman 和 King（2021）依据资源保存理论发现，团队韧性会促进团队学习，因为韧性强的团队有能力将资源投入到学习活动中。Stoverink 等（2020）提出，团队韧性会随着时间的推移而增加，作为一个自我强化的增益螺旋在团队中发挥作用。据此，应用于创业领域，逆境情境反映了在一个有威胁的环境，创业团队韧性成为应对逆境的一个关键资源。创业团队韧性是以创业团队内部成员之间的互动为基础，在创业团队成员共同经历创业逆境时，创业团队整体所具备的对逆境的积极应对、有效恢复与持续发展的能力（Stoverink et al.，2020；Chadwick & Raver，2020；Hartmann et al.，2022）。因此，本章将使用资源保存理论来解释逆境情境下创业团队韧性对创业团队成长的影响。此外，在社会群体的运作中，成员之间的互动是资源的传递（Hobfoll et al.，2018；Stoverink et al.，

2020）。据此，本章从理论角度提出团队压力源作为边界条件，会影响到创业团队韧性与创业团队成长间的关系。不同类型的团队压力源会通过交叉作用，增强或削弱创业团队韧性对创业团队成长的影响（Hobfoll et al.，2018；Stoverink et al.，2020）。

同时，需要关注的是，创业团队韧性是显著有别于常规工作场所的团队韧性的（Blatt，2009；Bullough & Renko，2013；Chen & Zhang，2021）。首先，创业团队的活动具有更大的不确定性，需要创业团队成员之间的密切协作来共同应对创业中的各种情境（Lechler，2001；朱仁宏等，2012；Patzelt et al.，2021），这与工作团队韧性中的相对常规性工作活动是完全不同的。在这一过程中，创业成员作为主导创业活动的主体，成员间的互动将深刻影响创业的发展，这会比常规工作情境中普通员工间的协作产生更大的影响。可见，强不确定情境下创业团队成员之间的紧密耦合性，使对创业团队韧性的研究显得尤为特殊和重要（Stoverink et al.，2020；Hartmann et al.，2022）。

其次，创业团队属于创业活动初创期建立的团队，大多缺乏既定的规则、管理方法和共同的行为模式来指导创业活动（Blatt，2009）。这种缺乏适当管理结构的情况可能导致创业团队需要更及时地应对所遇到的逆境，而韧性能够帮助团队更有效地应对危机。因此，创业团队韧性的研究对于创业团队来说更加重要和急迫（Blatt，2009；Santoro et al.，2021）。

最后，创业是一个情感之旅（Cardon et al.，2012），创业团队中的成员在创业过程中可能会伴随不同起伏的经历，体验许多极端的情感（Goss，2005；De Cock et al.，2020）。创业团队中发生的变化会在团队成员内部产生一个直接的情绪传染过程（Breugst et al.，2011；朱秀梅等，2021），由此，成员间会产生一种对特定情绪的共情和共振。在此过程中，韧性能够很好地帮助团队成员管理这些情绪（郝喜玲等，2020）。在创业活动的发展过程中，创业团队韧性作为资源投入到创业活动中的作用是有效的。

综合而言，本章基于资源保存理论并结合逆境情境展开论证，认为具有创业团队韧性的团队能够帮助成员保护和获得资源，团队会将逆境视为挑战，将资源用于激活积极的反应，实现认知上的重新评估，从而产生更积极的行为，如团队任务重塑，最终实现推动创业团队的成长（Meneghel et al.，2016；Chadwick & Raver，2020；Hartmann et al.，2021，2022）。

6.3　研究假设

6.3.1　创业团队韧性与创业团队成长

韧性是理解团队如何应对逆境和处理逆境的关键（Folkman & Moskowitz，2000；Tedeschi & Calhoun，2004；郝喜玲等，2020）。创业团队韧性是团队所具备的从逆境中快速恢复的能力，这能够帮助团队在逆境情境下和创业过程中保持积极的态度，并不断克服创业过程中的各种困难，进而推动创业进程，实现创业团队成长。

资源保存理论指出，资源会在自我强化的螺旋中发挥其效力（Hobfoll，2001）。当逆境袭来时，创业团队可以通过投资资源以防止可能的损失，从而启动一个实现目标的循环，创造更多的资源（Hobfoll，2010）。创业团队韧性通过资源投资，增强了团队成员对逆境的适应性，这些资源可以被重新使用、组合和塑造，以应对各种情况（Maynard & Kennedy，2016）。因此，具备创业团队韧性的团队会将更多的资源投入到创业中，并保存和获得更多的资源，来应对创业项目逆境，从而促进创业活动的持续发展。同时，资源保存理论不仅强调资源投资的重要性，更强调避免资源损失的重要性。逆境情境下的创业团队往往处于资源匮乏的困境，相比于有限资源的投资，更应注重现有及潜在资源的损失。由此，为了规避更多资源的损耗，具备韧性的创业团队在逆境情境中也会通过对资源的保存、利用来推动创业团队的成长。

具体而言，首先，创业活动本身充满不确定性，团队成员所获得创业信息多数也是模糊且不断变化的。创业团队韧性作为团队追求创业机会的关键能力（Bullough et al.，2014），会在这种逆境情境中对创业决策产生重要的影响。依据资源保存理论，拥有创业团队韧性的团队会把韧性作为应对逆境的一种有效能力，积极运用韧性去调动所拥有的资源来应对逆境，从而缓和成员在逆境情境下的焦虑情绪（Meneghel et al.，2016）。此时成员表现的是对不确定性的积极响应，而不是抵制或抗拒。这种创业团队能力在活跃创业思维的同时，有助于启发成员提出更多强有力的应对策略和解决措施（Leana & Feldman，1994）。此外，拥有韧性的创业团队也会积极规避资源的损耗，通过韧性来保存更多的资源并推动创业团队成长的实现。

其次，创业团队韧性所蕴含的成员对克服困难的决心，能加强团队成员的归属感和联系度。创业团队成员间会团结起来，以更积极的行动去共同直面逆境（Dimas et al.，2018）。成员之间会更默契地加强协作与互动，表现出对潜在机会的感知和应对挑战的意图，成员愿意为改变因逆境所带来的困境而主动采取更多的有效行动。这种蕴含在创业团队韧性之中的"我们愿意做""我们要做"的创业导向（Bullough et al.，2014；熊立等，2019），能有效地促进创业活动的目标进程，推动创业团队成长（Fredrickson et al.，2003）。

H1：创业团队韧性对创业团队成长具有显著正向影响。

6.3.2 团队认知重评的中介作用

具有韧性的创业团队愿意在创业活动中投入资源，并激励团队成员积极调动资源以实现积极的认知（Chadwick & Raver，2020）。当面临逆境时，相较于个体创业者，创业团队中的成员更多地通过互动交流来塑造集体性认知（胡望斌等，2019；庞长伟等，2021）。创业团队在此过程中会从认知角度不断被重新评估，帮助团队更好地做出判断（Lomberg et al.，2019）。其中，团队认知重评反映了主体习惯性地对事件进行再评价以体验更多的积极情绪和更少的消极情绪的程度（Gross & John，2003；Gross，2013）。团队认知重估可以帮助创业团队成员从积极的角度看待逆境，以推动创业发展（胡望斌等，2019）。

创业团队韧性所蕴含的积极能力能够激发团队资源的投入，拓展创业成员对创业逆境的认知和团队成员看待逆境的视角，有助于成员间的互动讨论和集体性信息处理，促进成员的认知灵活性和认知包容性，帮助成员克服负面情绪，进而形成对所处逆境情境的重新积极评价（Fredrickson，2016；De Cock et al.，2020；姚海娟等，2022；Zhu et al.，2023）。创业团队韧性所展现的积极情绪也能够进一步缓解逆境情境中创业不确定性给创业团队带来的负面影响，并通过成员之间的互动形成集体性的积极认知，激发团队认知重评的产生（Gross & John，2003；陈逢文等，2020）。创业团队韧性帮助团队成员从共同意义理解的层面，控制和调节其对创业项目逆境的消极认知，将身处的逆境情境评估和解释作为挑战和机遇，并做好积极应对的准备，实现创业团队韧性对团队认知重评的推动作用（De Cock et al.，2020；Chadwick & Raver，2020）。

进一步地，创业团队通过认知重评能够推动创业团队成长。依据资源保存理论，团队对于负面事件如逆境情境的积极评估，有助于抑制团队的资源内耗，促进团队的资源保留和获得（Hobfoll，2010；段锦云等，2020）。据此，团队认知重评所产生的积极性理解，可以提高团队成员对潜在机会的识别和利用（Baron，2008；Liu et al.，2021），促进他们提升团队技能和扩展社会网络（Fredrickson，2001）。同时，进行团队认知重评的创业团队，会将逆境看作机会，有更好的包容度和理解力去思考所面临的各种不同情况。进而，创业团队会更有动力提出各种具体性的解决措施，以推动创业团队成长的实现。

H2：团队认知重评在创业团队韧性与创业团队成长之间发挥中介作用，即创业团队韧性会增强团队认知重评，进而促进创业团队成长。

6.3.3　团队任务重塑的中介作用

创业团队以项目制为主导来推动创业活动的持续性推进（Yao et al.，2021；Li et al.，2023）。团队任务重塑适用于项目推进状态中的创业活动（Leana et al.，2009）。团队任务重塑作为一种主动性的工作设计，旨在改变团队任务的边界，包括任务的范围、数量和顺序（Wrzesniewski & Dutton，2001）。依据资源保存理论，当创业团队具备创业团队韧性时，能够有充分的资源投入到团队发展中，此时团队任务重塑作为一种主动性行为，能够将创业团队韧性与创业团队成长链接（Chadwick & Raver，2020）。

具备韧性的创业团队会主动地采取前瞻性行为，将团队自身拥有的资源投入到创业任务中（Chi et al.，2023）。资源的投入能够改变成员沉溺在过往逆境中的消极状态（Folkman，1997；Masten，2001）。成员会在韧性的推动下开展更多主动性行为，积极接受现状并努力完成团队任务（Hobfoll，2001）。成员可以改变任务的现有边界，完善任务中不合理的部分，进一步增强创业团队整体对任务和环境的适应性（Leana et al.，2009）。创业团队韧性也能够推动创业团队成员在创业过程中，对团队任务进行自下而上的修改，增强任务推进的合理性和流程的完善性，提高团队完成的效率，由此凸显了创业团队韧性对团队任务重塑的积极影响（Hornung et al.，2010）。

一方面，团队任务重塑通过精简工作流程、丰富工作内容，增强了创业团队成员对团队的归属感和对任务的责任感（Luthans，2002；Bakker et al.，2012；尹奎等，2019；王桢，2020）。在这其中，创业团队成员能在团队任务的推进过程中,感受到任务推进带来的成就感,进而激励创业团队成员更加积极地参与到团队任务中,并争取任务的顺利完成(Demerouti et al.,2015;王颖等,2019)。另一方面,创业团队韧性所产生的资源投入,能够带动团队任务重塑来帮助团队进行复杂团队任务的管理,帮助团队有效处理创业不确定性。这有助于增强团队的灵活性,进而提升创业团队绩效产出,对创业团队成长产生积极影响(Bakker et al.,2012;林新月和孟亮,2022)。

H3:团队任务重塑在创业团队韧性与创业团队成长之间发挥中介作用,即创业团队韧性会增强团队任务重塑,进而促进创业团队成长。

6.3.4 链式中介效应

综合以上假设,本章发现,创业团队韧性对创业团队成长的影响,经历了从认知层面到行动层面的转变。根据资源保存理论,创业团队韧性通过资源的投入,引发创业团队成员集体的积极认知,即成员的团队认知重评被有效调动,进而成员会将共同经历的逆境重新评估为挑战和机遇(Hobfoll,1989;De Cock et al.,2020)。这种创业团队认知上的重新评估是一个重要的机制,决定了创业团队应对行为策略的选择(Ahmed et al.,2022)。团队认知重评会改变创业团队处理事件的看法和方式,有助于帮助团队克服创业逆境项目这种负面事件所带来的消极影响,减少成员的情绪波动(Uy et al.,2017)。这种积极认知能够使成员采取主动性行动,利用团队任务重塑积累创业项目逆境中的经验和改善团队任务的内容,使成员全身心投入到团队任务的进程中,推进创业项目的进展(Wrzesniewski & Dutton,2001;尹奎等,2019;王桢,2020)。

因此,依据资源保存理论,创业团队韧性通过资源投入,引发团队认知上的变化,团队认知重评能够帮助团队基于积极的视角,重新解读创业逆境,确定团队行为的修改和适应需求,进而形成对任务的重新改造和适应,激发团队任务重塑的产生,由此开发出创造性和创新性的问题解决方案,以推动创业团队成长。

H4:团队认知重评和团队任务重塑在创业团队韧性与创业团队成长之间发挥链式中介作用,即创业团队韧性促进了团队认知重评,增强了团队任务重塑,从而促进创业团队成长。

6.3.5 团队压力源的调节作用

当创业团队成员观察团队内的其他成员对逆境的一系列反应时,交叉过程就会产生，影响到创业团队韧性作用发挥的有效性。据此，创业团队成员会在创业项目逆境情境中产生不同类型的压力源——团队挑战性压力源和团队阻碍性压力源，其作为边界条件在创业团队韧性对创业团队成长的影响中发挥作用，即可能增强或削弱创业团队韧性对创业团队成长的积极影响（Lerman et al.，2021）。

挑战性压力源被认为能够对创业发展产生积极影响和潜在回报（Cavanaugh et al.，2000；LePine et al.，2005；Pearsall et al.，2009）。依据资源保存理论，挑战性压力源是创业团队获取资源的一种有效方式（Hobfoll，1989，2001）。当创业团队持有挑战性压力源时，创业团队整体会表现出对创业活动继续推进的热情和渴望，愿意主动从负面情绪中走出并继续参与到创业中（LePine et al.，2005；王甜等，2019）。当创业团队成员将逆境中产生的压力源从积极方面进行解读时，会产生更强的凝聚力，主动对所遇到的问题进行探讨，共同寻找解决方法（赵瑜等，2015；Stoverink et al.，2020）。由此，团队挑战性压力源能够增强创业团队的韧性使用效果，帮助创业团队利用韧性去调动团队认知重评的产生，通过成员的有效恢复获得更多对逆境的正面解读。

此外，团队挑战性压力源所激发的积极情境，能够使成员形成以问题解决为中心的应对模式，由此成员有更强的信心来应对逆境（Shimazu & Schaufel，2007）。依据交叉模型，成员会对团队中其他同伴的需求做出积极的回应，一起努力将压力转化为动力，降低团队内部集体性的心理疏离感，共同推动创业团队韧性效用的转化，激发认知和行动层面的积极改变和有序推进（赵瑜等，2015；LePine et al.，2016）。在高团队挑战性压力源的作用下，创业团队会进一步提高资源投入的有效性（贾迎亚等，2023），刺激创业团队的集体性认知重评，激发团队任务重塑的产生，团队成员会主动对团队任务进行改造，最终促进创业团队成长（Wrzesniewski & Dutton，2001；LePine et al.，2016）。

H5a：团队挑战性压力源增强了创业团队韧性对团队认知重评的正向影响，即团队挑战性压力源越强，创业团队韧性对团队认知重评的正向影响越强。

H5b：团队挑战性压力源增强了团队认知重评和团队任务重塑在创业团队韧性与创业团队成长间的链式中介作用。

团队阻碍性压力源被认为会对创业发展产生消极影响（Cavanaugh et al.，2000；Boswell et al.，2004；Pearsall et al.，2009；LePine et al.，2016）。与团队挑战性压力源所体现的资源投入与资源获取不同，团队阻碍性压力体现了资源保护的内涵（Hobfoll，1989，2001）。团队阻碍性压力源蕴含了制约创业进展、阻碍绩效和不能为成员产生潜在的利益的因素（Cavanaugh et al.，2000；Lepine et al.，2005；Lepine et al.，2016）。据此，本章认为，团队阻碍性压力源可能会削弱创业团队韧性作用发挥的有效性。

当创业团队将所经历的压力源消极地视为阻碍性因素时，它们可能会将所经历的逆境情境视为完全负面和有害的（Pearsall et al.，2009）。这种阻碍性压力源会导致成员缺乏对任务的掌控感，出现逃避任务的倾向，以此来实现对自身现有资源的保护（Hobfoll，1989，2001；Lepine et al.，2005）。伴随团队阻碍性压力源所带来的焦虑和挫折，成员之间可能会失去对彼此的信任。这种团队信任和团队互动的缺失，会使创业团队丧失共同面对逆境并共同解决问题的动力（Lepine et al.，2005）。此外，团队阻碍性压力源会使创业团队成员产生对创业项目逆境的恐惧，降低成员继续努力的期望和动力（Pearsall et al.，2009）。这种因阻碍性压力源而产生的对现状积极评价的缺乏，会使创业团队成员在逆境情境下缺乏动力去改变目前的创业现状，对创业任务产生排斥心理。在这种状况中，拥有创业团队韧性的团队也很难调动团队认知重评和更进一步的团队任务重塑，由此抑制了创业团队成长的实现（Lepine et al.，2005；赵瑜等，2015）。

H6a：团队阻碍性压力源削弱了创业团队韧性对团队认知重评的正向影响，即团队阻碍性压力源越强，创业团队韧性对团队认知重评的正向影响越弱。

H6b：团队阻碍性压力源削弱了团队认知重评和团队任务重塑在创业团队韧性与创业团队成长间的链式中介作用。

本章的理论模型框架如图6-1所示。

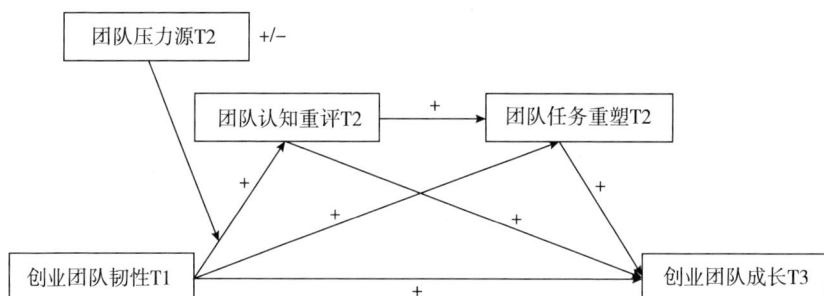

图6-1 理论模型框架

注：T1表示Time 1，即第一阶段收集问卷；T2表示Time 2，即第二阶段收集问卷；T3表示Time 3，即第三阶段收集问卷。

资料来源：笔者根据研究内容绘制。

6.4 研究设计

6.4.1 问卷设计

本章采用问卷调查法进行定量研究。在实施问卷调查法的过程中，要进行严谨科学的问卷内容和结构设计，尽可能提升问卷回收的质量，保证研究结果的信度和效度。本章的问卷设计所遵循的原则同第 5 章问题设计原则，此外不再赘述。

6.4.2 样本和数据收集

本章问卷调查的内容所涉及的量表都源起成熟量表以及遵循严谨量表开发流程所获得的量表。为了进一步检验问卷的适用性，在正式调研前选取了 10 个符合要求的创业团队进行预调研。总体预调研结果符合预期，这为我们正式调研建立了坚实的基础。

正式调研阶段中，研究团队向符合本章研究标准的 356 个创业团队发放问卷。考虑到创业团队的规模情况，每个团队至少包含 3 名成员（由领导和员工组成）及以上人数参与填写。研究团队对所调研的团队进行了编号，并通过建立线上群组的方式将所有团队的领导集中起来，通过线上软件提醒调研对象及时完成问卷的填写，从而确保三轮问卷回收后的匹配准确度。在第一阶段 T1 问卷发放中，调研对象报告了他们的基本信息和创业团队韧性。为了尽可能降低共同方法偏差，提高数据收集的质量和研究结果的严谨性，时隔三个星期后，在第二阶段 T2 问卷发放中，研究团队测量了团队认知重评、团队挑战—阻碍压力源和团队任务重塑。同理，再时隔三个星期后，在第三阶段 T3 问卷发放中，研究团队测量了创业团队成长。参与者自愿参与这项研究，并清楚地了解这项研究纯粹是出于学术目的。随后，在剔除第二轮和第三轮未完成的问卷、填写不完整的问卷等存在明显问题的问卷后，依据事先标记的创业团队编号，对三阶段问卷进行匹配整理。最终本研究获得来自 168 个创业团队包含 601 名团队成员填写的有效问卷。问卷有效回收率为 47.19%。

样本的基本统计信息概况如表 6-1 所示。从所调研的创业团队特征来说，创业团队的主营业务分布在信息技术、生物医疗、技术服务、高端设备制造与新材料和新能源与能源节约领域。64.29% 的创业团队来自于私有制企业。创业团队的成立年限均在 8 年以内，符合创业研究的时间限定（Shrader & Simon，1997），其中，成立年限小于 6 年的创业团队达 148 家，占比 88.10%。创业团队规模以 3~4 人为主，符合创业阶段团队规模的特点。从所调研的创业团队中的成员特征来说，男性占比较多，达 354 人，占比 58.90%。创业团队成员接受教育的水平集中在本科和硕士阶段。团队领导中男性占比较多，达 98 人，占比 58.33%，受教育水平集中在本科和硕士阶段。

表 6-1　样本基本统计信息概况

团队特征			团队成员特征		
主营业务	样本量	占比（%）	团队成员性别	样本量	占比（%）
高端设备制造与新材料	24	14.28	男	354	58.90
新能源与能源节约	20	11.90	女	247	41.10
生物制药	28	16.67	团队成员受教育程度	样本量	占比（%）
技术服务	59	35.12	高中及以下	46	7.65
信息技术	30	17.86	大专	94	15.64
其他	7	4.17	本科	247	41.10
团队规模（人）	样本量	占比（%）	硕士	189	31.45
3	98	58.33	博士	25	4.16
4	52	30.95	团队领导性别	样本量	占比（%）
5	12	7.14	男性	98	58.33
6	6	3.58	女性	70	41.67
团队成立年限（年）	样本量	占比（%）	团队领导受教育水平	样本量	占比（%）
1~3	56	33.33	本科及以下	83	49.40
4~6	92	54.77	硕士	71	42.26
7~8	20	11.90	博士	14	8.34

注：$N_{(团队)}$ = 168。

资料来源：笔者根据样本情况整理所得。

6.4.3　变量测量

本章中使用的变量都是基于有效和可靠的测量获得的。所有量表均取自高水平学术期刊上的成熟量表，并根据本章的具体研究情境对量表表述进行相应的语境修改。我们使用了五点李克特量表格式，范围为 1（完全不同意）~ 5（完全同意）。

（1）创业团队韧性：创业团队韧性的量表主要采用本书第 3 章开发的量表。该量表由 3 个维度 9 个题项组成。本书第 3 章对该量表的信度与效度进行了严谨的检验，表明该量表具有较高的质量，能够通过测量反映创业团队韧性的实质。代表题项为"我们从团队在逆境中会不断尝试各种解决方案"。实际操作中，该量表由创业团队全体成员进行评价。

（2）团队认知重评：团队认知重评的量表是根据 Gross 和 John（2003）的研究改编而来，包括 6 个题项，主要询问团队成员对集体认知的评价。根据本章研究的情境，将题项参照点描述由个体层面上升到团队层面。代表题项为"我们创业团队能够通过改变对所处情况的思考方式来控制集体性的情绪"。实际操作中，该量表由创业团队全体成员进行评价。

（3）团队任务重塑：团队任务重塑的量表是根据 Leana 等（2009）、Slemp、Vella-Brodrick（2013）的研究改编而来，包括5 个题项，主要询问团队成员对团队任务的看法。根据本章研究的情境，将题项参照点描述由个体层面上升到团队层面。代表题项为"我们创业团队会引入新的方法来改善创业工作"。实际操作中，该量表由创业团队全体成员进行评价。

（4）创业团队成长：创业团队成长的量表是根据 Anderson 和 Eshima（2013）、于晓宇等（2020）的研究改编而来，包括 3 个题项，主要询问创业团队领导对创业成员增长、销售额增长和市场份额增长的评价。实际操作中，该量表由创业团队领导进行评价。

（5）团队挑战性压力源：挑战性压力源的量表是根据 Cavanaugh 等（2000）的研究改编而来，包括 6 个题项，主要询问团队成员对团队工作的看法和认知。根据本章研究的情境，将题项参照点描述由个体层面上升到团队层面（Razinskas & Hoegl，2020）。代表题项为"我们创业团队会在创业上投入很多的时间"。实际操作中，该量表由创业团队全体成员进行评价。

（6）团队阻碍性压力源：挑战性压力源的量表是根据 Cavanaugh 等

（2000）的研究改编而来，包括5个题项，主要询问团队成员对团队工作的看法和认知。根据本章研究的情境，将题项参照点描述由个体层面上升到团队层面（Razinskas & Hoegl，2020）。代表题项为"我们缺乏工作安全感"。实际操作中，该量表由创业团队全体成员进行评价。

（7）控制变量：本章首先控制成立年限、团队规模、团队异质性和所有权，因为既有研究表明，它们与这些统计数据有关，可能会影响创业发展（Baum & Locke，2004；Heyden et al.，2013）。成立年限反映创业团队的存活时间，团队规模由团队领导的回答中的团队成员数量来衡量。团队异质性由四个条目来衡量，代表性的项目是"在我们的团队中，每个成员都有不同的专业领域"（Heyden et al.，2013）。本章对单个团队成员的结果进行聚合，得到团队层面的异质性（ICC（1）= 0.272，ICC（2）= 0.572，R_{wg} = 0.821）。本章用一个虚拟变量来表示所有权，1代表私有，0代表非私有，由团队领导回答这个问题。由于创业团队效能感可能对创业团队韧性及其相关创业结果有影响（Chadwick & Raver，2020），因此本章还控制了创业团队效能感，并使用七个项目来测量它，代表性的项目是"我们创业团队有高于平均水平的能力"（Riggs & Knight，1994）。通过对单个团队成员的结果进行聚合，以获得团队层面的创业团队效能感（ICC（1）= 0.433，ICC（2）= 0.732，R_{wg} = 0.865）。此外，由于本章中的样本为经历过创业项目逆境创业团队，即经历了过往新项目的开发和推进，所以控制了技术动荡性和创新研发投入后通过以下两个问题测量团队效能感：①我们创业团队可以跟上行业的技术变化（Guo et al.，2016）。②我们创业团队的研发实力相对于其竞争对手是比较有优势的（Jin et al.，2019）。这两个问题的得分从（1）完全不同意到（5）完全同意。

6.4.4　分析策略

由于本章研究的模型涉及链式中介、被调节的中介等诸多检验，需要同时考虑多个变量间的关系，因此本章使用 Mplus 7.0 和 SPSS 22.0 对研究模型进行分析。通过对数据进行描述性统计分析（Descriptive statistic）、相关性分析（Correlation analysis）、验证性因子分析（CFA）、信度分析（Reliability analysis）、效度分析（Validity analysis）、结构方程模型（Structural Equation Model，SEM）和拔靴法（Bootstrapping）来逐一检验直接效应、中介效应和调节效应。

6.5　数据分析与研究结果

6.5.1　数据质量检验

聚合检验：本章中的创业团队韧性、团队认知重评、团队任务重塑、团队挑战性压力源和团队阻碍性压力源等变量均是由创业团队所有成员个体填写，需要将个体层面的测量聚合到团队层面，并通过聚合检验确认数据是否符合团队层面数据分析的要求。组内评价一致性（Group rating consistency，R_{wg}）和组内相关系数（Interclass correlation，ICC）是聚合检验的重要指标。其中，当 ICC（1）值大于 0.050，ICC（2）值大于 0.500，R_{wg} 值大于 0.700 时，说明所测量的变量达到聚合的要求（James et al.，1984）。本章所涉及的 5 个变量的 ICC（1）、ICC（2）和 R_{wg} 值如表 6-2 所示。

表 6-2　变量的聚合检验

变量	ICC（1）	ICC（2）	R_{wg}
创业团队韧性	0.311	0.618	0.879
团队认知重评	0.261	0.558	0.826
团队任务重塑	0.405	0.709	0.903
团队挑战性压力源	0.333	0.641	0.855
团队阻碍性压力源	0.346	0.654	0.836

资料来源：笔者根据 SPSS22.0 聚合检验结果整理。

由表 6-2 可知，本章的所有变量都符合聚合检验的标准，适合从个体层面聚合到团队层面进行分析。

样本正态分布检验：研究团队通过对 168 个创业团队数据的正态分布检

验来进一步确认数据质量。基于样本正态分布检验结果得知，本章的调研数据的各题项标准差均大于 0.5，偏度绝对值均小于 2，峰度绝对值小于 3。如果调研数据的各个题项偏度绝对值小于 3，峰度绝对值小于 10，则说明数据能够较为理想地拟合模型且能够得出较准确的参数估计（Kline，1988）。因此，这一结果说明，数据具备良好的正态分布趋势，可以进行进一步的统计分析。

共同方法偏差检验：首先，本章的问卷分为三个阶段收集，每轮问卷收集时间间隔三个星期。这种不同时间段收集问卷的方式，可以在很大程度上降低共同方法偏差（Podsakoff et al.，2003）。其次，本章使用 Harman 单因素检验法对共同方法偏差进行检验（Podsakoff & Organ，1986），结果显示，最大单因素解释变异值为 28.59%，说明不存在严重的共同方法偏差问题。创业团队的道德平衡动机这一变量被选为标记变量，结果证明，它与模型中的其他变量大致不相关。当标记变量被添加到研究模型中作为内生变量进行分析时，所有路径系数的显著性并没有改变。因此，以上结果均表明，共同方法偏差总体上不对本章研究构成威胁。

6.5.2 问卷信度与效度

信度分析：首先检验本章所收集的数据是否适合进行因子分析。数据结果显示，KMO 值为 0.683，Bartlee 球形检验显著（p = 0.000），显示数据适合进行因子分析。其次检验每个变量的 Cronbach's α 克朗巴哈系数。由表 6-3 可知，本章中各个变量的 Cronbach's α 值均超过 0.700，最低为 0.706（Hair et al.，2010）。以上结果说明，本章使用的各个量表具有良好的信度。

效度分析：本章对聚合效度和区分效度进行检验。首先，表 6-3 显示，所有条目的标准化载荷系数均大于 0.600，组合信度 CR 值均大于 0.600，平均萃取方差 AVE 均大于 0.500，表明变量的聚合效度较好（Bagozzi & Yi，1988）。其次，AVE 的平方根均大于各构念间相关系数的绝对值（Fornell & Larcker，1981），表 6-4 异质异法相关性（Heterotrait-heteromethod correlations）HTMT 结果显示，变量之间的 HTMT 值都小于 0.850（Henseler et al.，2015），表明变量的区分效度较好。

表 6-3　变量的信度和效度指标

变量	Cronbach's α	因子载荷	CR	AVE
创业团队韧性	0.916	0.742~0.924	0.915	0.647
团队认知重评	0.733	0.702~0.775	0.734	0.525
团队任务重塑	0.706	0.701~0.812	0.707	0.511
团队挑战性压力源	0.834	0.733~0.889	0.832	0.582
团队阻碍性压力源	0.773	0.722~0.841	0.772	0.555

资料来源：笔者根据 SPSS21.0 运算结果整理所得。

表 6-4　异质异法相关性结果

变量	创业团队韧性	团队认知重评	团队任务重塑	创业团队成长	团队挑战性压力源	团队阻碍性压力源
创业团队韧性						
团队认知重评	0.099					
团队任务重塑	0.176	0.123				
创业团队成长	0.152	0.143	0.121			
团队挑战性压力源	0.195	0.106	0.125	0.182		
团队阻碍性压力源	0.097	0.111	0.135	0.186	0.136	

资料来源：笔者根据 SmartPLS3.0 运算结果整理所得。

同时，表 6-5 验证性因子分析进行的效度检验结果显示，包含上述所有六个变量的五因子模型拟合结果最为理想：拟合优度的卡方检验（χ^2/df）= 1.235，比较拟合指数（Comparative Fit Index，CFI）= 0.956，成长配适指标（Incremental Fit Index，IFI）= 0.965，塔克—路易斯指标（Tucker - Lewis Index，TLI）= 0.962，近似误差均方根（Root Mean Square Error of Approximation，RMSEA）= 0.027，标准化残差均方根（Standardized Root Mean Square

Residual，SRMR）= 0.021，结果显著优于其他模型。因此，本章所使用的量表具有较好的效度。

表6-5　验证性因子分析结果

模型	χ^2/df	RMSEA	SRMR	CFI	IFI	TLI
六因子模型	1.235	0.027	0.021	0.956	0.965	0.962
五因子模型	2.567	0.075	0.078	0.755	0.762	0.758
四因子模型	3.562	0.098	0.095	0.662	0.652	0.661
三因子模型	3.952	0.112	0.131	0.554	0.552	0.547
二因子模型	4.256	0.137	0.145	0.457	0.445	0.436
单因子模型	5.611	0.166	0.176	0.249	0.234	0.191

注：$N_{(团队)}$ = 168。五因子模型：创业团队韧性和创业团队成长合并为一个因子。四因子模型：创业团队韧性、团队认知重评和创业团队成长合并为一个因子。三因子模型：创业团队韧性、团队认知重评、团队任务重塑和团队挑战性压力源合并为一个因子。二因子模型：创业团队韧性、团队认知重评、团队任务重塑、创业团队成长和团队阻碍性压力源合并为一个因子。单因子模型：创业团队韧性、团队认知重评、团队任务重塑、创业团队成长、团队挑战性压力源和团队阻碍性压力源合并为一个因子。

资料来源：笔者根据AMOS22.0运算结果整理所得。

6.5.3　相关性分析

各变量的均值、标准差和相关系数如表6-6所示。各变量的均值和标准差没有异常值。模型的方差膨胀因子（Variance Inflation Factor，VIF）小于3.000，且变量间的相关系数均小于0.400，表明本章的数据不存在严重的多重共线性（Hair et al.，2010）。其中，创业团队韧性与创业认知重评、团队任务重塑、创业团队成长呈显著正相关关系。以上数据分析为后续的假设检验奠定了基础。

表 6-6　描述性统计与相关性分析

变量	均值	标准差	创业团队韧性	团队认知重评	团队任务重塑	创业团队成长	团队挑战性压力源	团队阻碍性压力源	创业团队效能感	团队异质性	技术动荡性	创新研发投入	成立年限	所有权
创业团队韧性	3.238	0.588	1.000											
团队认知重评	3.236	0.634	0.270***	1.000										
团队任务重塑	3.332	0.501	0.250**	0.329***	1.000									
创业团队成长	3.585	0.725	0.285***	0.252**	0.341***	1.000								
团队挑战性压力源	3.128	0.577	0.014	0.156*	0.103	0.075	1.000							
团队阻碍性压力源	3.001	0.579	0.004	-0.134	-0.016	-0.163*	-0.130	1.000						
创业团队效能感	3.094	0.879	-0.020	-0.088	-0.062	0.113	0.093	-0.085	1.000					
团队异质性	3.188	0.838	-0.074	-0.159*	0.026	0.004	0.109	-0.109	0.118	1.000				
技术动荡性	3.386	0.771	-0.077	-0.035	-0.008	-0.109	-0.134	0.099	-0.008	0.031	1.000			
创新研发投入	3.369	0.886	-0.048	0.115	0.051	0.171*	0.024	0.064	0.020	-0.087	0.016	1.000		
成立年限	4.292	1.725	-0.041	-0.007	-0.021	0.134	0.037	-0.053	0.037	0.125	0.015	0.062	1.000	
所有权	0.643	0.481	0.048	0.151	0.006	0.117	0.163*	0.012	0.071	-0.066	-0.023	0.086	0.119	1.000

注：N（团队）= 168。* $p<0.05$，** $p<0.01$，*** $p<0.001$。

资料来源：笔者根据 SPSS22.0 运算结果整理所得。

6.5.4 假设检验

Mplus 7.0 软件、结构方程模型（Structural Equation Model，SEM）和拔靴法（Bootstrapping）被用来检验假设。图 6-2 和表 6-7 显示了加入所有控制变量后得到的数据分析结果。

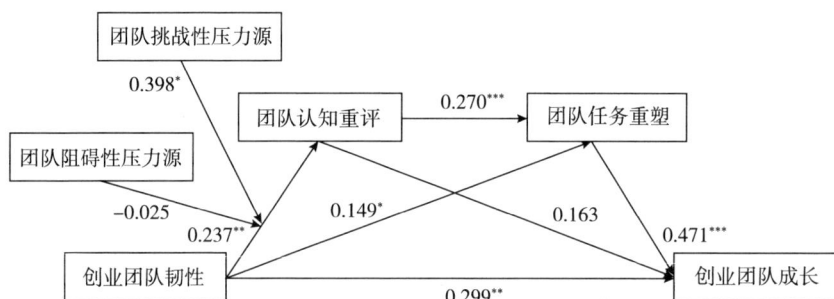

图 6-2 研究模型路径分析结果

注：* p<0.05，** p<0.01，*** p<0.001。

资料来源：笔者根据 Mplus 7.0 结果整理。

表 6-7 团队认知重评与团队任务重塑中介效应的 Bootstrapping 分析

路径	系数	标准误	t 值	p 值	95%置信区间	
					下限	上限
总的间接效应 中介效应	0.139	0.046	2.993	0.003	0.064	0.251
创业团队韧性→团队认知重评→创业团队成长	0.039	0.033	1.183	0.237	−0.011	0.124
创业团队韧性→团队任务重塑→创业团队成长	0.070	0.034	2.074	0.038	0.019	0.156
创业团队韧性→团队认知重评→团队任务重塑→创业团队成长	0.030	0.015	1.994	0.046	0.010	0.076

注：$N_{(团队)}$ = 168。Bootstrapping 随机抽样 5000 次。

资料来源：笔者根据 Mplus 7.0 结果整理。

主效应检验：图 6-2 显示，创业团队韧性对创业团队成长的正向作用显著（β= 0.299，p<0.01），表明创业团队韧性与创业团队成长之间存在显著正相关关系，假设 H1 得到数据支持。

中介效应检验：图 6-2 显示，创业团队韧性对团队认知重评的正向作用显著（β＝0.237，p＜0.01），而团队认知重评对创业团队成长无显著影响（β＝0.163，p＞0.05）。表 6-7 显示，在 95%的置信区间下，创业团队韧性通过团队认知重评对创业团队成长的间接影响显著（间接效应系数＝0.039，标准误＝0.033，95% CI＝［-0.011，0.124］，包括 0），假设 H2 所提出的团队认知重评在创业团队韧性与创业团队成长之间发挥中介作用没有得到数据支持。

图 6-2 显示，创业团队韧性对团队任务重塑的正向作用显著（β＝0.149，p＜0.05），团队任务重塑对创业团队成长的正向作用显著（β＝0.471，p＜0.001）。表 6-7 显示，在 95%的置信区间下，创业团队韧性通过团队任务重塑对创业团队成长的间接影响显著（间接效应系数＝0.070，标准误＝0.034，95% CI＝［0.019，0.156］，不包括 0），假设 H3 所提出的团队任务重塑在创业团队韧性与创业团队成长之间发挥中介作用得到数据支持。

图 6-2 显示，团队认知重评对团队任务重塑的正向作用显著（β＝0.270，p＜0.001）。表 6-7 显示，在 95%的置信区间下，创业团队韧性通过团队认知重评和团队任务重塑对创业团队成长的间接影响显著（间接效应系数＝0.030，标准误＝0.015，95%CI＝［0.010，0.076］，不包括 0），假设 H4 所提出的团队认知重评和团队任务重塑在创业团队韧性与创业团队成长之间发挥链式中介作用得到数据支持。

调节效应检验：图 6-3 显示，团队挑战性压力源对创业团队韧性和团队认知重评间的关系的正向调节作用显著（β＝0.398，p＜0.05）。进一步地，将团队挑战性压力源分为高组和低组（高于和低于一个标准差）（Aiken & West，1991），通过简单斜率分析对调节效应进行补充说明（见图 6-3）。创业团队韧性和团队认知重评之间的正向关系在团队挑战性压力源水平高的情况下（β＝0.697，p＜0.001）比在团队挑战性压力源水平低的情况下（β＝0.299，p＜0.001）更强，假设 H5a 所提出的团队挑战性压力源增强了创业团队韧性对团队认知重评的正向影响得到数据支持。

图 6-3 显示，团队阻碍性压力源对创业团队韧性和团队认知重评之间的关系没有显著的调节作用（β＝-0.025，p＞0.05）。因此，假设 H6a 和假设 H6b 没有得到数据支持。

被调节的中介效应检验：为检验团队挑战性压力源对链式中介的调节作用，进一步运用 Bootstrapping 对假设进行验证。表 6-8 显示，在 95%的置信区间下，

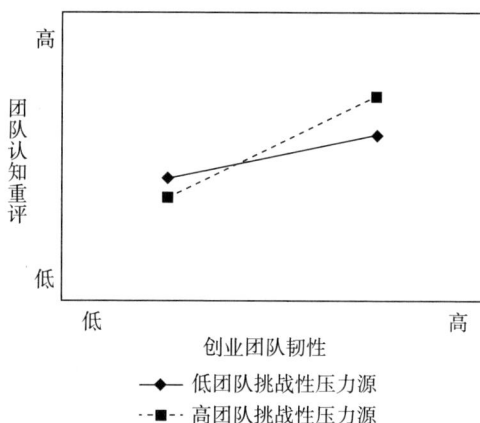

图6-3 团队挑战性压力源在创业团队韧性—团队认知重评间的调节作用

资料来源：笔者根据研究结果绘制。

在较高的团队挑战性压力源水平下（高于平均值1个标准差），链式中介效应显著（间接效应系数=0.054，标准误=0.027，95%CI＝[0.019, 0.130]，不包括0）；在较低的团队挑战性压力源水平下（低于平均值1个标准差），链式中介效应不显著（间接效应系数=0.006，标准误=0.015，95%CI＝[−0.023, 0.041]，包括0）。当创业团队处于不同的挑战性压力源水平时，团队认知重评和团队任务重塑在创业团队韧性和创业团队成长间的链式中介作用存在显著的差异（差值=0.049，标准误=0.031，95%CI＝[0.010, 0.145]，不包括0）。因此，假设H5b所提出的团队挑战性压力源增强了团队认知重评和团队任务重塑在创业团队韧性与创业团队成长间的链式中介作用得到数据支持。

表6-8 被调节的链式中介效应分析结果（团队挑战性压力源为调节变量）

分组	路径：创业团队韧性→团队认知重评→团队任务重塑→创业团队成长			
	系数	标准误	95%置信区间	
			下限	上限
高团队挑战性压力源	0.054	0.027	0.019	0.130
低团队挑战性压力源	0.006	0.015	−0.023	0.041
差值	0.049	0.031	0.010	0.145

注：$N_{（团队）}$ = 168。Bootstrapping 随机抽样 5000 次。

资料来源：笔者根据 Mplus 7.0 结果整理。

6.6　稳健性分析

　　为了检验本章主要研究结论的稳健性，笔者进行了一些额外的检查与分析。首先，遵循既有研究的操作流程和研究发现（Chadwick & Raver，2020），即将创业团队效能作为创业团队韧性的替代变量，进行整体模型的再次检验。创业团队效能感指的是团队在特定情境中从事某种行为所具备能力和得到预期目标的信念（Bandura，1997）。基于 Mplus 分析结果进一步排除了创业团队效能感是一个替代预测变量的可能性。数据分析结果显示，创业团队效能感作为自变量时，整体链式中介模型不显著（β = 0.016，95%CI =［-0.012，0.024］，包括0），表明创业团队效能感不能通过团队认知重评和团队任务重塑来影响创业团队成长，真正发挥作用的解释变量是创业团队韧性，并通过团队认知重评和团队任务重塑影响创业团队成长。由此，进一步验证了本章所提出的假设。

　　其次，遵循既有研究的操作流程和研究发现（Uy et al.，2017），本章一方面用创业目标进展作为因变量创业团队成长的替代变量，进行整体模型的再次检验。创业目标进展反映了创业团队在推动创业发展方面所做出的努力（Gielnik et al.，2015；Uy et al.，2015；Uy et al.，2017），从创业进展的角度体现了创业团队成长的内涵。与本章的主体研究中从创业团队领导处收集的创业团队成长数据不同，在稳健性分析中我们从创业团队所有成员处收集了创业目标进展数据。这既能形成对从领导处收集数据的补充，也形成了多重数据来源的验证。数据分析结果显示，创业团队韧性对创业目标进展的正向影响显著（β = 0.355，p < 0.001）；在95%的置信区间下，团队认知重评和团队任务重塑在创业团队韧性与创业目标进展间的链式中介效应显著（间接效应系数 = 0.052，标准误 = 0.015，95%CI =［0.002，0.040］，不包括0）。在较高的团队挑战性压力源水平下（高于平均值1个标准差），链式中介效应显著（间接效应系数 = 0.062，标准误 = 0.021，95%CI =［0.003，0.071］，不包括0）；在较低的团队挑战性压力源水平（低于平均值1个标准差）下，链式中介效应不显著（间接效应系数 = 0.002，标准误 = 0.007，95%CI =［-0.008，0.021］，包括0）。当创业团队处于不同的团队挑战性压力源水平时，团队认知重评和团队任务重塑在创业团队韧性和创业目

标进展间的链式中介作用存在显著的差异（差值 = 0.020，标准误 = 0.017，95% CI = [0.001，0.081]，不包括 0）。团队阻碍性压力源对创业团队韧性与团队认知重评间的关系及其链式中介均没有发挥显著调节作用。这一结果与本章主体研究中的发现基本相同，因此这一补充性检验的结果进一步证实了我们主要结论的可靠性。另一方面鉴于多案例研究和理论梳理中发现创业坚持可能是创业团队成长的具体表现结果，因此本章用创业坚持作为因变量创业团队成长的替代变量（Sabiu et al.，2017；Stoverink et al.，2020），进行整体模型的再次检验。数据分析结果显示，创业团队韧性对创业坚持的正向影响显著（β = 0.322，p < 0.001）；在 95% 的置信区间下，团队认知重评和团队任务重塑在创业团队韧性与创业坚持间的链式中介效应显著（间接效应系数 = 0.046，标准误 = 0.011，95% CI = [0.007，0.032]，不包括 0）。在较高的团队挑战性压力源水平下（高于平均值 1 个标准差），链式中介效应显著（间接效应系数 = 0.058，标准误 = 0.018，95% CI = [0.005，0.063]，不包括 0）；在较低的团队挑战性压力源水平下（低于平均值 1 个标准差），链式中介效应不显著（间接效应系数 = 0.003，标准误 = 0.006，95% CI = [−0.012，0.011]，包括 0）。当创业团队处于不同的团队挑战性压力源水平时，团队认知重评和团队任务重塑在创业团队韧性和创业坚持间的链式中介作用存在显著的差异（差值 = 0.031，标准误 = 0.019，95% CI = [0.012，0.073]，不包括 0）。团队阻碍性压力源对创业团队韧性与团队认知重评间的关系及其链式中介均没有发挥显著调节作用。这一结果与本章主体研究中的发现基本相同，因此这一补充性检验的结果再一次证实了我们主要结论的可靠性。

此外，由于本章所关注的结果变量是创业团队成长，其实际效果的呈现需要更长时间的积累，因此在完成本数据收集的 6 个月后，再次对研究样本进行回访并收集创业团队成长的数据。我们向 168 个创业团队的领导发出问卷填写链接，邀请他们评估现阶段创业团队成长的情况。因为时间间隔较长，最终只收到了 86 个创业团队领导的回复。通过对数据的匹配与分析，进一步验证了主体研究发现。数据分析结果显示，创业团队韧性对创业团队成长的正向影响显著（β = 0.332，p < 0.001）；在 95% 的置信区间下，团队认知重评和团队任务重塑在创业团队韧性与创业团队成长间的链式中介效应显著（间接效应系数 = 0.098，标准误 = 0.028，95% CI = [0.012，0.047]，不包括 0）。在较高的团队挑战性压力源水平下（高于平均值 1 个标准差），链式中介效应显著（间接效应系数 = 0.078，

标准误 = 0.023，95%CI = ［0.006，0.051］，不包括 0）；在较低的团队挑战性压力源水平下（低于平均值 1 个标准差），链式中介效应不显著（间接效应系数 = 0.003，标准误 = 0.008，95%CI = ［-0.011，0.025］，包括 0）。当创业团队处于不同的团队挑战性压力源水平时，团队认知重评和团队任务重塑在创业团队韧性和创业团队成长间的链式中介作用存在显著的差异（差值 = 0.032，标准误 = 0.019，95%CI = ［0.0011，0.067］，不包括 0）。团队阻碍性压力源对创业团队韧性与团队认知重评间的关系及其链式中介均没有发挥显著调节作用。这一结果与本章主体研究中的发现基本相同。

6.7　研究结论和讨论

相较于韧性在创业者个体层面和组织层面得到的关注度，目前创业团队韧性仍未得到充分探索（Stoverink et al.，2020；Hartmann et al.，2022）。本章在创业认知理论框架的引导下，选取其中细分的资源保存理论，建构了一个被调节的链式中介模型，以研究逆境情境下创业团队韧性与创业团队成长之间的关系。基于 168 个创业团队的三时点匹配数据发现，创业团队韧性通过增强团队认知重评和团队任务重塑来推动创业团队成长。团队挑战性压力源增强了创业团队韧性对团队认知重评的积极影响，创业团队韧性通过团队认知重评和团队任务重塑对创业团队成长产生链式中介效应，而团队阻碍性压力源则没有在上述关系间发挥调节作用。研究假设的检验结果汇总如表 6-9 所示。

表 6-9　研究假设的检验结果

假设	是否被支持
H1：创业团队韧性对创业团队成长具有显著正向影响	是
H2：团队认知重评在创业团队韧性与创业团队成长之间发挥中介作用，即创业团队韧性会增强团队认知重评，进而促进创业团队成长	否
H3：团队任务重塑在创业团队韧性与创业团队成长之间发挥中介作用，即创业团队韧性会增强团队任务重塑，进而促进创业团队成长	是
H4：团队认知重评和团队任务重塑在创业团队韧性与创业团队成长之间发挥链式中介作用，即创业团队韧性促进了团队认知重评，增强了团队任务重塑，从而促进创业团队成长	是

续表

假设	是否被支持
H5a：团队挑战性压力源增强了创业团队韧性对团队认知重评的正向影响，即团队挑战性压力源越强，创业团队韧性对团队认知重评的正向影响越强	是
H5b：团队挑战性压力源增强了团队认知重评和团队任务重塑在创业团队韧性与创业团队成长间的链式中介作用	是
H6a：团队阻碍性压力源削弱了创业团队韧性对团队认知重评的正向影响，即团队阻碍性压力源越强，创业团队韧性对团队认知重评的正向影响越弱	否
H6b：团队阻碍性压力源削弱了团队认知重评和团队任务重塑在创业团队韧性与创业团队成长间的链式中介作用	否

资料来源：笔者根据假设检验结果整理。

具体而言，首先，本章将韧性研究拓展至创业团队韧性层面，凸显了创业团队互动所产生的独特性（Bullough et al.，2014；Stoverink et al.，2020；Hartmann et al.，2022），丰富了创业领域韧性的研究层面。同时鉴于成长是创业团队所追求的核心目标，现有研究已经关注到韧性对创业成功（Hayward et al.，2010）和创业绩效（Anwar et al.，2023）的影响，却鲜少有研究将团队韧性与创业团队成长这一相对动态的创业结果相联系。因此，本章通过对二者关系的研究，不仅丰富了创业团队韧性的现有研究，也从创业团队成长的角度丰富了创业团队韧性的结果研究。

其次，本章通过揭示团队认知重评和团队任务重塑在创业团队韧性和创业团队成长间的中介作用，发现了创业团队韧性对创业团队成长的影响是从认知、行为局面产生的，详细说明了创业团队韧性对创业团队成长的具体影响机制。其中，团队任务重塑在创业团队韧性和创业团队成长关系间发挥中介作用，但是团队认知重评并没有发挥此类中介作用。一种可能的解释是，创业团队韧性引发的认知层面的变化不足以推动创业团队成长的实现，然而其引发的行为层面的实际行动可以促进创业团队成长，这说明了实际行动在创业活动中的重要性，并进一步验证了认知—行为—结果逻辑的合理性（Chen et al.，2017）。由此，本章深化了对创业团队韧性如何影响创业团队成长的理解。

同时，本章依据资源保存理论中的交叉模型进一步探索了团队压力源的边界作用，展现了团队压力源对置身于逆境情境中的创业团队所具有的重要情境作用。Hartmann 等（2022）也呼吁要在创业韧性的研究中重点关注压力源的作用，但是鲜有研究对此进行具体探索。因此，本章的研究形成了对该呼吁的直接回应。本章的研究结果显示，团队挑战性压力源增强了创业团队韧性对创业团队成长的正向影响，并调节了其中的链式中介作用；团队阻碍性压力源在上述关系间没有发挥调节作用。一个可能的解释是，创业团队韧性为创业活动创造了一个积极的发展条件，具有韧性的团队将各种压力甚至是负面的压力视为挑战，所以阻碍性的压力不能改变创业团队韧性所创造的这种局面。因此，团队阻碍性压力源的负面作用此时也不足以撼动创业团队韧性的积极影响（Chen & Zhang，2021）。由此，本章研究有助于解释如何将创业团队韧性与团队压力源相匹配，以更好地促进创业团队成长。

6.8　本章小结

本章利用资源保存理论，采用问卷调研法，对逆境情境下创业团队韧性与创业团队成长间的关系进行了具体探索，挖掘团队认知重评和团队任务重塑在其中发挥的中介作用和不同类型压力源所发挥的边界作用。

利用来自 168 个创业团队的问卷调研数据进行分析，研究结果显示，创业团队韧性对创业团队成长具有显著正向影响。团队认知重评和团队任务重塑在创业团队韧性与创业团队成长关系间发挥链式中介作用，即由于创业团队韧性促进了团队认知重评而激发了团队任务重塑，从而促进创业团队成长。此外，团队挑战性压力源增强了创业团队韧性对创业团队成长的正向影响，并进一步增强了团队认知重评和团队任务重塑在创业团队韧性与创业团队成长关系间的链式中介作用。

第7章 研究结论与展望

7.1 研究结论

本书关注逆境情境下创业团队韧性的形成及其对创业团队成长的影响机制研究。总体而言，首先，本书通过文献梳理与分析，整理了创业团队韧性研究的现有文献，明晰了创业团队韧性的概念与内涵，并阐明本书所具体关注的创业项目逆境情境。其次，结合文献回顾和对经历逆境的创业团队所进行的半结构访谈，进一步探索创业团队韧性的量表内容，并遵循严谨的量表开发步骤，形成了创业团队韧性的测量量表，实现韧性量表在创业团队层面的拓展。再次，在文献梳理和量表开发的基础上，本书运用多案例研究方法，基于创业认知理论框架下的团队互动视角，探索逆境情境下"创业团队韧性如何形成及其对创业团队成长如何产生影响"的问题，描绘了创业团队韧性动态发展的整体性过程模型。最后，在上述一系列研究的铺垫和推动下，基于创业认知理论框架下的事件基础观，运用问卷调查法，从逆境引发的创业逆境学习的角度研究逆境情境下创业团队韧性的形成因素。为了进一步明晰逆境情境下创业团队韧性对创业团队成长的影响机制，运用问卷调查法，基于创业认知理论框架下的资源保存理论展开对这一影响机制的具体探索。具体而言，本书的主要研究结论体现为以下五个方面：

（1）创业团队韧性内涵的探索。首先，对韧性在创业领域的相关研究进行回顾，通过对韧性在多学科领域研究的系统性梳理，阐明将其引入到创业领域后，所体现的具体内涵与现有的测量方式，并对其研究现状进行文献述评。其次，基于对创业领域韧性研究现状的梳理，本书进一步聚焦创业团队韧性，并针对创业团队韧性的相关独特性进行阐述与总结。通过对创业领域不同层面韧性研究的比较，以及对创业团队独特性的说明，进而对创业团队韧性的概念进行更加清晰的界定并详细解释其内涵基础。同时，针对逆境情境下创业团队韧性进行了明确界定，阐明本书关注逆境情境的原因，以及聚焦逆境情境中更为细化的创业项目逆境情境的原因。随后，本书对结果变量创业团队成长的相关研究进行系统性的梳理，并对其他重要变量的相关研究进行梳理，包括创业逆境学习、团队认知重评和团队工作重塑等。通过对以创业团队韧性为核心的一系列变量的梳理，为后续研究工作的开展奠定了基础。

基于文献回顾与整理，本书发现，团队互依性和紧密耦合性是创业团队韧性区别于创业者个体韧性和创业组织韧性的特征和关键因素（Stoverink et al.，2020）。创业者个体层面的韧性是没有互依性的，创业组织层面的韧性虽存在一定互依性，但相比创业团队要弱很多。面对逆境等创业逆境，创业团队韧性会使团队拥有独特的选择和决策方式，包括成员之间的分工协作、成员互动交往以及对于外部环境的监控扫描等。本书将创业团队韧性定义：创业团队韧性是以创业团队内部成员之间的互动为基础，在创业团队成员共同经历创业逆境时，创业团队整体所具备的对逆境的积极应对、有效恢复与持续发展的能力（Stoverink et al.，2020；Chadwick & Raver，2020；Hartmann et al.，2022）。

针对创业团队韧性概念，本书进行了详细解读。首先，从创业团队韧性作为能力的内涵基础出发，韧性能力是能够在创业动态发展过程中被形成和增强的。其次，创业团队韧性的触发情境来自创业逆境，当创业团队遭遇逆境，创业团队韧性的重要性就越发凸显。同时，从逆境中的恢复能力更是创业团队韧性内涵基础的重要组成部分。创业团队成员之间通过信息交互，促进彼此对环境的适应，通过对关键事件的资源投入实现创业团队从逆境中的恢复，并推动创业发展。

（2）依托逆境情境对创业团队韧性量表的探索与验证。首先，本书通过对已有文献的回顾及文献中已经开发的韧性相关量表的梳理，提取出可能适合于创业团队韧性量表的内容维度。其次，本书据此通过半结构化访谈，对创业团队韧性展开进一步的探索。本书在明确研究目的与研究方法后，对半结构化访谈进行详细说明，包括半结构化访谈的指导语和问卷内容。依据半结构化访谈的设计，本书开展了后续的研究，并对研究样本信息进行了阐述。

本书的半结构化访谈选取了经历过逆境的 15 个创业团队的 52 名创业成员，对每个创业团队分时段进行了 2~3 次的访谈。同时，在访谈对象允许的情况下，收集例会记录、公开访谈报道等二手数据，以形成对半结构化访谈资料的重要补充。随后，本书利用扎根理论对数据进行分析，提取获得创业团队韧性的内容维度，生成创业团队韧性的初始量表。通过对 41 份团队文本资料中的 632 个初始概念的逐步编码与提炼，获取了 13 个创业团队韧性的范畴：面对困难不气馁、从逆境中恢复、尝试各种解决方案、压力之下保持冷静、倡导认知调整、共同的目标与追求、合作应对挑战、团队间信任、相互支持与帮助、感知环境、监测环境、分析环境和理解环境。基于这 13 个范畴进一步归纳分析提炼了 3 个主范畴，分别是创业抗压性、创业团队协同度、创业情境感知力。

为了进一步检验量表的内容效度，邀请学术界和业界专家对量表进行评估，根据专家的意见反馈对量表进行对应的修正，进一步将量表优化到 10 个条目。为了更加清晰地验证量表内容的合理性和有效性，进一步通过文献对比和理论分析，对所获取的 3 个主范畴和 10 个条目进行论证，明确解释这 3 个主范畴与创业团队韧性的逻辑关联。随后，通过两次问卷发放获取数据后，进行探索性因子分析和验证因子分析，最终形成由 3 个维度组成的包含 9 个条目的创业团队韧性量表。研究结果表明，本书开发的创业团队韧性量表具有理想的信度和效度水平，实现了韧性量表在创业团队层面的拓展与应用。

（3）逆境情境下创业团队韧性的形成及其对创业团队成长的影响的理论模型探索。通过采用多案例分析方法，围绕逆境情境下"创业团队韧性如何形成及其对创业团队成长如何产生影响"的问题展开探索。依据样本筛选标准，选取 4 个案例用于主体研究、2 个案例用于理论饱和度检验研究。

研究发现，情境效用凸显和创业团队交互涌现作为外部情境因素和内部团队因素在互动演进中共同推动创业团队韧性的形成，进一步激发了创业团队韧性效用转化过程中的集体认知重评和协同行动变革，由此实现创业团队的协调适应和跃迁发展。本书提出了逆境情境下创业团队韧性的过程性整合模型，展现了创业团队韧性从形成到效用转化再到影响结果凸显的具体路径。这一研究发现充分展现了创业团队韧性所蕴含的团队成员间互动的本质，为理解逆境情境下创业团队韧性的动态整体性发展过程提供了综合性的视角。

（4）逆境情境下创业团队韧性的形成因素研究。创业认知理论框架强调经验学习在创业发展中的重要性（Mitchell et al. , 2002；Shepherd & Patzelt, 2018），本书在该理论框架的指引下，选取框架中细分领域涉及的事件基础观，并在创业团队韧性量表开发和多案例研究的基础上，采用问卷调研法，探索逆境情境中的具体逆境事件引发的创业逆境学习对创业团队韧性的影响，并探索团队情感整合氛围对上述关系的差异性调节作用。

利用 138 个创业团队的两时点匹配问卷调研数据进行分析。研究结果显示，团队逆境容忍和团队逆境分析对创业团队韧性具有显著正向影响，并且与团队逆境容忍相比，团队逆境分析对创业团队韧性的显著正向影响更强。此外，团队情感整合氛围增强了团队逆境容忍和团队逆境分析与创业团队韧性之间的正向关系。本书的结果拓展了逆境情境下创业团队韧性形成因素的研究，能够给创业团队实践提供一定的理论参考和实际启示。

（5）逆境情境下创业团队韧性对创业团队成长的影响机制研究。本书利用资源保存理论，在创业团队韧性量表开发和多案例研究的基础上，采用问卷调查法，对逆境情境下创业团队韧性与创业团队成长间的关系进行具体探索，挖掘了团队认知重评和团队任务重塑在其中发挥的中介作用，以及不同类型压力源在上述关系间的调节作用。通过这一被调节的链式中介模型的建构，来挖掘创业团队韧性对创业团队成长所产生的影响及具体的影响路径。

利用来自 168 个创业团队的三时点匹配问卷调研数据进行分析。研究结果显示，创业团队韧性对创业团队成长具有显著正向影响。团队认知重评和团队任务重塑在创业团队韧性与创业团队成长之间发挥链式中介作用。此外，团队挑战性压力源增强了创业团队韧性对创业团队成长的正向影响，并进一步增强团队认知重评和团队任务重塑在创业团队韧性与创业团队成长关系间的链式中介作用。然而，团队性压力源没有发挥任何调节作用。本书的结论拓展了创业团队韧性的结果变量研究，能够为逆境情境下创业团队如何利用创业团队韧性促进创业团队成长提供一定的理论参考。

7.2 本书的理论与实践贡献

7.2.1 理论贡献

本书通过探索创业团队韧性的内涵及其发展过程，在创业认知理论框架的整体性指导下，明晰了逆境情境下创业团队韧性的形成及其对创业团队成长的影响机制，揭示了创业团队在逆境情境下培养创业团队韧性并促进创业团队成长的整体动态过程，探索了创业团队韧性的本质和内在规律，拓展了创业团队韧性、创业团队成长等领域的研究视角，为创业领域研究做出一定的贡献。

（1）关注逆境情境下创业团队韧性的研究，拓展创业研究领域韧性的研究情境。过往关于创业领域韧性研究多将研究情境聚焦在战争、自然灾害等极端逆境情境方面（Bullough et al.，2014；刘凤等，2020），相对忽视了创业中的逆境这种会产生重要作用的独特情境（Yao et al.，2021；Li et al.，2023），且相关研究也通过综述等形式呼吁加强对创业领域韧性的关注（郝喜玲等，2020）。创业团队韧性强调逆境的情境触发作用，因此创业团队只有共同经历逆境，韧性能力的发挥才具备前提基础条件。没有经历逆境的团队所实现的创业目标只能证明团队的有效性，而非创业能力的展示（Stoverink et al.，2020）。

据此，结合创业领域的研究，本书重点关注逆境情境下的创业团队韧性。逆境情境会对创业活动现状产生冲击和形成挑战，导致后续创业活动的变化（Bechky & Okhuysen，2011），并且是创业研究领域中尤为关注的现象，这种具体的逆境情境为创业领域韧性的研究提供了丰富的研究场景。因此，聚焦逆境情境能够与本书所关注的研究问题密切契合，拓宽了创业项目逆境这一特定逆境情境下创业团队韧性研究的视角，由此实现对已有研究的拓展和丰富。

（2）拓展创业领域韧性研究层面，凸显创业团队层面中韧性研究的独特性。本书针对创业领域的团队韧性提出了新的见解，响应了已有研究的呼吁。相较于创业者个体层面、创业组织层面韧性研究的丰富性（Bullough et al.，2014；Chadwick & Raver，2020；刘凤等，2020；Shepherd et al.，2020），创业团队层面的韧性研究尚处于起步阶段，需要更多关注（Stoverink et al.，2020；Hartmann et al.，2022）。

本书通过对创业者个体层面的韧性、创业组织层面韧性与创业团队层面韧性之间的对比，以及对创业团队情境独特性的阐释，凸显了创业者个体层面的独立性、创业组织层面的松散耦合性以及创业团队层面的紧密耦合性，说明了研究创业团队韧性的必要性。因此，本书通过对创业团队韧性的探索，进一步完善和补充创业领域韧性的研究，明确了创业团队韧性作为独立研究方向的重要性，将创业者个人层面和创业组织层面韧性的研究进一步拓展到创业团队领域，从而丰富了相关研究。

（3）依托逆境情境拓展并验证创业团队韧性内涵及其测量方式。团队层面理论的发展需要在更低和更高的层面上检查结构（Kozlowski & Klein，2000）。因为团队和组织并不是个体的简单加总，即使每个员工具备韧性，也并不意味着组织和团队会具备韧性。基于此，本书明晰了创业团队韧性的内涵，提出创业团队韧性的定义。进一步地，本书对创业团队韧性的内涵进行剖析。首先，创业团队韧性是一种可以被培养和形成的能力。其次，创业团队韧性的触发情境是创业逆境，包含创业活动中的挫折等。此外，从逆境中恢复的能力更是创业团队韧性内涵基础的重要组成部分。这一发现为创业团队韧性的持续研究开辟了新的思路，为研究创业团队如何应对不确定性、度过逆境提供了理论参考。

由于创业领域韧性的研究起步较晚（Lee & Wang，2017），尚缺乏适用于创业者群体的特定创业团队韧性测量量表（郝喜玲等，2020）。目前创业韧性研究领域的测量基本参考心理学领域对韧性的测量。有学者通过修改心理学韧性量表中的语境，进而询问个体在经历创业挫折、困难等时所呈现的积极状态和创业能力，获知创业主体韧性的水平与程度（Bullough et al.，2014）。这种测量方式缺少对创业情境的具体考量和韧性细分维度的划分，由此导致在创业情境中对创业主体韧性水平测量的准确性和有效性有待提高。本书在充分挖掘创业团队韧性的相关理论特征后，通过文献回顾和对经历逆境的创业团队所进行的半结构化访谈的方式，展开对创业团队韧性量表条目的探索，进一步明晰创业团队韧性的内容维度，并运用探索性因子分析和验证性因子分析进行量表验证。本书对创业团队韧性量表的开发和验证有助于更加深入理解创业团队韧性的内涵，为该领域未来实证研究的深入开展奠定基础，进一步推动创业团队韧性研究的深入持续展开，实现韧性量表在创业团队研究层面的拓展与应用。

（4）明晰逆境情境下创业团队韧性的动态发展过程，基于特定视角形成对逆境情境下创业团队韧性形成与影响机制研究的丰富。首先，现有研究尚且缺乏对创业团队韧性的形成及其对创业团队成长影响机制的动态整合性探讨。本书通过对逆境情境下创业团队韧性内涵的挖掘与揭示，结合创业团队成员之间的互动性本质，立足于团队互动的理论视角，对创业团队韧性的发展过程进行探索。这种探索有效弥补了现有研究的不足，实现了对创业团队韧性动态整体过程性发展研究的有力补充，丰富了创业团队韧性的整合性研究。

其次，现有少数针对创业团队韧性形成因素的研究是从创业团队领导者韧性（梁林等，2022）、团队行为整合（Chen & Zhang，2021）等视角展开的，忽视了逆境情境下逆境事件本身所引发的内部学习和事件强度外部感知，而 Manfield 和

Newey（2018）以及 Stoverink 等（2020）也指出针对逆境事件的学习和逆境事件的强度可能是影响创业团队韧性形成的重要因素。因此，本书重点关注逆境事件所引发的创业团队对创业项目逆境事件的学习，选取创业逆境学习来探索其对创业团队韧性形成产生的作用，并进一步结合创业团队的互动本质，选取团队情感整合氛围作为调节变量，分析其在上述关系中的边界作用。这一研究丰富了逆境情境下创业团队韧性的前因研究，为创业团队韧性形成研究提供了合适的视角。

此外，现有针对创业韧性结果变量的研究集中在企业存活（Chadwick & Raver，2020）、再创业意愿（Bullough et al.，2014）等方面，缺乏针对创业活动成长结果的研究。成长是创业活动的中心任务（Penrose，1959；Birley & Stockley，2017），体现了创业发展的动态性（Kirtley & Mahony，2023）。同时，创业的本质是为了获得成长，从而实现可持续发展（Baum & Locke，2004）。因此，本书创新性地将创业团队韧性与创业团队成长进行联系，基于资源保存理论，分析了逆境情境下创业团队韧性如何影响创业团队成长，发掘了团队挑战和阻碍性压力源因素在上述关系间发挥的调节作用。由此，本书不仅拓展了创业团队韧性的结果变量研究，也通过认知—行为链条的建构，突出了创业团队韧性对创业团队成长的具体影响机制，同时区分了团队挑战压力源和阻碍压力源的不同效用，丰富了创业团队韧性与创业团队成长关系间的边界条件。

7.2.2　实践启示

创业团队作为创业活动的重要主体，对创业活动的发展起到重要的作用。在目前创业不确定性日益增加的经济环境中，创业团队如何应对创业逆境成为讨论的焦点话题。基于此，本书基于逆境情境，探索了创业团队韧性的内涵，创业团队韧性如何形成及其对创业团队成长的影响机制，研究结果能够帮助创业实践中的主体认识到创业团队韧性的重要性，有利于推动创业活动的持续展开。本书的实践启示主要体现在以下几个方面：

（1）对创业团队的实践启示。创业团队需加强团队建设，注重团队互动。创业团队领导在组建团队时既要考虑成员间的互补性，通过共同愿景的打造，推动创业团队自身韧性的形成，也要鼓励团队成员之间的互动与了解，为团队合作奠定基石。在创业中，创业团队需要及时关注外部情境的变化，保持对重大环境变化的警惕性，形成良性的内外情境交互效应，使内部优势与外部变化相匹配，促进危机情境中问题的解决。

此外，创业团队在运作过程中要基于学习来形成创业团队韧性，推动集体层面认知的形成。同时，团队内部要打造对经历事件的共同意义理解，并鼓励成员从相对积极的角度诠释所经历的逆境，营造积极乐观的团队氛围。进一步地，创业团队要将韧性效用的发挥落到实际中，通过成员间的协作行动来主动推进创业发展，必要时采取可行的变革措施，帮助创业团队从逆境中恢复，实现成长（Li et al.，2023）。创业领导要帮助成员意识到，由于创业固有的不确定性和创业活动发展迭代性，压力是创业过程中不可避免的一部分。创业团队需要合理运用挑战压力源来激发创业团队韧性的发挥，保持创业团队的创业活力。此外，创业团队内部要多鼓励成员积极面对阻碍性压力源，以实现持续性成长。

（2）对创业教育的实践启示。首先，考虑到目前创业实践中团队作战的普遍性和重要性，本书进一步提倡在创业教育的具体过程中，可以通过对创业主体团队意识的培养，帮助创业主体意识到团队发展的必要性，鼓励创业主体寻找与自己能够形成互补并且志同道合的伙伴，共同推进创业活动的进程。这样在认知层面通过创业教育的作用，提升创业主体对团队合作的重视程度，为后续创业成功率的提高提供更多的可能性。同时，创业教育的实际操作中要根据创业主体不同的专业背景进行具体性的引导。针对技术型创业者，要倡导创业主体在重视技术发展的同时，学会匹配良好的营销合作伙伴，共同推动企业的均衡发展；针对市场型创业者，创业教育可以建议创业主体要关注技术研发的深入，并匹配营销战略来共同推动企业的发展。

（3）对创业政策制定的实践启示。首先，创业政策的制定者要在全社会倡导鼓励创业、宽容逆境的氛围，减轻创业主体的压力，鼓励全社会从正面的角度看待创业活动，理解创业活动的多样性。同时，相关部门可以在全社会积极营造宽容逆境的社会文化，给予创业和创新更多的试错机会，给予创业主体参与不同产品创新的机会。

其次，政府等相关部门要及时为创业活动配备合适的创业政策，如税收优惠、促进行业恢复、创业补贴、免费项目推介等，这是能够帮助创业主体继续投身到创业活动中的重要因素。通过这些良好激励政策的出台与实施，能够在一定范围和程度内打消创业主体对创业活动的一些顾虑，减轻创业主体的经济负担，帮助创业主体将更多精力投入到创新开发中。此外，政策制定者需要考虑从多方面优化营商环境，如提供便捷高效的创业登记服务、健全创业风险救助、简化创业贷款申请流程等，为创业主体提供一个宽容、便利的创业环境，让创业主体将更多精力投入到创业实践中，尽可能地创好业、创佳绩。

7.3 研究局限与未来展望

本书以创业团队为研究对象，基于创业认知理论框架下的团队互动视角、事件基础观、资源保存理论等，探索逆境情境下创业团队韧性如何形成及其对创业团队成长的影响机制，建构创业团队韧性发展的动态过程性模型，力图在理论和实践上都做出一些贡献。然而，本书仍然存在一些局限，通过对研究局限的阐述以期对未来研究方向做出些许启示。

第一，本书使用了问卷调查研究法。本书在研究过程中使用了众多方法来减少可能存在的潜在偏差，但因研究方法的局限，不可避免地存在着共同方法偏差等诸多威胁。尤为注意的是，限于数据可获得性的限制，本书对于链式中介模型中的两个中介变量是同时进行数据收集的。未来可以考虑采用更为多元和严谨的研究方法，如尽可能基于更多时间点收集数据、采用二手数据或应用实验等，提升研究结果的可靠性，通过客观数据或者规范的实验设计来尽可能降低各种偏差的存在。考虑到创业团队发展处于起步期，财务数据不完善，本书通过创业团队员工测评和创业团队领导测评等方式进行多轮验证。这种测评在创业研究中广为运用（Anderson & Eshima，2013），同时本书也增加了稳健性分析，以期提升研究结果的严谨性。然而，未来研究可以进一步考虑在数据可获得性的基础上，通过实际财务数据来反映创业实践中更真实的创业团队成长情况，同时结合访谈数据的获得来更为深刻地反映创业团队的发展情况，加深对本书研究问题的深度理解。

第二，本书通过多案例分析的探索，发现了逆境情境下内外部因素在创业团队韧性形成中的重要作用，并通过理论模型的建构，具体分析逆境事件引发的创业逆境学习对创业团队韧性的形成产生的作用。这些形成因素的探索能够有效实现对逆境情境下创业团队韧性研究的补充。然而，除了逆境情境本身的作用，创业团队整体的团队效能感、心理所有权、团队协作行为等都有可能在创业团队韧性的形成中发挥作用。因此，未来研究可以进一步拓展研究视野，拓展逆境情境下团队韧性的特定形成因素，挖掘更多具备多元化的潜在可能因素，探索其对于创业团队韧性形成所产生的作用，丰富该领域的相关研究。此外，在针对创业团队韧性结果的研究中，本书重点关注创业团队成长，这一结果确实具备很强的理论和实践重要性，但本书对创业团队成长效应转化所形成的两种动态结果模式——协调适应和跃迁发展，缺乏具体研究，并且对这两种模式间的关系尚未做深入的讨论，未来可以考虑对此细分话题进行更多探索。

第三，本书主要聚焦于创业团队韧性的积极面，探索其对创业团队持续发展的重要性。但是不可否认创业团队韧性也会存在潜在的消极面（Stoverink et al.，2020；Hartmann et al.，2022），未来研究也可以从创业团队韧性所可能产生的消极影响入手来进行更深入的探索。例如，具备韧性的创业团队是否可能会出现过度的甚至盲目的群体自信，由此导致创业决策的片面化和偏激行为，以及创业团队韧性的产生是否会使创业主体过分陷入克服逆境的路径依赖中，而相对忽视了对未来发展的重新审视与重新规划。这些创业团队韧性可能为创业活动带来消极影响，这有待未来研究的进一步探索。

第四，本书在中国情境下的针对创业团队展开研究。在儒家文化的影响下，中国是一个具有高度集体主义价值观的国家。中国人具体强烈的集体主义观念，在这种文化的倡导下，中国人对自己所在的团队一般都会持有高度的认同感。这种来源自集体主义文化影响下的认同感，一方面对于本书开展创业团队层面的研究提供了强有力的支撑，另一方面也有可能会对本书结论的普适性产生影响。因此，未来研究可以考虑从其他制度环境中收集数据，对创业团队韧性的效用进行跨文化背景的验证，并通过对跨文化背景下结果的对比，丰富创业团队韧性的研究现状，提升研究结果的推广性和普适性。

参考文献

［1］安娜，李鹤尊，刘俊勇．战略规划、战略地图与管理控制系统实施——基于华润集团的案例研究［J］．南开管理评论，2020，23（3）：87-97.

［2］蔡莉，汤淑琴，马艳丽，高祥．创业学习、创业能力与新企业绩效的关系研究［J］．科学学研究，2014，32（8）：1189-1197.

［3］曹莉娜，刘德鹏，Jhony Choon Yeong Ng．合作工作重塑对个体工作重塑的影响研究［J］．南大商学评论，2019（4）：110-134.

［4］曹霞，瞿皎姣．资源保存理论溯源、主要内容探析及启示［J］．中国人力资源开发，2014（15）：75-80.

［5］陈德球，胡晴．数字经济时代下的公司治理研究：范式创新与实践前沿［J］．管理世界，2022，38（6）：213-240.

［6］陈逢文，付龙望，洪家瑶．创业网络演化过程如何发生——基于"结构—行为"互动机制的案例研究［J］．南开管理评论，2019，22（2）：211-224.

［7］陈逢文，付龙望，张露，于晓宇．创业者个体学习、组织学习如何交互影响企业创新行为？——基于整合视角的纵向单案例研究［J］．管理世界，2020，36（3）：142-164.

［8］陈建安，阮氏梅璎，陈武．规范激活与社会学习：团队工作重塑驱动个体工作重塑的双路径［J］．中国人力资源开发，2020，37（11）：6-21.

［9］陈金亮，林嵩，刘小元，葛建新．企业家社会团体纽带与新创企业成长——信息处理观权变视角的探究［J］．管理评论，2019，31（5）：175-190.

［10］陈文婷．创业学习与家族企业跨代创业成长——基于行业、规模及成长阶段的差异分析［J］．经济管理，2013，35（12）：42-53.

［11］陈向明．质的研究方法与社会科学研究［M］．北京：教育科学出版社，2000.

［12］陈晓萍，徐淑英，樊景立．组织与管理研究的实证方法［M］．北京：北京大学出版社，2012.

［13］陈彦亮，高闯．基于团队互动的企业惯例演化机制研究［J］．财贸研究，2012，23（6）：95-103.

［14］陈宇，郝生宾．数字化情境下创业导向和网络导向对新创企业成长的影响［J］．系统管理学报，2022，31（4）：709-721.

［15］单宇，许晖，周连喜，周琪．数智赋能：危机情境下组织韧性如何形成？——基于林清轩转危为机的探索性案例研究［J］．管理世界，2021，37（3）：84-104+7.

［16］丁桂凤，候亮，张露，等．创业失败与再创业意向的作用机制［J］．心理科学进展，2016，24（7）：1009-1019.

［17］杜运周，刘秋辰，程建青．什么样的营商环境生态产生城市高创业活跃度？——基于制度组态的分析［J］．管理世界，2020，36（9）：141-155.

［18］段锦云，杨静，朱月龙．资源保存理论：内容、理论比较及研究展望［J］．心理研究，2020，13（1）：49-57.

［19］葛宝山，刘牧，董保宝．团队互动过程模型研究评介与未来展望［J］．外国经济与管理，2012，34（12）：39-48.

［20］葛宝山，刘牧．创业团队通过团队互动行为实现团队信息共享的实证研究［J］．情报科学，2014，32（6）：69-72.

［21］葛宝山，谭凌峰，生帆，马鸿佳．创新文化、双元学习与动态能力关系研究［J］．科学学研究，2016，34（4）：630-640.

［22］龚亮华，杨杰．基于情绪视角的创业逆境对创业坚持的作用机制研究：一个有调节的中介模型［J］．心理研究，2022，15（6）：536-548.

［23］郭海，韩佳平．数字化情境下开放式创新对新创企业成长的影响：商业模式创新的中介作用［J］．管理评论，2019，31（6）：186-198.

［24］郝喜玲，陈忠卫，刘依冉．创业者的目标导向、失败事件学习与新企业绩效关系［J］．科学学与科学技术管理，2015，36（10）：100-110.

［25］郝喜玲，涂玉琦，刘依冉，谭炜．失败情境下创业韧性的研究框架构建［J］．外国经济与管理，2020，42（1）：30-41.

［26］贺灿飞，陈韬．外部需求冲击、相关多样化与出口韧性［J］．中国工业经济，2019（7）：61-80.

［27］贺小刚，沈瑜．创业型企业的成长：基于企业家团队资本的实证研究［J］．管理世界，2008（1）：82-95+114．

［28］胡望斌，焦康乐，张亚会．创业认知能力：概念、整合模型及研究展望［J］．外国经济与管理，2019，41（10）：125-140．

［29］胡文安，江岩，罗瑾琏．新常态下高校大学生社会网络与创业意向关系：创业心理弹性的解释［J］．科技进步与对策，2016，33（19）：125-131．

［30］贾建锋，刘梦含，熊立，等．差错管理氛围对创业即兴影响的双路径研究［J］．管理科学，2023，36（2）：3-16．

［31］贾迎亚，周彦琪，于晓宇．压力源与周末恢复对创业幸福感影响的体验抽样研究［J］．管理学报，2023，20（9）：1353-1360．

［32］解学梅，韩宇航．本土制造业企业如何在绿色创新中实现"华丽转型"？——基于注意力基础观的多案例研究［J］．管理世界，2022，38（3）：76-106．

［33］李晶，陈忠卫．内部创业型文化：内部创业与企业文化的耦合［J］．科研管理，2008（2）：22-27．

［34］李平，竺家哲．组织韧性：最新文献评述［J］．外国经济与管理，2021，43（3）：25-41．

［35］李姗姗，黄群慧．组织适应理论视角下创业企业组织韧性的培育模式研究［J］．当代财经，2023（8）：83-94．

［36］李晓琳，梁榜．构建企业韧性［J］．企业管理，2021（4）：101-102．

［37］李新春，梁强，宋丽红．外部关系—内部能力平衡与新创企业成长——基于创业者行为视角的实证研究［J］．中国工业经济，2010（12）：97-107．

［38］梁建，刘芳舟，樊景立．中国管理研究中的量表使用取向（2006~2015）：关键问题与改进建议［J］．管理学季刊，2017，2（2）：41-63+127．

［39］梁强，邹立凯，宋丽红，李新春，王博．组织印记、生态位与新创企业成长——基于组织生态学视角的质性研究［J］．管理世界，2017（6）：141-154．

［40］廖化化，黄蕾，胡斌．资源保存理论在组织行为学中的应用：演变与挑战［J］．心理科学进展，2022，30（2）：449-463．

［41］廖素群，郑希付．认知重评对负性效价的抑制促进条件性恐惧消退

［J］．心理学报，2016，48（4）：352-361．

［42］林新月，孟亮．嵌入于社会情境的工作重塑［J］．心理科学进展，2022，30（4）：888-905．

［43］刘凤，余靖，明翠琴．灾害情境下韧性与创业意愿的实证研究——基于汶川地震十周年调查［J］．科学学研究，2020，38（8）：1428-1435+1480．

［44］刘井建，史金艳．组织要素对新创企业成长绩效的影响机制研究［J］．科研管理，2013，34（9）：81-88．

［45］刘新梅，陈玮奕，李智勇．团队制度正式化对团队创造力的影响：团队整合的中介作用与横向监督的调节作用［J］．科技进步与对策，2023，40（3）：132-140．

［46］刘兴亮，张小平．创业3.0：共享定义未来［J］．企业管理，2017（6）：18-20．

［47］陆蓉，徐龙炳，叶茜茜，海婷婷．中国民营企业韧性测度与影响因素研究［J］．经济管理，2021，43（8）：56-73．

［48］罗兴武，杨俊，项国鹏，王建明．商业模式创新双重属性如何作用创业企业成长：裸心的案例研究［J］．管理评论，2019，31（7）：133-148．

［49］吕一博，蓝清，韩少杰．开放式创新生态系统的成长基因——基于iOS、Android 和 Symbian 的多案例研究［J］．中国工业经济，2015（5）：148-160．

［50］毛基业．运用结构化的数据分析方法做严谨的质性研究——中国企业管理案例与质性研究论坛（2019）综述［J］．管理世界，2020，36（3）：221-227．

［51］潘宏亮，管煜．创业失败学习与国际新创企业后续创新绩效［J］．科学学研究，2020，38（9）：1654-1661．

［52］庞长伟，王琼，刘丽雯．创业企业高管团队认知与新颖型商业模式创新——被调节的中介效应［J］．研究与发展管理，2021，33（4）：97-110．

［53］芮正云，方聪龙．新生代农民工创业韧性的影响机理研究——基于创业资本维度的作用差异视角［J］．社会科学，2017（5）：54-60．

［54］芮正云，罗瑾琏，甘静娴．新创企业创新困境突破：外部搜寻双元性及其与企业知识基础的匹配［J］．南开管理评论，2017，20（5）：155-164．

［55］石书德，张帏，高建．新企业创业团队的治理机制与团队绩效的关系

［J］. 管理科学学报，2016，19（5）：14-27.

［56］宋国学. 创业韧性：概念、测量与影响［J］. 商业经济与管理，2019（2）：22-29.

［57］宋国学. 以创业韧性应对创业压力［N］. 中国社会科学报，2018-08-07（004）.

［58］孙金云，郑恬依，舒庆，李晓琳，胡雅菡. 国内期刊创业研究十年回顾与展望［J］. 研究与发展管理，2022，34（1）：146-162.

［59］孙秀霞，孙谋轩，朱方伟，陈路. 团队互动行为与项目角色认同：一项行动研究［J］. 南开管理评论，2021，24（2）：171-185.

［60］诸彦含，赵玉兰，周意勇，吴江. 组织中的韧性：基于心理路径和系统路径的保护性资源建构［J］. 心理科学进展，2019，27（2）：357-369.

［61］汤淑琴，蔡莉，陈娟艺，李佳宾. 经验学习对新企业绩效的动态影响研究［J］. 管理学报，2015，12（8）：1154-1162.

［62］唐青青，谢恩，梁杰. 知识库与突破性创新：关系嵌入强度的调节［J］. 科学学与科学技术管理，2015，36（7）：21-29.

［63］田莉，薛红志. 新技术企业创业机会来源：基于技术属性与产业技术环境匹配的视角［J］. 科学学与科学技术管理，2009，30（3）：61-68.

［64］田莉. 新企业初始条件与生存及成长关系研究前沿探析［J］. 外国经济与管理，2010，32（8）：27-34+41.

［65］王凤彬，张雪. 用纵向案例研究讲好中国故事：过程研究范式、过程理论化与中西对话前景［J］. 管理世界，2022，38（6）：191-213.

［66］王泓略，曾德明，陈培帧. 企业知识重组对技术创新绩效的影响：知识基础关系特征的调节作用［J］. 南开管理评论，2020，23（1）：53-61.

［67］王璐，高鹏. 扎根理论及其在管理学研究中的应用问题探讨［J］. 外国经济与管理，2010，382（12）：10-18.

［68］王朋举，熊壮. 科技型企业创业失败修复对象的甄别评估研究［J］. 科研管理，2023，44（6）：144-153.

［69］王甜，陈春花，宋一晓. 挑战性压力源对员工创新行为的"双刃"效应研究［J］. 南开管理评论，2019，22（5）：90-100+141.

［70］王威. 创业认同模型与行动效能机制研究［D］. 杭州：浙江大学，2018.

［71］王扬眉. 家族企业继承人创业成长金字塔模型——基于个人意义构建视角的多案例研究［J］. 管理世界，2019，35（2）：168-184+200.

［72］王颖，江新会，田思雨. 团队如何自组织和自适应？——团队工作重塑的概念、测量、前因与后果［J］. 中国人力资源开发，2019，36（6）：62-78.

［73］王影，张宏如，梁祺. 失败后的反刍思维与创业韧性关系研究——来自互联网行业的证据［J］. 科技进步与对策，2022，39（21）：105-113.

［74］王桢. 团队工作重塑的形成与影响机制［J］. 心理科学进展，2020，28（3）：390-404.

［75］翁清雄，王妹倩. 创业动机与幸福感：基于创业承诺和感知进展的中介调节模型［J］. 中国科学技术大学学报，2023，53（2）：21-31+71.

［76］肖红军，阳镇. 混合型组织的可持续成长：多重紧张的战略响应［J］. 经济与管理研究，2022，43（3）：114-129.

［77］肖静华，吴小龙，谢康，吴瑶. 信息技术驱动中国制造转型升级——美的智能制造跨越式战略变革纵向案例研究［J］. 管理世界，2021，37（3）：161-179+225+11.

［78］肖静华，吴瑶，刘意，谢康. 消费者数据化参与的研发创新——企业与消费者协同演化视角的双案例研究［J］. 管理界世界，2018，34（8）：154-173+192.

［79］肖余春，李姗丹. 国外弹性理论新进展：团队弹性理论研究综述［J］. 科技进步与对策，2014，31（14）：155-160.

［80］谢雅萍，黄美娇. 社会网络、创业学习与创业能力——基于小微企业创业者的实证研究［J］. 科学学研究，2014，32（3）：400-409+453.

［81］谢雅萍，梁素蓉，陈睿君. 失败学习、创业行动学习与创业能力——悲痛恢复取向的调节作用［J］. 管理评论，2017，29（4）：47-58.

［82］邢蕊，周建林，王国红. 创业团队知识异质性与创业绩效关系的实证研究——基于认知复杂性和知识基础的调节作用［J］. 预测，2017，36（1）：1-7.

［83］熊立，杨勇，贾建锋. "能做"和"想做"：基于内驱力的双元创业即兴对双创绩效影响研究［J］. 管理世界，2019，35（12）：137-151.

［84］许晖，单宇. 打破资源束缚的魔咒：新兴市场跨国企业机会识别与资源"巧"配策略选择［J］. 管理世界，2019，35（3）：127-141+168+207.

［85］许楠，田涵艺，刘浩．创业团队的内部治理：协作需求、薪酬差距与团队稳定性［J］．管理世界，2021，37（4）：216-230．

［86］杨俊．新世纪创业研究进展与启示探析［J］．外国经济与管理，2013，35（1）：1-11+80．

［87］杨学儒，叶文平，于晓宇，李新春，苏晓华．哪些创业失败者更可能卷土重来？——基于松—紧文化与制度环境的跨国比较研究［J］．管理科学学报，2019，22（11）：1-18．

［88］姚海娟，王琦，李兆卿．情绪调节中的认知重评创造力［J］．心理科学进展，2022，30（3）：601-612．

［89］叶竹馨，买忆媛．探索式即兴与开发式即兴：双元性视角的创业企业即兴行为研究［J］．南开管理评论，2018，21（4）：15-25．

［90］尹奎，张凯丽，李秀凤．工作重塑对工作意义的影响：团队任务绩效、领导—成员交换关系差异化的作用［J］．管理评论，2019，31（3）：143-153．

［91］于飞，蔡翔，董亮．研发模式对企业创新的影响——知识基础的调节作用［J］．管理科学，2017，30（3）：97-109．

［92］于晓宇，陶向明，李雅洁．见微知著？失败学习、机会识别与新产品开发绩效［J］．管理工程学报，2019，33（1）：51-59．

［93］于晓宇，张益铭，陈颖颖等．创始成员离职率、高管团队异质性与创业企业成长［J］．管理科学，2020，33（2）：3-16．

［94］于晓宇．创业失败研究评介与未来展望［J］．外国经济与管理，2011，33（9）：19-26+58．

［95］张兰霞，张卓，王乐乐等．同事个性化契约对员工职场偏差行为的影响［J］．中国人力资源开发，2023，40（4）：62-74．

［96］张璐，梁丽娜，苏敬勤，张强，长青．破茧成蝶：创业企业如何突破能力的刚性束缚实现进阶？［J］．管理世界，2020，36（6）：189-201+253．

［97］张铭，王冬玲，曾娜等．如何成为疾风中的劲草？——基于WSR的创业生态系统韧性的前因组态研究［J］．管理评论，2023，35（5）：89-102．

［98］张默，任声策．创业者如何从事件中塑造创业能力？——基于事件系统理论的连续创业案例研究［J］．管理世界，2018，34（11）：134-149+196．

［99］张文伟，赵文红．行业内外联系、创业学习和创业绩效的关系研究［J］．科学学与科学技术管理，2017，38（4）：162-171．

［100］张秀娥，李梦莹．创业韧性的驱动因素及其对创业成功的影响研究［J］．外国经济与管理，2020，42（8）：96-108.

［101］张秀娥，滕欣宇．组织韧性内涵、维度及测量［J］．科技进步与对策，2021，38（10）：9-17.

［102］张玉利，郝喜玲，杨俊，等．创业过程中高成本事件失败学习的内在机制研究［J］．管理学报，2015，12（7）：1021-1027.

［103］赵富强，胡思源，陈耘，等．创业韧性对再创意愿的影响：双元学习与反事实思维的作用［J］．科学学研究，2022，40（3）：505-515.

［104］赵坤，荆林波，孙锐，等．创业企业韧性如何促进新产品开发？——资源保护理论视角下的单案例研究［J］．技术经济，2021，40（5）：133-145.

［105］赵曙明，张敏．"乌卡时代"的组织应对：组织变革、管理者角色、员工素养［J］．清华管理评论，2022（3）：28-33.

［106］赵瑜，莫申江，施俊琦．高压力工作情境下伦理型领导提升员工工作绩效和满意感的过程机制研究［J］．管理世界，2015（8）：120-131.

［107］郑丹辉，李新春，李孔岳．相对关系导向与新创企业成长：制度环境的调节作用［J］．管理学报，2014，11（4）：510-519.

［108］郑鸿，徐勇．创业团队信任的维持机制及其对团队绩效的影响研究［J］．南开管理评论，2017，20（5）：29-40.

［109］郑馨，周先波，陈宏辉，等．东山再起：怎样的国家制度设计能够促进失败再创业？——基于56个国家7年混合数据的证据［J］．管理世界，2019，35（7）：136-151+181.

［110］周键．团队协作、管理强度与创业企业成长——一个跨案例研究［J］．经济管理，2016，38（2）：47-56.

［111］周小虎，姜凤，陈莹．企业家创业认知的积极情绪理论［J］．中国工业经济，2014（8）：135-147.

［112］朱仁宏，曾楚宏，代吉林．创业团队研究述评与展望［J］．外国经济与管理，2012，34（11）：11-18.

［113］朱秀梅，裴育，费宇鹏，等．团队创业激情形成与作用机制研究［J］．外国经济与管理，2021，43（1）：121-135.

［114］Shepherd D.，Patzelt H.，Gruber M.，et al. 瞄准靶心，搭弓射箭——创业者社会构念与认知构念的连接机制［J］．管理学季刊，2021，6（3）：

1-15+179.

[115] Ahmed A. E. , Ucbasaran D. , Cacciotti G. , et al. Integrating psychological resilience, stress, and coping in entrepreneurship: A critical review and research agenda [J]. Entrepreneurship Theory and Practice, 2022, 46 (3): 497-538.

[116] Aiken L. S. , West S. G. Multiple regression: Testing and interpreting interactions [M]. California: Sage Publications, 1991.

[117] Alqahtani N. , Uslay C. Entrepreneurial marketing and firm performance: Synthesis and conceptual development [J]. Journal of Business Research, 2020 (113): 62-71.

[118] Alvarez S. A. , Busenitz L. W. The entrepreneurship of resource - based theory [J]. Journal of Management, 2001, 27 (6): 755-775.

[119] Amankwah-Amoah J. , Adomako S. , Berko D. O. Once bitten, twice shy? The relationship between business failure experience and entrepreneurial collaboration [J]. Journal of Business Research, 2022, 139 (2): 983-992.

[120] Amankwah-Amoah J. , Khan Z. , Ifere S. E. , et al. Entrepreneurs' learning from business failures: An emerging market perspective [J]. British Journal of Management, 2022, 33 (4): 1735-1756.

[121] An W. , Huang Q. , Liu H. , et al. The match between business model design and knowledge base in firm growth: From a knowledge - based view [J]. Technology Analysis & Strategic Management, 2022, 34 (1): 99-111.

[122] Andersen T. J. Integrating the strategy formation process: An international perspective [J]. European Management Journal, 2004, 22 (3): 263-272.

[123] Andria d'Andria, Gabarret I. , Vedel B. Resilience and effectuation for a successful business takeover [J]. International Journal of Entrepreneurial Behaviour & Research, 2018, 24 (7): 1200-1221.

[124] Angus R. W. , Packard M. D. , Clark B. B. Distinguishing unpredictability from uncertainty in entrepreneurial action theory [J]. Small Business Econmic, 2023, 60 (3): 1147-1169.

[125] Anwar A. , Coviello N. , Rouziou M. Weathering a crisis: A multi-level analysis of resilience in young ventures [J]. Entrepreneurship Theory and Practice, 2023, 47 (3): 864-892.

[126] Argyris C. Theories of action that inhibit learning [J]. American Psychologist, 1976, 31 (9): 638-654.

[127] Ayala J. C. , Manzano G. The resilience of the entrepreneur. Influence on the success of the business. A longitudinal analysis [J]. Journal of Economic Psychology, 2014, 42 (6): 126-135.

[128] Bagozzi R. P. , Yi Y. On the evaluation of structural equation models [J]. Journal of the Academy of Marketing Science, 1988, 16 (1): 74-94.

[129] Bakker A. B. , Tims M. , Derks D. Proactive personality and job performance: The role of job crafting and work engagement [J]. Human Relations, 2012, 65 (10): 1359-1378.

[130] Bandura A. Self-efficacy: The exercise of control [M]. New York: Freeman, 1997.

[131] Baron R. A. The role of affect in the entrepreneurial process [J]. Academy of Management Review, 2008, 33 (2): 328-340.

[132] Basu S. , Munjal S. , Budhwar P. , et al. Entrepreneurial adaptation in emerging markets: Strategic entrepreneurial choices, adaptive capabilities and firm performance [EB/OL]. https: //doi. org/10. 1111/1467-8551. 12572.

[133] Baum J. R. , Locke E. A. , Kirkpatrick S. A. A longitudinal study of the relation of vision and vision communication to venture growth in entrepreneurial firms [J]. Journal of Applied Psychology, 1998, 83 (1): 43-54.

[134] Baum J. R. , Locke E. A. The relationship of entrepreneurial traits, skill, and motivation to subsequent venture growth [J]. Journal of Applied Psychology, 2004, 89 (4): 587-598.

[135] Bechky B. A. , Okhuysen G. A. Expecting the unexpected? How SWAT officers and film crews handle surprises [J]. Academy of Management Journal, 2011, 54 (2): 239-261.

[136] Bingham C. B. , Eisenhardt K. M. Rational heuristics: The "simple rules" that strategists learn from process experience [J]. Strategic Management Journal, 2011, 32 (13): 1437-1464.

[137] Birley S. , Stockley S. Entrepreneurial teams and entrepreneurial growth [M]. Hoboken: Wilpy, 2017.

［138］ Blatt R. Resilience in entrepreneurial teams: Developing the capacity to pull through ［J］. Frontiers of Entrepreneurship Research, 2009, 29 (1): 1-14.

［139］ Block J. , Kremen A. M. IQ and ego-resiliency: Conceptual and empirical connections and separateness ［J］. Journal of Personality & Social Psychology, 1996, 70 (2): 349-361.

［140］ Bolger N. , De Longis A. , Wethington K. E. The contagion of stress across multiple roles ［J］. Journal of Marriage & Family, 1989, 51 (1): 175-183.

［141］ Boone S. , Andries P. , Clarysse B. Does team entrepreneurial passion matter for relationship conflict and team performance? On the importance of fit between passion focus and venture development stage ［J］. Journal of Business Venturing, 2020, 35 (5): 105984.

［142］ Bossche V. D. P. Social and cognitive factors driving teamwork in collaborative learning environments ［J］. Small Group Research, 2006, 37 (5): 490-521.

［143］ Bradley B. H. 、 Postlethwaite B. E. , Klotz A. C. , et al. Reaping the benefits of task conflict in teams: The critical role of team psychological safety climate ［J］. Journal of Applied Psychology, 2012, 97 (1): 151-158.

［144］ Branzei O. , Fathallah R. The end of resilience? Managing vulnerability through temporal resourcing and resisting ［J］. Entrepreneurship Theory and Practice, 2023, 47 (3): 831-863.

［145］ Breugst N. , Domurath A. , Patzelt H. , et al. Perceptions of entrepreneurial passion and employees' commitment to entrepreneurial ventures ［J］. Entrepreneurship Theory and Practice, 2011, 36 (1): 171-192.

［146］ Brislin R. W. Back-translation for cross-cultural research ［J］. Journal of Cross-Cultural Psychology, 1970, 1 (3): 185-216.

［147］ Brush C. G. , Ceru D. J. , Blackburn R. Pathways to entrepreneurial growth: The influence of management, marketing, and money ［J］. Business Horizons, 2009, 52 (5): 481-491.

［148］ Bryant P. T. Imprinting by design: The microfoundations of entrepreneurial adaptation ［J］. Entrepreneurship Theory & Practice, 2014, 38 (5): 1081-1102.

［149］ Brykman K. M. , King D. D. A resource model of team resilience capacity and learning ［J］. Group & Organization Management, 2021, 46 (4): 737-772.

［150］Bullough A. , Renko M. , Myatt T. Danger zone entrepreneurs: The importance of resilience and self-efficacy for entrepreneurial intentions ［J］. Entrepreneurship Theory and Practice, 2014, 38 (3): 473-499.

［151］Bullough A. , Renko M. Entrepreneurial resilience during challenging times ［J］. Business Horizons, 2013, 56 (3): 343-350.

［152］Bulmash B. Entrepreneurial resilience: Locus of control and well-being of entrepreneurs ［J］. Journal of Entrepreneurship and Organization Management, 2016, 5 (1): 1-6.

［153］Burgelman R. A. , Valikangas L. Managing internal corporate venturing cycles ［J］. MIT Sloan Management Review, 2005, 46 (4): 26-34.

［154］Burnard K. , Bhamra R. , Tsinopoulos C. Building organizational resilience: Four configurations ［J］. IEEE Transactions on Engineering Management, 2018, 65 (3): 351-362.

［155］Buyl T. , Boone C. , Wade J. B. CEO narcissism, risk-taking, and resilience: An empirical analysis in U. S. commercial banks ［J］. Journal of Management, 2019, 45 (3): 1372-1400.

［156］Bylund P. L. , Mccaffrey M. A theory of entrepreneurship and institutional uncertainty ［J］. Journal of Business Venturing, 2017, 32 (5): 461-475.

［157］Cacciotti G. , Hayton J. C. , Mitchell J. R. , et al. Entrepreneurial fear of failure: Scale development and validation ［J］. Journal of Business Venturing, 2020, 35 (5): 106041.

［158］Cardon M. S. , Foo M. D. , Shepherd D. , et al. Exploring the heart: Entrepreneurial emotion is a hot topic ［J］. Entrepreneurship Theory & Practice, 2012, 36 (1): 1-10.

［159］Cardon M. S. , Stevens C. E. , Potter D. R. Misfortunes or mistakes? Cultural sensemaking of entrepreneurial failure ［J］. Journal of Business Venturing, 2011, 26 (1): 79-92.

［160］Cardon M. S. , Wincent J. , Singh J. , et al. The nature and experience of entrepreneurial passion ［J］. Academy of Management Review, 2009, 34 (3): 511-532.

［161］Chadwick I. C. , Raver J. L. Psychological resilience and is downstream effects for business survival in nascent entrepreneurship [J]. Entrepreneurship Theory and Practice, 2020, 44 (2): 233-255.

[162] Chapman M. T., Lines R. L. J., Crane M., et al. Team resilience: A scoping review of conceptual and empirical work [J]. Work & Stress, 2020, 34 (1): 57-81.

[163] Chen C., Feng J., Liu X., Yao J. Leader humility, team job crafting and team creativity: The moderating role of leader-leader exchange [J]. Human Resource Management Journal, 2021, 31 (1): 326-340.

[164] Chen M. H., Chang Y. Y., Chang Y. C. The trinity of entrepreneurial team dynamics: Cognition, conflicts and cohesion [J]. International Journal of Entrepreneurial Behavior & Research, 2017, 23 (6): 934-951.

[165] Chen X., Zou H., Wang D. T. How do new ventures grow? Firm capabilities, growth strategies and performance [J]. International Journal of Research in Marketing, 2009, 26 (4): 294-303.

[166] Chen Y., Zhang Y. Fostering resilience in new venture teams: The role of behavioral and affective integration [J]. Group & Organization Management, 2021, 46 (4): 773-816.

[167] Chi N. W., Tu M. H. Why and when proactive helping does not lead to future help: The roles of psychological need satisfaction and interpersonal competence [J]. Journal of Vocational Behavior, 2023, 140 (2): 103824.

[168] Choi J. N. External activities and team effectiveness [J]. Small Group Research, 2002, 33 (2): 181-208.

[169] Chung Y., Jackson S. E. The internal and external networks of knowledge-intensive teams: The role of task routineness [J]. Journal of Management, 2013, 39 (2): 442-468.

[170] Cohen L., Wirtz P. Decision-making style in entrepreneurial finance and growth [J]. Small Business Economics, 2022, 59 (1): 183-210.

[171] Cope J. Entrepreneurial learning from failure: An interpretative phenomenological analysis [J]. Journal of Business Venturing, 2011, 26 (6): 604-623.

[172] Corner P. D., Singh S., Pavlovich K. Entrepreneurial resilience and venture failure [J]. International Small Business Journal, 2017, 35 (6): 687-708.

[173] Coutu D. L. How resilience works [J]. Harvard Business Review, 2002, 80 (5): 46-50.

[174] Cronin M. A., Bezrukova K., Weingart L. R., et al. Subgroups within a team: The role of cognitive and affective integration [J]. Journal of Organizational, 2020, 32 (6): 831-849.

[175] Danes S. M., Lee J., Amarapurkar S., et al. Determinants of family business resilience after a natural disaster by gender of business owner [J]. Journal of Developmental Entrepreneurship, 2009, 14 (4): 333-354.

[176] Danneels E., Vestal A. Normalizing vs. analyzing: Drawing the lessons from failure to enhance firm innovativeness [J]. Journal of Business Venturing, 2020, 35 (1): 105903.

[177] Davidsson P., Gordon S. R. Much Ado about nothing? The surprising persistence of nascent entrepreneurs through macroeconomic crisis [J]. Entrepreneurship Theory and Practice, 2016, 40 (4): 915-941.

[178] De Cock R., Denoo L., Clarysse B. Surviving the emotional rollercoaster called entrepreneurship: The role of emotion regulation [J]. Journal of Business Venturing, 2020, 35 (2): 105936.

[179] De Mol E., Khapova S. N., Elfring T. Entrepreneurial team cognition: A review [J]. International Journal of Management Reviews, 2015, 17 (2): 232-255.

[180] De Vries H., Shields M. Towards a theory of entrepreneurial resilience: A case study analysis of New Zealand SME owner operators [J]. New Zealand Journal of Applied Business Research, 2006, 5 (1): 33-43.

[181] Delmar F., Davidsson P., Gartner W. B. Arriving at the high-growth firm [J]. Journal of Business Venturing, 2003, 18 (2): 189-216.

[182] Delmar F., Shane S. Legitimating first: Organizing activities and the survival of new ventures [J]. Journal of Business Venturing, 2004, 19 (3): 385-410.

[183] Demerouti E., Bakker A. B., Gevers J. M. P. Job crafting and extra-role behavior: The role of work engagement and flourishing [J]. Journal of Vocational Behavior, 2015, 91 (12): 87-96.

[184] Denzin N. K., Lincoln Y. S. Handbook of qualitative research [M]. California: Sage Publications, 2000.

［185］Dess G. G. , Robinson R. B. Measuring organizational performance in the absence of objective measures: The case of the privately-held firm and conglomerate business unit ［J］. Strategic Management Journal, 1984, 5 (3): 265-273.

［186］Dewald J. , Bowen F. Storm clouds and silver linings: Responding to disruptive innovations through cognitive resilience ［J］. Entrepreneurship Theory and Practice, 2010, 34 (1): 197-218.

［187］Dewey, J. How we think ［M］. Boston: Dover Publications, 1993.

［188］Dicicco-Bloom B. , Crabtree B. F. The qualitative research interview ［J］. Medical Education, 2006, 19 (4): 314-321.

［189］Dimas I. D. , Teresa R. , Renato L. P. , et al. Bouncing back from setbacks: On the mediating role of team resilience in the relationship between transformational leadership and team effectiveness ［J］. Journal of Psychology, 2018, 152 (6): 358-372.

［190］Doerfel M. L. , Chewning L. V. , Lai C. H. The evolution of networks and the resilience of interorganizational relationships after disaster ［J］. Communication Monographs, 2013, 80 (4): 533-559.

［191］Doern R. , Williams N. , Vorley T. Special issue on entrepreneurship and crises: business as usual? An introduction and review of the literature ［J］. Entrepreneurship & Regional Development, 2018, 32 (5-6): 1-13.

［192］Driskell J. E. , Salas E. , Johnston J. Does stress lead to a loss of team perspective? ［J］. Group Dynamics Theory Research & Practice, 1999, 3 (4): 291-302.

［193］Duchek S. Entrepreneurial resilience: A biographical analysis of successful entrepreneurs ［J］. International Entrepreneurship & Management Journal, 2018, 14 (2): 429-455.

［194］Eisenhardt K. M. , Graebner M. E. Theory building from cases: Opportunities and challenges ［J］. Academy of Management Journal, 2007, 50 (1): 25-32.

［195］Eisenhardt K. M. Building theories from case study research ［J］. Academy of Management Review, 1989, 14 (4): 532-550.

［196］El-Awad Z. Explore or exploit? Unpacking the situational conditions and cognitive mechanisms underlying entrepreneurial learning in the new venture develop-

ment process [J]. Entrepreneurship & Regional Development, 2023, 35 (1-2):
162-186.

[197] Elisa M., Giulia T., Gianluca M. The resilient retail entrepreneur: Dynamic capabilities for facing natural disasters [J]. International Journal of Entrepreneurial Behaviour & Research, 2018, 24 (7): 1222-1243.

[198] Engel Y., Noordijk S., Spoelder A., et al. Self-compassion when coping with venture obstacles: Loving-kindness meditation and entrepreneurial fear of failure [J]. Entrepreneurship Theory and Practice, 2021, 45 (2): 263-290.

[199] Fatoki O. The impact of entrepreneurial resilience on the success of small and medium enterprises in south Africa [J]. Sustainability, 2018, 10 (7): 2527.

[200] Fauchart E., Gruber M. Darwinians, communitarians, and missionaries: The role of founder identity in entrepreneurship [J]. Academy of Management Journal, 2011, 54 (5): 935-957.

[201] Fisher R., Maritz A., Lobo A. Does individual resilience influence entrepreneurial success? [J]. Academy of Entrepreneurship Journal, 2016, 22 (2): 39-53.

[202] Folke C. Resilience: The emergence of a perspective for social-ecological systems analyses [J]. Global Environmental Change 2006, 16 (3): 253-267.

[203] Folkman S., Moskowitz J. T. Positive affect and the other side of coping [J]. American Psychology, 2000, 55 (6): 647-654.

[204] Foo M. D., Murnieks C. Y., Chan E. T. Feeling and thinking: The role of affect in entrepreneurial cognition [M]//Mitchell J. R., Mitchell R. K., Randolph-Seng B. Handbook of entrepreneurial cognition. Cheltenham: Edward Elgor Publishing, 2014.

[205] Forbes D. P., Borchert P. S., Zellmer-Bruhn M. E., et al. Entrepreneurial team formation: An exploration of new member addition [J]. Entrepreneurship Theory and Practice, 2006, 30 (2): 225-248.

[206] Fornell C., Larcker D. F. Evaluating structural equation models with unobservable variables and measurement error [J]. Journal of Marketing Research, 1981, 24 (2): 337-346.

[207] Frederickson B. L., Tugade M. M., Waugh C. E., et al. What good are

positive emotions in crises? A prospective study of resilience and emotions following the terrorist attacks on the United States on September 11th, 2001 [J]. Journal of Personality & Social Psychology, 2003, 84 (2): 365-376.

[208] Fredrickson B. L. The role of positive emotions in positive psychology: The broaden-and-build theory of positive emotions [J]. American Psychologist, 2001, 56 (3): 218-226.

[209] Fredrickson B. L. Positivity resonance as a fresh, evidence-based perspective on an age-old topic [M]//Barret J. M., Haviland-Jones. Handbook of emotions. New York: Guilford Press, 2016.

[210] Garavan T. N., Mccarthy A. Collective learning processes and human resource development [J]. Advances in Developing Human Resources, 2008, 10 (4): 451-471.

[211] Gielnik M. M., Spitzmuller M., Schmitt A., et al. "I put in effort, therefore I am passionate": Investigating the path from effort to passion in entrepreneurship [J]. Academy of Management Journal, 2015, 58 (4): 1012-1031.

[212] Gilbert B. A., Mcdougall P. P., Audretsch D. B. New venture growth: A review and extension [J]. Journal of Management, 2006, 32 (6): 926-950.

[213] Glaser B. G., Strauss A. L. The discovery of grounded theory: Strategies for qualitative research [M]. New York: Aldine, 1967.

[214] Glaser B. G. Theoretical sensitivity [M]. California: Sociology Press, 1978.

[215] Gliga G., Evers N. Marketing capability development through networking: An entrepreneurial marketing perspective [J]. Journal of Business Research, 2023, 156 (2): 113472.

[216] Gorman J. C., Cooke N. J., Amazeen P. G., et al. Measuring patterns in team interaction sequences using a discrete recurrence approach [J]. Human Factors, 2020, 54 (4): 503-517.

[217] Grant A. M., Fried Y., Parker S. K., et al. Putting job design in context: Introduction to the special issue [J]. Journal of Organizational Behavior, 2010, 31 (2-3): 145-157.

[218] Grant A. M., Parker S. K. Redesigning work design theories: The rise of relational and proactive perspectives [J]. Academy of Management Annals, 2009,

3 (1): 317-375.

[219] Greene F. J. , Hopp C. Are formal planners more likely to achieve new venture viability? A counterfactual model and analysis [J]. Strategic Entrepreneurship Journal, 2017, 11 (1): 36-60.

[220] Gross J. J. , John O. P. Individual differences in two emotion regulation processes: Implications for affect, relationships, and well-being [J]. Journal of Personality and Social Psychology, 2003, 85 (2): 348-362.

[221] Gross J. J. Emotion regulation: Taking stock and moving forward [J]. Emotion, 2013, 13 (3): 359.

[222] Guo H. , Tang J. , Su Z. To be different, or to be the same? The interactive effect of organizational regulatory legitimacy and entrepreneurial orientation on new venture performance [J]. Asia Pacific Journal of Management, 2013, 31 (3): 665-685.

[223] Hair J. F. , Black W. C. , Babin B. J. , et al. Multivariate data analysis: A global perspective [M]. New Jersey: Pearson Educational Inc, 2010.

[224] Harper D. A. Towards a theory of entrepreneurial teams [J]. Journal of Business Venturing, 2008, 23 (6): 613-626.

[225] Hartmann S. , Backmann J. , Newman A. , et al. Psychological resilience of entrepreneurs: A review and agenda for future research [J]. Journal of Small Business Management, 2022, 60 (5): 1041-1079.

[226] Hartmann S. , Weiss M. , Hoegl M. Team resilience in organizations: A conceptual and theoretical discussion of a team level concept [M]//Powley B. , Caza A. Caza. Research handbook on organizational resilience. Cheltenham: Edward Elgar Publishing, 2020.

[227] Hartwig A. , Clarke S. , Johnson S. , et al. Workplace team resilience: A systematic review and conceptual development [J]. Organizational Psychology Review, 2020, 10 (3-4): 169-200.

[228] Hayward M. L. A. , Forster W. R. , Sarasvathy S. D. , et al. Beyond hubris: How highly confident entrepreneurs rebound to venture again [J]. Journal of Business Venturing, 2010, 25 (6): 569-578.

[229] Henseler J. , Ringle C. M. , Sarstedt M. A new criterion for assessing dis-

criminant validity invariance – based structural equation modeling [J]. Journal of the Academy of Marketing Science, 2015, 43 (1): 115–135.

[230] Herbane B. Rethinking organizational resilience and strategic renewal in SMEs [J]. Entrepreneurship & Regional Development An International Journal, 2019, 31 (5–6): 476–495.

[231] Herbane B. Small business research – Time for a crisis–based view [J]. International Small Business Journal, 2010, 28 (1): 43–64.

[232] Heyden M. L. M., Van Doorn S., Reimer M., et al. Perceived environmental dynamism, relative competitive performance, and top management team heterogeneity: Examining correlates of upper echelons' advice – seeking [J]. Organization Studies, 2013, 34 (9): 1327–1356.

[233] Hind P., Frost M., Rowley S. The resilience audit and the psychological contract [J]. Journal of Managerial Psychology, 1996, 11 (7): 18–29.

[234] Hinkin T. K. A brief tutorial on the development of measures of use in survey questionnaires [J]. Organitional Research Methods, 1998, 1 (1): 104–121.

[235] Hobfoll S. E., Halbesleben J., Neveu J. P., et al. Conservation of resources in the organizational context: The reality of resources and their consequences [J]. Annual Review of Organizational Psychology and Organizational Behavior, 2018, 5 (1): 103–128.

[236] Hobfoll S. E. Conservation of resources: A new attempt at conceptualizing stress [J]. American Psychologist, 1989, 44 (3): 513–524.

[237] Hobfoll S. E. The Influence of culture, community, and the nested–self in the stress process: Advancing conservation of resources theory [J]. Applied Psychology, 2001, 50 (3): 337–421.

[238] Hollnagel E., Woods D. D., Leveson N. Resilience engineering: Concepts and precepts [M]. Burlington: Ashgate Publishing Ltd, 2006.

[239] Honoré F., Ganco M. Entrepreneurial teams' acquisition of talent: Evidence from technology manufacturing industries using a two–sided approach [J]. Strategic Management Journal, 2023, 44 (1): 141–170.

[240] Hoogeboom M. A. M. G., Wilderom C. P. M. A complex adaptive systems approach to real–life team interaction patterns, task context, information sharing, and

effectiveness [J]. Group & Organization Management, 2020, 45 (1): 3-42.

[241] Hopp C., Greene F. J. In pursuit of time: Business plan sequencing, duration and intraentrainment effects on new venture viability [J]. Journal of Management Studies, 2018, 55 (2): 320-351.

[242] Hopp C., Sonderegger R. Understanding the dynamics of nascent entrepreneurship-prestart-up experience, intentions, and entrepreneurial success [J]. Journal of Small Business Management, 2015, 53 (4): 1076-1096.

[243] Hornung S., Rousseau D. M., Glaser J., et al. Beyond top-down and bottom-up work redesign: Customizing job content through idiosyncratic deals [J]. Journal of Organizational Behavior, 2010, 31 (2): 187-215.

[244] Hu Y., McNamara P., Piaskowska D. Project suspensions and failures in new product development: Returns for entrepreneurial firms in co-development alliances [J]. Journal of Product Innovation Management, 2016, 34 (1): 35-59.

[245] Hulland J., Baumgartner H., Smith K. M. Marketing survey research best practices: Evidence and recommendations from a review of JAMS articles [J]. Journal of the Academy of Marketing Science, 2017, 46 (1): 92-108.

[246] Iacobucci D., Rosa P. The growth of business groups by habitual entrepreneurs: The role of entrepreneurial teams [J]. Entrepreneurship Theory and Practice, 2010, 34 (2): 351-377.

[247] James L. R., Demaree R. G., Wolf G. Estimating within-group interrater reliability with and without response bias [J]. Journal of Applied Psychology, 1984, 69 (1): 85-98.

[248] Jenkins A. S., Wiklund J., Brundin E. Individual responses to firm failure: Appraisals, grief, and the influence of prior failure experience [J]. Journal of Business Venturing, 2014, 29 (1): 17-33.

[249] Jiao H., Yang J., Zhou J., et al. Commercial partnerships and collaborative innovation in China: The moderating effect of technological uncertainty and dynamic capabilities [J]. Journal of Knowledge Management, 2019, 23 (7): 1429-1454.

[250] Jin J. L., Shu C., Zhou K. Z. Product newness and product performance in new ventures: Contingent roles of market knowledge breadth and tacitness [J]. In-

dustrial Marketing Management, 2019, 76 (1): 231-241.

[251] John O. P., Gross J. J. Healthy and unhealthy emotion regulation: Personality processes, individual differences, and life span development [J]. Journal of Personality, 2004, 72 (6): 1301-1334.

[252] Kaiser H. F. A computational starting point for rao's canonical factor analysis: Implications for computerized procedures [J]. Educational and Psychological Measurement, 1974, 34 (3): 691-692.

[253] Kantur D. A Iseri-Say. Measuring organizational resilience: A scale development [J]. Journal of Business, Economics & Finance, 2015, 4 (3): 456-472.

[254] Kautz M., Charney D. S., Murrough J. W. Neuropeptide Y, resilience, and PTSD therapeutics [J]. Neuroscience Letters, 2017, 649 (5): 164-169.

[255] Kerr N. L., Tindale R. S. Group performance and decision making [J]. Annual Review of Psychology, 2004, 55 (1): 623-655.

[256] Kirtley J., O'Mahony S. What is a pivot? Explaining when and how entrepreneurial firms decide to make strategic change and pivot [J]. Strategic Management Journal, 2023, 44 (1): 197-230.

[257] Kleven T. A. Validity and validation in qualitative and quantitative research [J]. Psychology, 2008, 28 (3): 219-233.

[258] Kline D. Calcium-dependent events at fertilization of the frog egg: Injection ofa calcium buffer blocks ion channel opening, exocytosis, and formation ofpronuclei [J]. Developmental Biology, 1988, 126 (2): 346-361.

[259] Klotz A. C., Hmieleski K. M., Bradley B. H., et al. New venture teams: A review of the literature and roadmap for future research [J]. Journal of Management, 2014, 40 (1): 226-255.

[260] Knippenberg D. V., Dreu C. K. W. D., Homan A. C. Work group diversity and group performance: An integrative model and research agenda [J]. Journal of Applied Psychology, 2004, 89 (6): 1008-1022.

[261] Kolb D. A. Experiential learning: Experience as the source of learning and development [M]. Upper Saddle River: Prentice Hall Press, 1984.

[262] Kollmann T., Stockmann C., Kensbock J. M. Fear of failure as a mediator of the relationship between obstacles and nascent entrepreneurial activity: An experi-

mental approach [J]. Journal of Business Venturing, 2017, 32 (3): 280-301.

[263] Kozlowski S. W. J. , Klein K. J. A Multilevel Approach to Theory and Research in organizations: Contextual, temporal, and emergent processes [M]. San Francisco: Jossey-Bass, 2000.

[264] Lafuente E. , Vaillant Y. , Vendrell-Herrero F. , et al. Bouncing back from failure: Entrepreneurial resilience and the internationalisation of subsequent ventures created by serial entrepreneurs [J]. Applied Psychology, 2019, 68 (4): 658-694.

[265] Latack J. C. Coping with job stress: Measures and future directions for scale development [J]. Journal of Applied Psychology, 1986, 71 (3): 377-385.

[266] Lavie D. , Tushman M. L. Exploration and exploitation within and across organizations [J]. Academy of Management Annals, 2010, 4 (1): 109-155.

[267] Leana C. R. , Feldman D. C. The psychology of job loss [J]. Research in Personnel and Human Resources Management, 1994, 12 (1): 271-302.

[268] Leana C. , Appelbaum E. , Shevchuk I. Work process and quality of care in early childhood education: The role of job crafting [J]. Academy of Management Journal, 2009, 52 (6): 1169-1192.

[269] Lechler T. Social interaction: A determinant of entrepreneurial team venture success [J]. Small Business Economics, 2001, 16 (4): 263-278.

[270] Lee F. , Edmondson A. C. , Thomke S. , et al. The mixed effects of inconsistency on experimentation in organizations [J]. Organization Science, 2004, 15 (3): 310-326.

[271] Lee J. , Wang J. Developing entrepreneurial resilience: Implications for human resource development [J]. European Journal of Training and Development, 2017, 41 (6): 519-539.

[272] Lei Z. , Waller M. J. , Hagen J. , et al. Team adaptiveness in dynamic contexts [J]. Group & Organization Management, 2016, 41 (4): 491-525.

[273] Lengnick-Hall C. A. , Beck T. E. , Lengnick-Hall M. L. Developing a capacity for organizational resilience through strategic human resource management [J]. Human Resource Management Review, 2011, 21 (3): 243-255.

[274] LePine J. A. , Podsakoff N. P. , LePine M. A. A meta-analytic test of the

challenge stress-hindrance stressor framework: An explanation for inconsistent relationships among stressors and performances [J]. Academy of Management Journal, 2005, 48 (5): 764-775.

[275] LePine M. A., Zhang Y., Crawford E. R., et al. Turning their pain to gain: Charismatic leader influence on follower stress appraisal and job performance [J]. Academy of Management Journal, 2016, 59 (3): 1036-1059.

[276] Lerman M. P., Munyon T. P., Carr J. C. Stress events theory: A theoretical framework for understanding entrepreneurial behavior [J]. Entrepreneurial and Small Business Stressors, Experienced Stress, and Well-Being, 2020, 18 (8): 35-63.

[277] Lerman M. P., Munyon T. P., Williams D. W. The (not so) dark side of entrepreneurship: A meta-analysis of the well-being and performance consequences of entrepreneurial stress [J]. Strategic Entrepreneurship Journal, 2021, 15 (3): 377-402.

[278] Levitt B., March J. G. Organizational learning [J]. Annual Review of Sociology, 1988, 14 (1): 319-338.

[279] Li H., Zubielqui G. C. D., O'Connor A. Entrepreneurial networking capacity of cluster firms: A social network perspective on how shared resources enhance firm performance [J]. Small Business Economics, 2015, 45 (3): 523-541.

[280] Li X., Shui X., Zhang M., et al. Benefit from market knowledge: Failure analysis capability and venture goal progress in a turbulent environment [J]. Industrial Marketing Management, 2023, 113 (8): 30-41.

[281] Li X., Wang C. Entrepreneurial bricolage and marketing capability: Contingent roles of market turbulence and strategic flexibility [J]. Asian Business & Management, 2022, 21 (7): 458-481.

[282] Li X., Yao K., Lim V., et al. Entrepreneurial team resilience and entrepreneurial growth [C]. Academy of Management Proceedings, 2023 (1): 11288.

[283] Lin W., Shao Y., Li G., et al. The psychological implications of COVID-19 on employee job insecurity and its consequences: The mitigating role of organization adaptive practices [J]. Journal of Applied Psychology, 2021, 106 (3): 317-329.

[284] Linnenluecke M., Griffiths A. Beyond adaptation: Resilience for business in light of climate change and weather extremes [J]. Business & Society, 2010, 49

（3）: 477-511.

[285] Liu X. , Zhang X. , Zhang X. Faultlines and team creativity: The moderating role of leaders' cognitive reappraisal [J]. Small Group Research, 2021, 52 （4）: 481-503.

[286] Lomberg C. , Thiel J. , Steffens P. The hare and the tortoise: The impact of action- versus state-orientation on entrepreneurial progress and persistence [J]. International Small Business Journal: Researching Entrepreneurship, 2019, 37 （6）: 604-625.

[287] Luthans F. , Avolio B. J. , Avey J. B. , et al. Positivep sychological capital: Measurement and relationship with performance and satisfaction [J]. Personnel Psychology, 2007, 60 （3）: 541-572.

[288] Luthans F. , Youssef-Morgan C. M. , Avolio B. Psychological capital and beyond [M]. New York: Oxford University Press, 2015.

[289] Luthans F. The need for and meaning of positive organizational behavior [J]. Journal of Organizational Behavior, 2002, 23 （6）: 695-706.

[290] Luu T. T. Translating responsible leadership into team customer relationship performance in the tourism context: The role of collective job crafting [J]. International Journal of Contemporary Hospitality Management, 2023, 35 （5）: 1620-1649.

[291] Mäkikangas A. , Bakker A. B. , Schaufeli W. B. Antecedents of daily team job crafting [J]. European Journal of Work and Organizational Psychology, 2017, 26 （3）: 421-433.

[292] Malhotra N. K. , Kim S. S. , Patil A. Common method variance in IS research: A comparison of alternative approaches and a reanalysis of past research [J]. Management Science, 2006, 52 （12）: 1865-1883.

[293] Mallak L. A. Measuring resilience in health care provider organizations [J]. Health Manpower Management, 1998, 24 （4）: 148-152.

[294] Manfield R. C. , Newey L. R. Resilience as an entrepreneurial capability: Integrating insights from a cross-disciplinary comparison [J]. International Journal of Entrepreneurial Behavior & Research, 2018, 24 （7）: 1155-1180.

[295] March J. G. Exploration and exploitation in organizational learning [J]. Organization Science, 1991, 2 （1）: 71-87.

［296］Markman G. D. , Baron R. A. , Balkin D. B. Are perseverance and self-efficacy costless? Assessing entrepreneurs' regretful thinking ［J］. Journal of Organizational Behavior, 2005, 26 (1): 1-19.

［297］Marks M. A. , Mathieu J. E. , Zaccaro S. J. A temporally based framework and taxonomy of team processes ［J］. Academy of Management Review, 2001, 26 (3): 356-376.

［298］Marrone J. A. , Tesluk P. E. , Carson J. B. A multilevel investigation of antecedents and consequences of team member noundary-spanning behavior ［J］. Academy of Management Journal, 2007, 50 (6): 1423-1439.

［299］Masten A. S. Ordinary magic. Resilience processes in development ［J］. American Psychologist, 2001, 56 (3): 227-238.

［300］Maynard M. T. , Kennedy D. M. Team adaptation and resilience: What do we know and what can be applied to long-duration isolated, confined, and extreme contexts ［M］. Houston: National Aeronautics and Space Administration, 2016.

［301］Mcclelland G. P. , Leach D. J. , Clegg C. W. , et al. Collaborative crafting in call centre teams ［J］. Journal of Occupational and Organizational Psychology, 2014, 87 (3): 464-486.

［302］McGrath J. Social psychology: A brief introduction ［M］. New York: Holt, Rinehart & Winston, 1964.

［303］McGrath R. G. Falling forward: Real options reasoning and entrepreneurial failure ［J］. Academy of Management Review, 1999, 24 (1): 13-30.

［304］Mckelvie A. , Wiklund J. Advancing firm growth research: A focus on growth mode instead of growth rate ［J］. Entrepreneurship Theory & Practice, 2010, 34 (2): 261-288.

［305］Meneghel I. , Martínez I. M. , Salanova M. Job-related antecedents of team resilience and improved team performance ［J］. Personnel Review, 2016a, 45 (3): 505-522.

［306］Meneghel I. , Salanova M. , Martínez I. M. Feeling good makes us stronger: How team Resilience mediates the effect of positive emotions on team performance ［J］. Journal of Happiness Studies, 2016b, 17 (1): 239-255.

［307］Mischel W. , Shoda Y. A cognitive-affective system theory of personality:

Reconceptualizing situations, dispositions, dynamics, and invariance in personality structure [J]. Psychological Review, 1995, 102 (2): 246-268.

[308] Mitchell R. K., Busenitz L., Lant T., et al. Toward a theory of entrepreneurial cognition: Rethinking the people side of entrepreneurship research [J]. Entrepreneurship Theory and Practice, 2002, 27 (2): 93-104.

[309] Monllor J., Murphy P. J. Natural disasters, entrepreneurship, and creation after destruction: A conceptual approach [J]. International Journal of Entrepreneurial Behavior & Research, 2017, 23 (4): 618-637.

[310] Morgan A. The role of project team collaboration in R & D performance [J]. Management Science, 1976, 22 (10): 1127-1137.

[311] Morgeson F. P., DeRue D. S. Event criticality, urgency, and duration: Understanding how events disrupt teams and influence team leader intervention [J]. The Leadership Quarterly, 2006, 17 (3): 271-287.

[312] Morgeson F. P., Mitchell T. R., Liu D. Event system theory: Anevent-oriented approach to the organizational sciences [J]. The Academy ofManagement Review, 2015, 40 (4): 515-537.

[313] Morgeson F. P. The external leadership of self-managing teams: Intervening in the context of novel and disruptive events [J]. Journal of Applied Psychology, 2005, 90 (3): 497-508.

[314] Muehlfeld K., Sahib P. R., Witteloostuijn A. V. A contextual theory of organizational learning from failures and successes: A study of acquisition completion in the global newspaper industry, 1981-2008 [J]. Strategic Management Journal, 2012, 33 (8): 938-964.

[315] Ortiz-De-Mandojana N., Bansal P. The long-term benefits of organizational resilience through sustainable business practices [J]. Strategic Management Journal, 2016, 37 (8): 1615-1631.

[316] Ozbay F., Johnson D. C., Dimoulas E., et al. Social support and resilience to stress: From neurobiology to clinical practice [J]. Psychiatry, 2007, 4 (5): 35-40.

[317] Pandit N. R. The creation of theory: A recent application of the grounded theory method [J]. Qualitative Report, 1996, 12 (4): 1-15.

[318] Paramita W. , Virgosita R. , Rostiani R. , et al. "I will not let you die": The effect of anthropomorphism on entrepreneurs' resilience during economic downturn [J]. Jounral of Business Venturing Insights, 17 (6): e00300.

[319] Paton D. , Bajek R. , Okada N. , et al. Predicting community earthquake preparedness: A cross-cultural comparison of Japan and New Zealand [J]. Natural Hazards, 2010, 54 (3): 765-781.

[320] Patzelt H. , Preller R. , Breugst N. Understanding the life cycles of entrepreneurial teams and their ventures: An agenda for future research [J]. Entrepreneurship Theory and Practice, 2021, 45 (5): 1119-1153.

[321] Pearsall M. J. , Ellis A. P. J. , Stein J. H. Coping with challenge and hindrance stressors in teams: Behavioral, cognitive, and affective outcomes [J]. Organizational Behavior and Human Decision Processes, 2009, 109 (1): 18-28.

[322] Penrose E. T. The Theory of the growth of the firm [M]. New York: Oxford Unversity Press, 1959.

[323] Perrow C. Normal Accidents: Living with high-risk technologies [M]. New York: Basic Books, 1984.

[324] Peterson S. J. , Luthans F. , Avolio B. J. , et al. Psychological capital and employee performance: A latent growth modeling approach [J]. Personnel Psychology, 2011, 64 (2): 427-450.

[325] Pettigrew A. M. Longitudinal field research on change: Theory and practice [J]. Organization Science, 1990, 1 (3): 267-292.

[326] Podsakoff P. M. , Mackenzie S. B. , Lee J. Y. , et al. Common method biases in behavioral research: Acritical review of the literature and recommended remedies [J]. Journal of Applied Psychology, 2003, 88 (5): 879-903.

[327] Podsakoff P. M. , Organ D. W. Self-report in organizational research [J]. Journal of Management, 1986, 12 (4): 531-544.

[328] Politis D. The process of entrepreneurial learning: A conceptual model [J]. Entrepreneurship Theory and Practice, 2005, 29 (4): 399-424.

[329] Pratt M. G. , Sonenshein S. , Feldman M. S. Moving beyond templates: A bricolage approach to conducting trustworthy qualitative research [J]. Organizational Research Methods, 2020, 25 (2): 211-238.

［330］Preller R. , Breugst N. , Patzelt H. , et al. Team resilience building in response to co－founder exits ［J］. Journal of Business Venturing, 2023, 38 (6): 106328.

［331］Rauch A. , Hulsink W. Just one damned thing after another: Towards an event－based perspective of entrepreneurship ［J］. Entrepreneurship Theory and Practice, 2023, 47 (3): 662-681.

［332］Razinskas S. , Hoegl M. A multilevel review of stressor research in teams ［J］. Journal of Organizational Behavior, 2020, 42 (1): 185-209.

［333］Richtner A. Löfsten H. Managing in turbulence: How the capacity for resilience influences creativity ［J］. R&D Management, 2014, 44 (2): 137-151.

［334］Rico R. , Sanchez－Manzanares M. , Gil F. , et al. Team implicit coordination processes: A team knowledge－based approach ［J］. Academy of Management Review, 2008, 33 (1): 163-184.

［335］Riggs M. L. , Knight P. A. The impact of perceived group success－failure on motivational beliefs and attitudes: A causal model ［J］. Journal of Applied Psychology, 1994, 79 (5): 755-766.

［336］Rindova V. P. , Petkova A. P. When is a new thing a good thing? Technological change, product form design, and perceptions of value for product innovations ［J］. Organization Science, 2007, 18 (2): 217-232.

［337］Ritchie J. , Spencer L. Qualitative data analysis for applied policy research ［M］. London: Routledge, 1994.

［338］Roel R. , Game A. , Sanz Vergel S. A. Attachment and work engagement in virtual teams: Promoting collaborative job crafting ［J］. Small Research Group, 2023, 54 (3): 311-344.

［339］Rowley J. , Jones R. , Vassiliou M. , et al. Using card－based games to enhance the value of semi－structured interviews ［J］. International Journal of Market Research, 2012, 54 (1): 93-110.

［340］Ruef M. , Aldrich H. E. , Carter N. M. The structure of founding teams: Homophily, strong ties, and isolation among U. S. entrepreneurs ［J］. American Sociological Review, 2003, 68 (2): 195-222.

［341］Rust R. T. , Cooil B. Reliability measures for qualitative data: Theory and implications [J]. Journal of Marketing Research, 1994, 31 (1): 1-14.

[342] Sabiu I. T., Abdullah A. A., Amin A. Impact of motivation and personality characteristics on Bumiputeras' entrepreneurial persistence in Malaysia [J]. Journal of Developmental Entrepreneurship, 2017, 22 (3): 1750009.

[343] Santoro G., Bertoldi B., Giachino C., et al. Exploring the relationship between entrepreneurial resilience and success: The moderating role of stakeholders' engagement [J]. Journal of Business Research, 2020, 116 (10): 142-150.

[344] Santoro G., Messeni-Petruzzelli A., Giudice M. D. Searching for resilience: The impact of employee-level and entrepreneur-level resilience on firm performance in small family firms [J]. Small Business Economics, 2021, 57 (3): 455-471.

[345] Santos S. C., Liguori E. W., Garvey E. How digitalization reinvented entrepreneurial resilience during COVID-19 [J]. Technological Forecasting and Social Change, 2023, 189 (4): 122398.

[346] Sarin S., Mcdermott C. The effect of team leader characteristics on learning, knowledge application, and performance of cross-functional new product development Teams [J]. Decision Sciences, 2003, 34 (4): 707-739.

[347] Schildt H. A., Maula M., Keil T. Explorative and exploitative learning from external corporate ventures [J]. Entrepreneurship Theory & Practice, 2010, 29 (4): 493-515.

[348] Shepherd D. A., Covin J. G., Kuratko D. F. Project failure from corporate entrepreneurship: Managing the grief process [J]. Journal of Business Venturing, 2009, 24 (6): 588-600.

[349] Shepherd D. A., Patzelt H., Wolfe M. Moving forward from project failure: Negative emotions, affective commitment, and learning from the experience [J]. Academy of Management Journal, 2011, 54 (6): 1229-1259.

[350] Shepherd D. A., Saade F. P., Wincent J. How to circumvent adversity? Refugee-entrepreneurs' resilience in the face of substantial and persistent adversity [J]. Journal of Business Venturing, 2020, 35 (4): 105940.

[351] Shepherd D. A., Williams T. Entrepreneurship responding to adversity: Equilibrating adverse events and disequilibrating persistent adversity [J]. https: //

doi. org/10. 1177/263178772096767.

［352］Shepherd D. A. , Patzelt H. Entrepreneurial cognition: Exploring the mindset of entrepreneurs ［M］. New York: Springer, 2018.

［353］Shepherd D. A. , Saade F. P. , Wincent J. How to circumvent adversity? Refugee-entrepreneurs' resilience in the face of substantial and persistent adversity ［J］. Journal of Business Venturing, 2020, 35 (4): 105940.

［354］Shepherd D. A. , Osofero M. , Wincent J. A personal adversity model of justifying the costs of entrepreneurial action: The case of oil thieves in the Niger DELTA ［J］. Journal of Business Venturing, 2022, 37 (1): 106163.

［355］Shimazu A. , Schaufeli W. B. Does distraction facilitate problem-focused coping with job stress? A 1 year longitudinal study ［J］. Journal of Behavioral Medicine, 2007, 30 (5): 423-434.

［356］Shrader R. C. , Simon M . Corporate versus independent new ventures: Resource, strategy, and performance differences ［J］. Journal of Business Venturing, 1997, 12 (1): 47-66.

［357］Siebdrat F. , Hoegl M. , Ernst H. Subjective distance and team collaboration in distributed teams ［J］. Journal of Product Innovation Management, 2014, 31 (4): 765-779.

［358］Sinclair V. G. , Wallston K. A. The development and psychometric evaluation of the brief resilient coping scale ［J］. Assessment, 2004, 11 (1): 94-101.

［359］Singh J. V. , Tucker D. J. , House R. J. Organizational legitimacy and the liability of newness ［J］. Administrative Science Quarterly, 1986, 31 (2): 171-193.

［360］Singh S. , Corner P. , Pavlovich K. Coping with entrepreneurial failure ［J］. Journal of Management & Organization, 2007, 13 (4): 331-344.

［361］Slemp G. R. , Vella-brodrick D. A. The job crafting questionnaire: A new scale to measure the extent to which emoloyees engage in job crafting ［J］. International Journal of Wellbeing, 2013, 3 (2): 126-146.

［362］Smallbone D. , Deakins D. , Battisti M. , et al. Small business responses to a major economic downturn: Empirical perspectives from New Zealand and the United Kingdom ［J］. International Small Business Journal, 2012, 30 (7): 754-777.

[363] Somers S. Measuring resilience potential: An adaptive strategy for organizational crisis planning [J]. Journal of Contingencies and Crisis Management, 2009, 17 (1): 12-23.

[364] Stachowski A. A., Kaplan S. A., Waller M. J. The benefits of flexible team interaction during crises [J]. Journal of Applied Psychology, 2009, 94 (6): 1536-1543.

[365] Stephan U., Zbierowski P., Pérez-Luño A., et al. Act or wait-and-see? Adversity, agility, and entrepreneur wellbeing across countries during the COVID-19 pandemic [J]. Entrepreneurship Theory and Practice, 2023, 47 (3): 682-723.

[366] Stinchcombe A. L. Organization – creating organizations [J]. Society, 1965, 2 (2): 34-35.

[367] Stinchcombe A. L. Social structure and organizations [J]. Advances in Strategic Management, 2000, 17 (7): 229-259.

[368] Stoverink A. C., Kirkman B. L., Mistry S., et al. Bouncing back together: Toward a theoretical model of work team resilience [J]. Academy of Management Review, 2020, 45 (2): 395-422.

[369] Strasuss A., Corbin J. Grounded theory methodology: An overview [M]//Denzin N. K., Lincoln Y. S., Hankdbook of qualitative research. California: Sage Publications, 1994.

[370] Strauss A., Corbin J. Basics of Qualitative research: Techniques and procedures for developing grounded theory [M]. California: Sage Publications, 1990.

[371] Sundstrom E., De Meuse K. P., Futrell D. Work teams: Applications and effectiveness [J]. American Psychologist, 1990, 45 (2): 120-133.

[372] Szmigin I. T., O'Loughlin D. M., Mceachern M., et al. Keep calm and carry on: European consumers and the development of persistent resilience in the face of austerity [J]. European Journal of Marketing, 2020, 54 (8): 1883-1907.

[373] Tedeschi R. G., Calhoun L. G. Posttraumatic growth: Conceptual foundations and empirical evidence [J]. Psychological Inquiry, 2004, 15 (1): 1-18.

[374] Teece D. J., Gary P. G., Shuen A. Dynamic capabilities and strategic management [J]. Nature & Dynamics of Organizational Capabilities, 2000, 18 (7):

334-334.

[375] Thiel C. E., Harvey J., Courtright S., et al. What doesn't kill you makes you stronger: How teams rebound from early-stage relationship conflict [J]. Journal of Management, 2019, 45 (4): 1623-1659.

[376] Tims M., Bakker A. B., Derks D., et al. Job crafting at the team and individual level: Implications for work engagement and performance [J]. Group & Organization Management, 2013, 38 (4): 427-454.

[377] Tims M., Bakker A. B., Derks D. Development and validation of the job crafting scale [J]. Journal of Vocational Behavior, 2012, 80 (1): 173-186.

[378] Tims M., Bakker A. B., Derks D. Examining job crafting from an interpersonal perspective: Is employee job crafting related to the well-being of colleagues? [J]. Applied Psychology, 2015, 64 (4): 727-753.

[379] Tims M., Bakker A. B. Job crafting: Towards a new model of individual job redesign [J]. SA Journal of Industrial Psychology, 2010, 36 (2): 1-9.

[380] Uy M. A., Foo M. D., Ilies R. Perceived progress variability and entrepreneurial effort intensity: The moderating role of venture goal commitment [J]. Journal of Business Venturing, 2015, 30 (3): 375-389.

[381] Uy M. A., Sun S., Foo M. D.. Affect spin, entrepreneurs' well-being, and venture goal progress: The moderating role of goal orientation [J]. Journal of Business Venturing, 2017, 32 (4): 443-460.

[382] Verreynne M. L., Ho M., Linnenluecke M. Editorial for the special issue on: Organizational resilience and the entrepreneurial firm [J]. International Journal of Entrepreneurial Behaviour & Research, 2018, 24 (7): 1122-1128.

[383] Wageman R. Interdependence and group effectiveness [J]. Administrative Science Quarterly, 1995, 40 (1): 145-180.

[384] Wagnild G. M., Young H. M. Development and psychometric evaluation of the resilience scale [J]. Journal of Nursing Measurement, 2006, 1 (2): 165-178.

[385] Weber E., Büttgen M., Bartsch S. How to take employees on the digital transformation journey: An experimental study on complementary leadership behaviors in managing organizational change [J]. Journal of Business Research, 2022, 143 (4): 225-238.

［386］Weick K. E. , Sutcliffe K. M. , Obstfeld D. Organizing and the process of sensemaking ［J］. Organization Science, 2005, 16 (4): 409-421.

［387］Weick K. E. The social psychology of organizing ［M］. New York: McGraw-Hill, 1979.

［388］Weingart L. R. , Cronin M. A. , Houser C. J. S. , et al. Functional diversity and conflict in crossfunctional product development teams: Considering representational gap and task characteristics ［EB/OL］. https://www. laurieweingart. com.

［389］Welch C. , Piekkari R. , Plakoyiannaki E. , et al. Theorising from case studies: Towards a pluralist future for international business research ［J］. Journal of International Business Studies, 2011, 42 (5): 740-762.

［390］Westman M. Stress and strain crossover ［J］. Human Relations, 2001, 54 (6): 717-751.

［391］Williams T. A. , Shepherd D. A. Victim entrepreneurs doing well by doing good: Venture creation and well-being in the aftermath of a resource shock ［J］. Journal of Business V enturing, 2016, 31 (4): 365-387.

［392］Williams T. A. , Thorgren S. , Lindh I. Rising from failure, staying down, or more of the same? An inductive study of entrepreneurial reentry ［J］. Academy of Management Discoveries, 2020, 6 (4): 631-662.

［393］Wrzesniewski A. , Dutton W. Crafting a job: Revisioning employees as active crafters of their work ［J］. Academy of Management Review, 2001, 26 (2): 179-201.

［394］Yamakawa Y. , Peng M. W. , Deeds D. L. Rising from the ashes: Cognitive determinants of venture growth after entrepreneurial failure ［J］. Entrepreneurship Theory & Practice, 2015, 39 (2): 209-236.

［395］Yao K. , Li X. , Liang B. Failure learning and entrepreneurial resilience: The moderating role of firms' knowledge breadth and knowledge depth ［J］. Journal of Knowledge Management, 2021, 25 (9): 2141-2160.

［396］Yin R. K. Case study research: Design and method ［M］. California: Sage Publications, 2002.

［397］Yin R. K. Discovering the future of the case study method in evaluation research ［J］. Evaluation Practice, 1994, 15 (3): 283-290.

[398] Yin R. K. The case study crisis: Some answers [J]. Administrative Science Quarterly, 1981, 26 (1): 58-65.

[399] Youssef C. M., Luthans F. Positive organizational behavior in the workplace: The impact of hope, optimism, and resilience [J]. Journal of Management, 2007, 33 (5): 774-800.

[400] Zellmer-Bruhn M., Waller M. J., Ancona D. The effect of temporal entrainment on the ability of teams to change their routines [J]. Research on Managing Groups & Teams, 2015, 6 (6): 135-158.

[401] Zhu L. Y., Bauman C. W., Young M. J. Unlocking creative potential: Reappraising emotional events facilitates creativity for conventional thinkers [J]. Organizational Behavior and Human Decision Processes, 2023, 174 (1): 104209.

[402] Zohar D., Luria G. A multilevel model of safety climate: Cross-level relationships between organization and group-level climates [J]. Journal of Applied Psychology, 2005, 90 (4): 616-28.

[403] Zollo M., Winter S. G. Deliberate learning and the evolution of dynamic capabilities [J]. Organization Science, 2002, 13 (3): 339-351.

附录1　创业团队韧性量表
开发的访谈提纲

访谈提纲

基本信息记录

访谈时间：　　年　　月　　日　　持续　　小时

访谈地点：

访谈者：

受访者联系方式：

创业团队成立时长：

创业团队规模：

公司名称：

公司地址：

所属行业：

公司注册时间：

  您好！非常感谢您接受本次访谈。本次调研着重关注创业团队发展与成长过程中的相关问题，希望对创业研究和创业实践做出贡献。我们想要了解您的创业经历与所遇到的挑战与机遇，以及您所在的团队在创业项目推进和迭代过程中的相关经历与信息，您的意见与独一无二的经历将会对我们的研究产生重要影响。

  如果可以，本项目希望能在后续对您进行回访，从而了解您近期面临的工作挑战、团队的项目发展、战略变化等。本访谈项目会持续一年到一年半的时间。如果您有什么需要，也欢迎随时与我们复旦大学管理学院研究团队联系。

我们承诺包括访谈在内的所有资料只用作学术研究，确保研究全程的匿名性与保密性，请您不用担心任何信息泄露问题，请自由表达您的观点。

1. 您加入这个创业团队的契机是什么？这个团队最吸引您的是什么方面？

2. 您所在的创业团队已经共同经历了几个重要项目的实施，您能否对其中印象深刻的内容进行一些介绍？

3. 您所在的创业团队在项目开发过程中是否经历过挑战，能否具体描述一下这些挑战产生的具体情境？您的团队是否有磨合过程？期间都经历了哪些状态？

4. 您所在的创业团队过去三年内是否主导并经历过创业项目的逆境？这一项目的推进是面向外部市场的吗？

5. 您是如何与团队成员共同面对过往挑战的？能否谈一谈您在这个过程中的一些心路历程以及您所感知到的整体团队氛围的情况？

6. 您认为是什么力量支持贵团队在逆境中坚持下去的？

7. 您觉得是哪些因素组合在一起构成了贵团队积极面对困难的能力？

如果您针对今天讨论的内容有其他想要补充的，也欢迎您畅所欲言。

感谢您的回答与支持！

附录2 创业团队韧性案例研究的访谈提纲

访谈提纲

基本信息记录

访谈时间：　　　年　月　日　持续　小时

访谈地点：

访谈者：

受访者联系方式：

创业团队成立时长：

创业团队规模：

公司名称：

公司地址：

所属行业：

公司注册时间：

您好！非常感谢您接受本次访谈。本次调研着重关注创业团队发展与成长过程中的相关问题，希望对创业研究和创业实践做出贡献。我们想要了解您的创业经历与所遇到的挑战与机遇，以及您所在的团队在创业项目推进和迭代过程中的相关经历与信息，您的意见与独一无二的经历将会对我们的研究产生重要影响。

如果可以，本项目希望能在后续对您进行回访，从而了解您近期面临的工作挑战、团队的项目发展、战略变化等。本访谈项目会持续一年到一年半的时间。如果您有什么需要，也欢迎随时与我们复旦大学管理学院研究团队联系。

我们承诺包括访谈在内的所有资料只用作学术研究，确保研究全程的匿名性与保密性，请您不用担心任何信息泄露问题，请自由表达您的观点，谢谢！

基本情况

1. 请您简单介绍一下您个人和公司基本情况，包括您的教育背景、工作年限、公司的主要业务、公司的行业定位、使命、愿景等。

2. 请您简单介绍您青少年时期家庭、学习、职业发展等相关的成长经历，您认为有哪些事影响了您现在的创业选择？

3. 这是您的第几次创业？能否对之前的创业经历进行简单介绍？

★ 如第一份工作就是创业，则着重询问创业动机、原因。

★ 如有其他工作经历，则着重询问为什么离开以前的工作以及以前的工作对创业的影响。

4. 如果是连续创业者，请问让您坚持再次创业的原因是什么？您觉得自己身上最适合创业的特质是什么？

5. 贵公司的定位、愿景是否发生过变化？这种变化是如何发生的？管理团队在其中是否发挥了一些作用？

6. 您认为目前贵公司处于行业的什么位置？未来的期望是处于行业的什么位置？目前公司所处的行业实际位置和期望之间存在怎样的距离？

7. 请您简单介绍公司成立至今发生的重大事件。

创业团队发展相关情况

1. 您加入这个创业团队的契机是什么？这个团队最吸引您的是什么方面？

2. 从成立到现在，您所在的创业团队是否有人员上的流动？目前稳定的创业团队规模是多大？

3. 您所在的创业团队已经共同经历了几个重要项目的实施？这些项目有多少已经成功落地，又有多少项目已经停滞？能否对其中印象深刻的内容进行一些简单的介绍？

4. 您的团队是否有磨合过程？期间都经历了哪些状态？

5. 如果团队内对项目发展产生了意见分歧，您如何解决与处理？

6. 您所在的创业团队在项目开发过程中是否经历过挑战？能否具体描述一

下这些挑战产生的具体情境？

7. 您觉得目前所遇到的这些困难和挑战对团队发展会产生怎样的影响？例如，您觉得是促进还是阻碍了团队的发展？

8. 您是如何与团队成员共同面对过往挑战的？能否谈一谈您在这个过程中的一些心路历程以及您所感知到的整体团队氛围的情况？

9. 您认为是什么力量支持贵团队在逆境中坚持创业的？

10. 在克服这些挑战和困难后，您所在的团队都有哪些新的变化？

11. 您认为这些挑战对后续新项目的推进产生了什么样的影响？

12. 您所在的创业团队平时是如何进行团队学习的？是否有定期的工作与回顾总结等学习形式？能否详细介绍一下这种学习形式？

13. 您所在的创业团队对未来的创业规划是怎样的？是否会有持续性的项目规划和发展？

14. 您是否可以介绍一下印象比较深刻的一次团队决策过程？能否具体描述一下过程？

感谢您的回答与支持！